한국의 경제개혁과 국가

- 우리시대 사회 양극화의 원인과 극복방안 -

한국의 경제개혁과 국가

- 우리시대 사회 양극화의 원인과 극복방안 -

고 원 著

KSI 한국학술정보(주)

서 문

1

세계시장에서 눈부신 성공을 거두고 있는 삼성과 현대, 아시아를 정복한 한류문화의 위력, 세계 과학계를 놀라게 한 황우석 교수의 과학적 성과는 약소분단국가의 설움, 전쟁에 대한 공포, 절대빈곤의 고통 속에서 헤어나고자 몸부림쳤던 왜소한 민족의 '꿈'을 현실로 바꾼 성공신화의 상징이다. 그러나 그 순간에 우리는 이미 오래 전부터 '성공의 위기'를 겪고 있었다. 그것은 바로 정체성과 진로의 위기였다.

우리는 폭력(violence)을 사회적 통합과 운영의 장치로 조직함으로써 거대한 물질적 성공을 이룬 나라이다. 그런데 성공을 거두는 순간 그 사회장치 속에 교묘하게 잘 다듬어져 내장되어 있던 폭력의 기제는 어지럽게 작동하기 시작했다. 물질적 풍요의 뿌듯함을 느껴보기도 전에 우리는 언뜻 자의식(self-consciousness)의 문제로 눈을 돌리기 시작하였다. 그런데 자의식을 확립하는 방법 또한 폭력적 방식을 넘어서지 못했다. 사람들은 가난의 극복이라는 목표로부터 사회적 성공의 사다리 상단을 차지하기 위한 무자비한 경쟁에서의 승리로 목표를 바꿔달았을 뿐이다. 그것은 박노자 교수가 적절히 관찰한 것처럼 국가주의와 신자유주의가 뒤섞인 어투로 포장되어 신(新)성장주의의 이데올로기로 재생되기도 하였다. 반면에 사회적 성공의 대열에서 탈락하여 자신의 문제가 자신만의 문제가 아닌 사회의 보다 보편적이고 근본적인 문제라는 점을 인식할 계기를 발견할 수 없게 된 사람들은 '저주'라는 의식(儀式)을 통해 자신의 자의식에 사회적 이념을 덧씌웠다. 어느 정치학자는 유영철의 살인이 그 지점에 위치해 있다고 진단하기도 하였다. 얼마 전 전방 군부대에서 일어난 김일병의 집단살인행위도 같은 맥락에 위치해 있다고 말할 수 있다. 그들 행위의 공통점은 하나같이 뚜렷한 이유를 발견할 수 없다는 데 있었다. 그들의 살인행위는 자의식을 회복하려는 저주의 의식이었으며, 그 살인의 대상이 공통되게 힘없는 여자와 노인 혹은 자신과 마찬가지로 자의식의 아픔을 겪고 있는 장병들이었다는 점에서 그들 또한 가상의 약탈자에 지나지 않았다.

바야흐로 한국사회의 성공 뒤에 밀려오는 피로와 병색은 마키아벨리가 '잔인함의 선용'이라고 부르는 국가장치의 해체를 의미한다. 국가폭력은 목적을 달성하자마자 신성한 후광을 벗어버리고 폭력 본래의 모습으로 돌아갔으며 지금까지 자신이 봉사했던 국가의 몸뚱어리를 갈기갈기 찢기 시작하였다.

2

나는 오늘날 한국인의 경제적 삶이 직면하고 있는 문제도 동일한 본질을 가지고 있다고 생각한다. 지금까지 한국인의 경제적 삶의 코드는 폭력, 즉 배제의 논리였다. 한국에는 다양한 이익갈등에서 태동하는 사회의 원심력에 반작용을 가할 수 있는 구심점의 역할을 할 시민사회의 내적 균형이 심하게 손상되어 있었고 정당의 이념적 생산능력이 원천적으로 결여되어 있었다. 대신에 일제의 식민지배와 군사정권의 지배를 겪으면서 과대 성장된 국가의 행정적 지시망과 권위주의적 폭력이 경제적 갈등과정 속으로 깊숙이 들어와 자리를 잡게 되었다. 그러나 국가는 시장(market)을 부정하지는 않았다. 오히려 시장은 국가의 규율을 통해 활성화 되었다. 다만 사회능력을 초과하여 과다 활성화된 시장으로 인해 대량의 생산력들이 주기적으로 절멸되었으며 수많은 사람들이 기업의 부도와 실업이라는 엄청난 참상을 겪으면서 사회 밖으로 밀려나갔다. 그런 점에서 한국에서 시장은 결핍된 것이 아니라 왜곡되었다고 보는 편이 옳았다. 그런데 사람들은 국가와 시장의 대당(對當) 속에서 시장을 확대하라는 진단을 내렸고 한국은 그 진단대로 했다. 시장이 공정한 경쟁의 대용물이 될 것이라고 믿었다.

그렇다면 그 결과 한국의 경제는 잘 굴러가고 있는가? 지금까지 한국인의 경제적 삶을 지배해 온 폭력의 코드는 제거되었는가? 하지만 그 결과는 잠재성장률의 저하, 자본의 투자회피, 외국자본에 의한 국민경제의 교란, 중소기업의 황폐화, 자본의 해외탈출과 산업공동화, 수출과 내수 간 연결고리 단절, 금융산업의 중개기능 약화, 고용불안, 비정규직 노동자의 양산과 정규직 노동자와의 격차 심화, 소득분배의 양극화와 빈곤층의 확대, 신용불량자의 양산, 그리고 그에 따라 파생되는 가족해체, 강력범죄·자살율의 급증 등 구조적인 병폐로 나타났다. 시장의 확대에도 불구하고 배제의 논리는 여전히 건재하였다. 자본주의 시장질서의 목적을 오로지 '성장'으로만 이해하는 유치한 관념들이 계속 사회를 풍미하였다. 개발연대에 대한 반성으로서 국가에 대당된 시장은 폭력을 사회 전분야로 확산시키고 소비문화를 통해 개인의 욕구 속에 내면화시켰다. 나아가 그것은 사회의 파편화를 빠르게 가속화 해 나갔다. 칼 폴라니가 시장은 그대로 내버려 두면 사회를 짓부수는 거대한 맷돌에 불과하게 된다고 했던 말은 우리사회에 시사하는 바가 크다. 국가란 하루라도 돌보지 않으면 근심으로 가득 차게 된다고 했던 마키아벨리의 말처럼 시장도 그러했던 것이다.

인간의 삶은 대체로 과학기술적 지식의 영역, 경제적 이해관계의 영역, 갈등해소를 위한 의견교환의 영역으로 구성된다. 그런데 앞의 두 가지는 절대적 판단 기준을 가지고 있지만, 세 번째 요소는 절대적 판단 기준에 의거하는 것이 아니라 소통행위 그 자체를 목적으로 삼는다. 이것은 바로 정치가 갖는 고유하고 독특한 성질이다. 차이를 인정하고 갈등을 의견의 교환을 통해 풀 수 있다는 것이야말로 인간의 가장 위대한 가능성이다. 경제적 이익이나 과학기술적 지식의 올바름만이 갈등해결의 기준이 되었다면 인간은 폭력의 늪 속에서 벌써 오래 전에 절멸되었을 것이다.

폭력은 단순히 주먹질이나 총질만을 의미하는 것이 아니다. 폭력은 소통을 거부하는 그 모든 것을 의미한다. 그런 점에서 인류의 가장 위대한 문명은 고대 희랍인들에 의한 정치의 발견이었다. 소크라테스는 진리에 대한 독단적 태도와 결합된 박제된 민주주의를 부정하고 "따져 묻는 삶"이야말로 폴리스(polis)의 가장 중요한 본질이라고 역설하였다. 그의 제자 아리스토텔레스 또한 "인간은 본성적으로 정치적 동물이다.(중략) 그리고 인간은 유일하게 언어를 가진 동물이다."라고 정의하면서 인간이야말로 이성적 판단을 담은 말을 통해 공동의 공간을 창조하는 존재임을 강조하였다. 그리고 이것이야말로 정치공동체가 제대로 운영되고 있는지를 평가하는 보편적 기준이라고 보았다(김용석, 2005).

따라서 정치가 멈추는 지점에서 사회의 문제 해결은 필연적으로 폭력의 양상을 띠게 된다. 시장에 의한 갈등 해결의 시도는 폭력을 제거하지 못하였다. 오히려 폭력을 일상화시켰고 경제적 양극화를 가져온 원인이 되었다. 바로 오늘날 한국이 겪고 있는 경제적 위기의 본질은 정치의 자율적 공간이 질식되었다는 데 있다. 자본주의적 시장질서에 대한 관념을 '공정한 경쟁'과 '약자 보호'와 같은 목적으로까지 발전시키는 정치적 동력이 뒷받침되고 있지 못하다는 데 있다.

코즈(Ronald H. Coase)나 노쓰(Douglass C. North) 같은 일단의 신제도주의 경제학자들은 시장이 결코 독립적인 존재가 아니라 정치, 경제, 사회, 문화적인 제도의 집합이며 제도적 인센티브 구조에 의해 규정되는 존재임을 밝힌 바 있다. 그들은 사회적 교섭력(bargaining power)과 국가를 재산권에 대해 내생변수이며 재산권은 사회세력 간의 타협의 산물이라고 파악하였다. 따라서 경제현상은 국가라는 조망 속에서 분석되지 않으면 안 된다. 하지만 아쉽게도 대부분의 순수한 경제적 분석은 국가라는 내생적 요소를 고려하지 않거나 혹은 특정한 방식으로의 가정을 전제한 후 이루어진다. 그러나 현실 속에서는 경제문제가 이미 많은 부분 정치적으로 다루어지고 있다. 또한 정치가가 경제를 다루는 방식은 경제학자들의 그것과는 분명히 다르다. 그럼에도 불구하고 지금까지 경제를 다루는 대부분의 경제이론에서는 국가라는 정치적 요소는 무시해도 좋을 작은 변수에 불과한 취급을 받아 왔던 것으로 보인다.

그와는 달리 이 책은 '국가'를 중심적인 변수로 놓고 경제개혁에 대한 분석을 시도한 글이다. 여기서 국가란 흔히 통상적으로 이해되는 국가기구나 정부와 같은 수준을 뛰어넘는 개념이다. 국가란 국가형태와 세력균형의 총체로서 정치적·이데올로기적 형식을 통해 사회에 영향을 미치는 범주이다. 이 책은 '국가기구'와 '지배연합'의 개념을 중심변수로 해서 국가와 경제개혁 과정이 어떻게 상호 연관되고 상호 작용해 나가는지를 고찰하였다. 그리고 그것을 통해 '국가'의 전략·권력관계의 구조가 경제개혁에 가장 핵심적 영향을 미친다는 것을 입증하고자 하였다. 오늘날 한국사회가 직면하고 있는 경제적 양극화의 본질과 기원도 이 같은 방법론을 통해서만 보다 더 완벽하게 설명될 수 있음을 주장하고자 하였다. 아울러 이 책은 경제주체들 사이에 경제적 의제들이 광범위하게 토론되고 이러한 민주적인 토론과 협상을 통해 사회협약을 도출해 내는 것, 그리고 그런 사회적 관계 위에 국가의 민주적 권위를 구축하는 정치적 프로젝트의 필요성과 그 필요성의 절박함을 역설하고자 하였다. 그것이야말로 신자유주의의 폐해를 최소화하고 시장에서 교환 행위에 대한 보편적 책임의 원리를 공유하는 시장규율을 확립할 수 있는 길임을 주장했다.

이 책은 신자유주의를 부정하는 안티테제로서의 접근과는 차별화된다. 지금 이 시점에서 그러한 접근법은 대중들이 감내할 수 있는 자기희생의 한계를 뛰어넘는다고 보기 때문이다. 나는 신자유주의를 보완·극복하면서 대중의 인내력을 시험하지 않고도 나갈 수 있는 길이 있다고 생각한다. 그것은 앞에서 언급한 바와 같이 바로 정치의 영역에서 국가가 자율성과 책임성(accountability), 이익대표성에 기반을 둔 민주적 권위를 확립함으로써 사회적 조절의 능력을 확보하는 것이다. 그러나 오늘날 우리 사회에는 시장과 국가와 사회관계들을 매개하고 이런 범주들 속에서 사회경제적 이슈들을 제기할 수 있는 연결고리들이 확립되어 있지 못하다. 따라서 바로 이 지점에서부터 문제를 해결해 나가는 것이야말로 기존에 서로 병렬적으로 전개되어 왔고, 심지어는 외면적으로 대립되어 오기도 한 정치개혁과 경제개혁이 발전적으로 스스로를 지양하고 재배열해야 할 방향이다. 이 책은 이러한 문제의식에 대한 지평을 확보하려는 시도이다.

원래 이 책은 필자의 박사학위논문(2003)에 토대를 둔 것이다. 그런데 그 때는 내가 개인적인 사정이 겹쳐 논문에 주력을 할 수 없는 관계로 사실은 대단히 졸작에 지나지 않았다. 그래서 자격지심에 오랫동안 잊고 지냈는데, 어느 날 한국학술정보(주)의 출판제의를 받게 되었다. 주저하던 끝에 나는 논문의 문제의식만 살리고 그 이외 나머지는 모두 개작하기로 했다. 반년여의 작업 끝에 마무리를 하였지만 여전히 수준 미달임을 절실히 느낀다. 아무튼 나에게 소중한 기회를 제공해 준 한국학술정보(주)에 심심한 감사를 드린다. 아울러 나의 부족한 경제지식을 충원해주고 졸고를 읽어주는 수고를 마다하지 않은 나의 오랜 친구 한국금융연구원 김자봉 박사에게도 고마움을 전하고 싶다. 끝으로 인생을 살아오면서 가장 많은 괴로움을 드렸고 가장 많은 은혜를 받은 나의 부모님께 이 책을 바친다.

2005년 7월

고　　원

차 례

표 목차

그림 목차

제1장 정치경제학적 방법론의 모색

제1절 한국 경제개혁의 역사적 특수성과 이론적 문제

한국의 경제개혁을 연구함에 있어 우리는 역사적 경험들이 제기하는 다음과 같은 이론적 문제들에 필연적으로 직면할 수밖에 없게 된다.

첫째, 한국의 경제개혁은 이미 '경제적' 위기의 차원을 넘어 '정치적' 위기, 나아가 '국가'의 위기를 동반한 축적위기에 대응하는 성격을 갖는 것이었다. 따라서 경제위기에 대한 대응은 새로운 경제정책유형을 도입하는 것만이 아니라, 사회세력관계, 정치체제, 국가통치구조의 배열을 전반적으로 재구성하는 작업과 병행하여 진행되었다. 이것은 한국에서 경제개혁이 그람시가 말하는 헤게모니의 위기에 대응하는 수동혁명(passive revolution)의 일부임을 말해주는 것이었다. 따라서 우리는 자연스럽게 정치체제의 변동과 경제개혁 사이의 관련성에 대해 의문을 갖지 않을 수 없게 되는데, 이는 그에 합당한 정치경제이론의 필요성을 제기한다. 그런데 지금까지 주류의 이론으로서 한국의 경제개혁에도 가장 지배적인 영향력을 행사하고 있는 신고전파의 이론이 아직껏 이렇다 할 정치경제적 방법론을 제시하지 못하였다는 것은 공통적인 지적이다. 이 때문에 학계에서는 경제개혁의 연구에 정치적 관점을 보강하려는 다양한 시도들이 있어 왔다. 예를 들어 신고전파 정치경제학, 신국가주의론, 네오마르크스주의 국가론 등을 들 수 있다.

둘째, 1980년대 이후 한국의 경제개혁은 신자유주의를 지향하면서도 이를 주로 국가가 주도해 왔다는 특징을 보여준다. 1980년대 이후 주요 경제정책의 표본이라 할 수 있는 경제안정화정책(1980), 수입자유화정책(1984), 공업발전법(1986), 주력업체제도(1991), 주력업종제도(1993), 노사정위원회(1998), 4대 부문 구조조정(1998) 등의 입안과 집행은 주로 국가의 관료기구에 의해 주도되어 왔다. 또 국가는 단순히 신자유주의 경제정책을 도입하는 데서 그치지 않고, 그것이 작동하기 위한 사회관계의 구조를 재편하는 등 적극적인 개입을 시도하였다. 그래서 이런 현상을 놓고 한국에서는 첨예한 논쟁이 벌어졌는데, 재계 및 주류 경제학자들은 이를 관치경제의 잔재라고 비판하면서 국가개입을 축소하고 시장기능을 확대하는 방향으로 경제구조를 개편해야 한다고 주장하였다. 반면에 다른 사람들은 과거 개발주의시대의 국가개입을 반대하고 시장기능의 활성화 필요성을 인정하면서도 시장의 실패를 보정하기 위해서는 국가의 적절한 개입이 필요하다고 역설하였다. 그렇다면 지금까지 한국에서 신자유주의 경제개혁이 국가의 적극적인 역할과 양립하여 진행되어 온 메커니즘은 무엇인가? 실제로 국가의 적정한 역할은 무엇이어야 하는가? 바로 이런 문제들에 대해서 경제개혁연구는 이론적 답변을 제시해야 한다.

셋째, 일찍이 알몬드(Almond, 1973)는 일정한 역사적 조건에서 정책수행의 서로 다른 결과가 나올 수 있는데, 그 이유는 어떤 특정한 리더십의 행위에 의해 형성된 정치, 경제적 연합의 결과 때문이라고 말한 바 있다. 한국에서도 경제개혁 과정은 신자유주의 경제개혁의 다양한 정책과 지배연합의 패턴들을 산출하였고, 이에 따라 경제적 성과들이 각각 다르게 규정되었다. 예를 들어 전두환정부에서는 권위주의적 지배연합과 신자유주의 경제안정화정책이 결합되었고, 민주화 이행기의 김영삼정부에서는 보수주의적 정치세력과 재벌집단 사이의 배제적 지배연합을 근간으로 한 신자유주의 세계화 정책이 전개되었다. 또 1997년 외환위기 이후의 김대중정부에서는 자유주의 정치세력, 초국적 자본의 이니셔티브가 상대적으로 강화되는 다소 새로운 형태의 지배연합이 신자유주의 경제개혁을 주도하였는데, 이와 더불어 피지배세력(노동)을 사회적 논의의 장으로 끌어들이려는 새로운 지배전략이 시도되었다. 바로 이런 현상과 관련해서도 첨예한 논쟁이 벌어졌는데, 한쪽에서는 경제개혁의 성공적 진행을 위해서는 노사정위원회와 같은 이익대표체계의 발전과 그것을 통한 사회적 합의의 필요성을 주장한다. 반면에 신고전파의 전통에 선 분석가들은 신자유주의 경제개혁이 다양한 지배연합의 형식들과 결합될 수 있는 가능성을 부정한다. 또한 그들은 신자유주의 경제개혁과 조합주의(corporatism)를 양립 불가능한 것으로 보고, 노사정위원회와 같은 기구에 대해서도 시장경제로부터의 일탈이자 국가개입의 복원에 다름 아닌 것으로 파악한다.[1] 따라서 한국의 경제개혁연구는 신자유주의적 시장개혁과 나란히 집단적 시장개입기구가 등장하게 된 원인을 설명하고 그것이 과연 경제개혁의 일탈인지 아닌지에 대해 적절한 설명을 줄 수 있어야 한다. 그리고 이를 위해서는 지배연합의 제 유형들과 경제정책패턴들 사이의 역동적인 상호

---

1) 신자유주의와 조합주의의 양립불가능성을 제기한 논문으로는 김용철. 2001. "신자유주의적 구조조정과 조합주의적 관리", 『국가전략』 제7권 2호. 이 외에 케인즈주의에 기반한 조합주의에 대해 회의론을 제기한 논자들로는 Goran Therbon. 1987. "Does Corporatism Really Matter? The Economic Crisis and Issues of Political Theory," *Journal of Public Policy* 7. 3, pp.259-284; Ralf Dahrendorf. 1989. "Tertium Non Datur: A Comment on the AndrewShonfield Lectures," *Government and Opposition* 24. 2, p.136; Scott Lash. 1985. "The End of Neo-Corporatism?: The Breakdown of Centralized Bargaining in Sweden", *British Journal of Industrial Relations* 23. 2, July, pp.216-239. 한국에서 조합주의적 실험의 문제점을 지적한 논문으로는 박덕제. 사정위원회의 문제점과 개선방향", 『노동경제논집』 제21권 2집, 1998; 박기성. 1998. "노동정책에 있어서 자유재량과 원칙: 노사정위원회를 중심으로", 『노동경제논집』 제21권 2집.

작용에 관한 분석틀이 요구되어진다.

　요약하자면, 이상에서 설명한 바와 같이 한국의 경제개혁에서 나타나는 역사 특수적인 현상들을 분석하기 위해서는 정치체제의 변동과 기존 축적전략의 위기 및 전환 사이의 연관성, 축적전략의 전환에서 국가개입의 다양한 형태, 축적전략의 전환을 둘러싼 다양한 대안적 지배연합의 출현 및 경쟁 현상과 같은 동학구조를 규명할 수 있어야 한다. 그런데 기존의 경제학적 분석도구들은 말할 것도 없고 정치경제학적 분석들도 대체로는 경제적 성장양식에 초점을 두고 분석하고 국가나 정치의 문제는 부차적인 것으로 간주하는 경향이 지배적이었다. 이는 역사적으로 특수한 한국의 경제현상들을 분석하는 데 미비할 수밖에 없는 것이었다. 따라서 국가, 지배연합 등의 정치적 요소를 분석의 중심에 두는 새로운 정치경제학의 필요성이 대두하게 되었다.

　그런데 우리는 기존의 이론들이 갖고 있던 추상성과 정태성의 한계를 극복하기 위한 노력들이 주류이론과 비주류이론 양쪽에서 동시에 전개되어 왔음에 주목할 필요가 있다. 먼저 주류이론진영에서는 신제도주의(NIE)라 불리는 일단의 학자들이 신고전파 경제학의 지나치게 추상적이고 정태적인 성격을 비판하면서, '제도'의 개념을 끌어들여 경제학을 정치경제학의 영역으로 정립하고자 하였다. 또한 마르크스주의 내에서도 기존의 마르크스주의 이론들이 경제와 정치를 추상적인 수준에서 결합시킴으로써 구조결정론을 벗어나지 못했다고 비판하면서, 국가의 헤게모니 프로젝트와 축적과정 간의 상관성을 사회적 세력관계의 작용을 통해 재구성하려는 "전략-관계적 이론"과 같은 흐름들이 생겨났다. 물론 아직까지도 신제도주의는 국가이론을 정립하고 있지 못한 반면에, 전략－관계적 이론가들은 국가이론이 축적이론과 어떻게 연결되는지에 대해 신제도주의자들만큼 체계적이고 명료한 분석의 모범들을 보여주고 있지 못하다. 따라서 이 책에서는 이런 한계들을 유의하면서 두 이론을 살펴보고 그에 입각하여 한국의 경제개혁을 연구하기 위한 분석틀을 도출하고자 한다.

제2절 기존 연구의 검토

1. 신고전파 전통의 경제개혁이론

자유시장에서 개별적인 경제주체는 효용극대화와 이윤극대화의 원리에 따라 최적행위를 수행하며, 그 결과로서 자원의 최적배분이 이루어진다는 것이 신고전파 경제학의 기본적인 전제이다. 만약 시장이 완전하고 경쟁적이면 개인들이 각자 자신의 사적 이익을 자유롭게 추구하더라도 시장의 힘이 상충되는 욕구를 조정하여 무질서한 혼돈상태에 균형이라는 질서를 부여한다.2) 이때 국가는 시장이 각 개인의 자발적인 경제행위의 자유를 최대한으로 보장할 수 있도록 최소한으로 개입해야 한다. 신고전파 경제학에서 국가의 역할은 중립적인 것으로 가정된다. 국가는 경제적 분석에서 외부적인 것으로 간주되어 일종의 블랙박스로 남겨진다. 그러나 신고전파 경제학이 국가를 블랙박스와 같이 파악하는 관점은 국가의 현실적 중요성에 비추어 이론적 공백지대로 방치하는 것이나 다름없었다. 그래서 일단의 정치경제학자들은 신고전파 경제학에 뿌리를 두고 신고전파 정치경제학이라는 분석모델을

---

2) 이에 대한 간략한 정리로는 이준구. 1989. 『미시경제학』.서울: 법문사, 616-8쪽; T. Eggertsson. 1990. *Economic Behavior and Institutions*. Cambridge: Cambridge University Press, ch. 1을 참조.

발전시켰다.3)

신고전파 정치경제학의 관점에 따르면, 경제적 자유화는 사회의 모든 집단 및 개인에게 이익이 된다. 그러나 특정부문의 보호로부터 이익을 향유하는 기득권세력들은 경제개혁에 반대하여 집단적 조직화를 도모하려는 유인을 갖는다. 이들은 결사를 통해 국가의 보조금, 관세 그리고 규제로부터 분배이익을 얻고자 하는 지대 추구자들이다. 개혁을 지지하는 연합은 조직되기 힘들고, 본질적으로 취약할 수밖에 없다. 왜냐하면 개혁은 초기에 현재의 비용을 기존체제의 수혜자들에게 부과하는 데에 집중되고, 미래의 이익은 불확실하기 때문이다. 넬슨(Nelson 1990)이 주장하듯이, 구조적 변화의 이익이 지연되거나 정치적으로 조직되지 않은 개인이나 집단들에게 돌아가는 상황에서는 그들과 정치적 동맹을 형성하기가 대단히 어려운 것이다. 그러므로 개혁프로그램을 추진하는 정책결정자들은 지대 추구집단으로부터 자유로워야 하며, 그들에게 비타협적이어야 한다. 신고전파 정치경제학자들은 개혁반대세력의 저항을 분쇄할 수 있는 정책엘리트의 강력한 집행력을 강조한다.

그러나 신고전파 정치경제학자들의 시도는 다음과 같은 점에서 명백한 한계를 노정한다. 첫째, 신고전파 정치경제학 이론은 자본축적의 과정이 근본적으로는 시장내적으로 조화와 균형상태를 이루고 있다는 신고전파 경제학의 기본가정을 똑같이 공유하고 있다. 따라서 이 이론은 1960년대 후반 이후 생산성 저하와 스태그플레이션이 만연함에 따라 전후 서구자본주의가 구조적 위기에

---

3) 신고전파 정치경제학의 개혁이론에 대해서는, David Colander, ed. 1984. *Neoclassical Political Economy: The Analysis of Rent Seeking and DUP Activities.* Cambridge, Mass.: Ballinger; T. N. Srinivasan. 1985. "Neoclassical Political Economy, the State, and Economic Development," *Asian Development Review* 3, no.2를 참조.

봉착하자 1980년대 이후 종전과는 질적으로 다른 새로운 패러다임이 출현하게 되고, 이 속에서 사회세력들 간에 빚어지는 이해관계의 충돌과 마찰을 제대로 설명해 주지 못한다. 이로 인해 이 이론은 축적체제의 전환과정에서 정치체제의 변동이 끼치는 영향 요인에 대해서도 충분한 설명력을 갖지 못한다.

둘째, 신고전파 정치경제학은 국가이론의 측면에서 신고전파 경제학을 보완하였음에도 불구하고, 국가의 적극적인 역할에 대한 이론정립보다는 '국가가 왜 부정적인 방식으로 행동할 수밖에 없는가'라는 소극적인 분석에 머물렀다. 또한 개혁의 장기적 이익으로부터 혜택을 누리는 개인과 집단들이 조직화되기 힘들다면 개혁을 추진하는 정책엘리트는 어떻게 형성되고 추진력의 원천은 무엇인가라는 질문에 대해서도 신고전파 이론은 납득할만한 설명을 제공해 주지 못한다. 기껏해야 신고전파 정치경제학자들은 반대세력의 저항을 분쇄할 수 있는 정책결정자들의 강력한 집행력을 추상적으로 강조할 뿐이다.4) 그래서 신고전파 정치경제학에서 개혁정책을 추진하는 정책엘리트는 사회내부 이익집단들과 격리되어 존재하는 순수한 중립자 혹은 영웅처럼 묘사된다고 비판을 받기도 한다(Schamis, 1999).5) 이 같은 난점으로 인해 신고전파 이론은 축적과정에서 국가의 적극적인 역할과 다양한 개입형태를 제대로 설명하지 못한다.

셋째, 신고전파 정치경제학은 축적과정과 사회 계급관계의 연

---

4) 이 때문에 이들은 정치적으로도 대체로 기술관료를 선호하고 민주적 형태의 개혁과정을 불신하는 경향이 있으며, 사회적 합의나 타협의 추구에 의하여 방해받지 않는 다소 독재적이고 급진적인 정부에 의한 개혁에 동조하는 경향을 보인다(Kaufman and Stallings, 1988: 201-23; 김동엽·최원익, 1998: 245).

5) 그린들(Grindle)도 유사한 맥락에서 이 관점이 기득이익층의 권력에 초점을 맞춤으로써 선행 정책의 정치적 관계가 창출한 개혁의 장벽을 잘 증명하고 있지만, 이 모델은 언제, 어떻게, 왜 개혁이 발생하는지를 설명할 수 없다는 결함을 갖고 있다고 비판한다(Grindle and Thomas, 1999: 69).

관성에 대해 단선적인 관점을 벗어나지 못하고 있다. 이 관점은 경제개혁 성공의 조건을 개혁패자(주로 조직된 노동이익)의 저항을 얼마나 효율적으로 통제, 관리하는가에 두고 있다. 흔히 'J곡선'이론으로 표현되는 이들의 개혁전략은 규제폐지, 시장에서의 경쟁 심화에 의한 독점 강화, 소득분배 악화, 고용불안의 문제를 고려하지 않으며, 다만 그로부터 발생하는 저항을 효과적으로 봉쇄하고 관리하는 조건에만 초점을 맞추고 있다. 그러나 이 같은 관점은 여러 가지 이론적, 경험적 연구들에 의해 반박되고 있다. 그 중에서도 헬만(Helman, 1998)의 비판은 주목할만한 것인데, 그는 동구권 국가들의 개혁과정을 분석하면서 개혁 승자들이 개혁 초기의 과실은 향유하면서 더 이상의 개혁의 진전을 방해할 가능성을 우려하였다. 그래서 그는 개혁 초기에 발생할 지대 추구형의 승자를 통제하는 것이 개혁의 중장기적 진전을 위해 더욱 중요하다고 보았다. 또 'J곡선'이론은 신자유주의 경제개혁이 반드시 대중의 지지를 받을 수 없는 것도 아니라는 경험적 사실에 의해 비판받는다. 이 관점은 신자유주의 경제개혁이 통화의 평가절하, 긴축, 공공요금인상, 복지축소, 보조금삭감 등으로 대중의 엄청난 반발에 직면하리라는 관측으로부터 도출된 이론이었다. 그러나 실제로 신자유주의 경제개혁은 때로 대중적 지지를 동원하기도 하였다. 신자유주의 경제개혁에 대한 각국 노동조합의 태도는 다양하게 나타났다.[6] 오히려 세계적인 경험은 견제와 균형의 원리가 제대로 작동되고, 이것이 정당체계를 통해서 잘 반영되어 갈등의 제도화가 어느 정도 성공한 나라에서 오히려 경제개

---

6) 가령 남미에서 멕시코의 노동조합(the Mexican Worker's Confederation)은 살리나스 정부의 북미자유무역지대협정(NAFTA)을 적극적으로 지지하였고, 통신노조는 민영화를 지지하였다. 이에 반해 베네수엘라의 노동조합은 페레즈(Perez)의 신자유주의 경제개혁에 총파업으로 저항하였다(Murillo, 2000: 136).

26

혁이 장기적으로 안정적이고 지속가능함을 보여준다.7) 따라서 이를 통해 우리는 신자유주의 경제개혁의 성공을 위한 지배연합의 조건이 단선적으로 결정되지 않는다는 것을 알 수 있다.

결론적으로 신고전파 정치경제학의 이론은 정치체제의 변화와 축적체제 간의 연관성, 다양한 지배연합의 접합가능성, 국가가 수행하는 적극적 역할에 대한 정치적 분석의 기반을 결여하고 있다. 이 때문에 이 이론은 현실의 경제개혁 과정에서 나타나는 다양한 경로와 전략을 설명하는 데 한계를 드러낸다.

이상의 논의에서 살펴본 신고전파 이론가들의 문제점은 한국의 경제위기 진단과 처방에서도 동일하게 재현되어 나타난다. 신고전파 이론가들은 대체로 한국의 경제위기가 정부주도의 경제발전 구조에서 비롯되었다는 데 인식의 뿌리를 같이 한다. 특히 금융산업이 정부의 지배에 종속됨으로써 시장원리에 따라 움직이는 경쟁력 있는 산업으로 성장하지 못하였다는 점을 강조한다. 이 과정에서 금융기관은 정부의 묵시적 혹은 명시적 지급보증 하에 있었기 때문에 부실여부를 따지지 않고 기업들에 무분별한 대출을 감행하게 되었는데, 이는 과잉중복투자로 나타나게 되었다고 주장한다(Krugman, 1998; Roubini, 1998).8) 이 같은 위기

---

7) 이에 대해서는 Larry Diamond and Marc F. Plattner, ed. 1995. *Economic Reform and Democracy*. Baltimore: Johns Hopkins University Press; Jean-Jacques Dethier and Hafez Gahnem and Edda Zoli. 1999. "Does Democracy Facilitate the Economic Transition?: An Empirical Study of Central and Eastern Europe and the Former Soviet Union," presented at a seminar at the World Bank in June 1999, p.23; 이종찬. 1999. "민주주의와 경제개혁: 경제자유화 개혁을 위한 정치적 조건," 『사회과학연구』, 제12집; 이성형. 1999. 『신자유주의의 빛과 그림자: 라틴아메리카의 정치와 경제』.서울: 한길사, 100쪽; 이영조. 1998. "신자유주의적 경제개혁과 신생민주주의의 공고화", 『사상』 여름호; Kurt Weyland. 1997. "Growth with Equity in Chiles New Democracy?," *Latin America Research Review* 32, no.1, pp.37-67.
8) Frankel(1997)은 이런 관점을 더욱 발전시켜 동아시아 경제위기의 원인

진단에 입각하여 신고전파가 제시하는 위기극복의 처방은 당연히 정부의 직접개입을 축소하고 시장원리를 확대 적용하는 것이 핵심골자가 된다. 이는 IMF가 한국정부에 요구한 구조조정 프로그램에 잘 나타나 있는데, 통화·재정에서의 긴축기조, 금융시스템을 강화하기 위한 확고한 퇴출정책, 강력한 시장 및 감독규율, 경쟁 증진, 기업과 은행의 유착구조 철폐, 자본시장개방을 통한 기업 감시, 정부의 기업구제정책 폐지, 노동시장의 유연화 등이 그것이다(IMF, 1997).

이와 같은 한국의 경제개혁에 대한 신고전파의 정책처방은 다음과 같은 문제점을 안고 있다. 첫째, 신고전파적 정책론자들은 금융자유화를 포함한 규제완화정책이 위기를 당한 국가들의 소득분배를 더욱 악화시키고 정치적 불안을 가져올 위험성에 대한 고려가 전혀 없다. 여기에 계급타협이나 참여, 민주주의와 같은 논제는 끼어들 여지가 거의 없다. 둘째, 이들은 국가가 신자유주의 구조조정을 강력히 집행해야 한다고 강조할 뿐, 그것이 어떻게 가능한지에 대해 전혀 설명하지 않고 있다. 이들이 말하는 강한 정부가 자칫 세력관계의 불균형을 심화시키게 되고, 국가가 신자유주의를 지향하는 특정 수혜자들의 지대 추구를 위한 도구로 전락할 수 있으며, 결과적으로는 오히려 시장규율을 훼손할 수 있다는 데 대해 경시하고 있다.

2. 국가주의론의 경제개혁이론

일찍이 서구에서는 다원주의 모델에서 다양한 사회경제세력들의 이해관계를 반영하는 정책 산출을 결과할 뿐인 '블랙박스'를
_____

을 동아시아 경제모델에 내재된 도덕적 해이의 구조에서 찾기도 한다.

해체하여 이 내부에서 실제 진행되는 정치적 이해관계와 국가기구의 자율성이 행사하는 독립변수적 역할을 해명하려는 노력들이 있어왔다(이호철, 2001: 309). 크래스너(S. Krasner), 스카치폴(T. Skocpol), 에반스(P. Evans) 등이 주도해 온 '국가주의' 이론이 그것인데, 한국에서도 이로부터 영향을 받아 산업화, 산업구조조정, 특정 경제정책, 정치경제체제의 변화 등을 설명하는 데 활용되어 왔다.9) 국가주의는 원래 1960년대 이후 동아시아 신흥공업국가들이 경험한 급격한 사회경제발전을 설명하기 위해 도입된 관점이다(박재규, 1999). 동아시아 신흥공업국들의 경제적 성공에 대한 국가주의론의 핵심 관점은 여러 사회세력들로부터 자율적이고 시장기제의 운영에 직접 힘을 행사할 수 있는 강력하고 자율적인 국가가 존재했기 때문에 가능했다는 것이다.

그러나 국가주의론은 국가자율성을 지나치게 강조함으로써 사회적 동학을 경시하고 있다는 비판을 받는다.10) 이 이론에서 국가와 사회의 분리는 당연시되며, 이 두 가지는 각각 독특하고 우연적으로만 상호 연관되는 것으로 취급되는 경향이 있다. 그러다 보니 자본주의, 자본주의 운동법칙, 계급대립과 관련된 모든 문제들은 부차적인 것으로 간주된다(Jessop, 1990: 92-94). 바로 이 같은 비판에 직면하여 국가-시장의 이분법적 대립구도를 극복하고 양자 사이의 상호 작용을 고찰할 필요성이 높아지면서 이른바 신국가주의론이 등장하였다.11)

---

9) 한국에서 국가중심적 분석을 수행한 대표적인 학자들로는 이정복 (1995), 박광주(1992), 김석준(1992), 장달중(1988) 등이 있다.
10) 웨이스와 홉스는 이전의 국가중심주의는 일방적인 정치결정론이며, '국가를 다시 가져왔지만' '사회를 내몰았다'고 비판한다(Weiss & Hobson, 1995: ch.1).
11) 이런 논의로는 웨이드(Robert Wade)의 '안내된 시장이론(the guided market theory)', 웨이스와 홉슨(Linda Weiss and J. M. Hobson)의 '조정된 상호의 존성(governed interdependence)', 에반스(Peter Evans)의 '연계된 자율성 (embedded autonomy)' 등을 들 수 있다.

웨이스와 홉슨에 따르면, 신국가주의론은 세 가지 점에서 다른 설명과 차별화된다. 첫째, 국가는 부분적으로 독립된 목적, 능력, 효과의 원천으로 간주된다. 둘째, 국가자율성, 전략, 능력에 대한 설명 속에 국제체계, 국가의 구조적, 사회적 변수를 통합하고자 한다. 셋째, 국가제도는 반드시 사회제도와 대당관계에 서지 않는다. 그들은 산업전략을 가능하게 하는 근본적으로 중요한 제도적 장치로서 증대하는 타협압력으로부터 관료를 격리시키고 장기적인 정책결정에 필요한 자율성을 향상시키는 것, 국가-산업 간의 연계, 또는 정책네트워크를 든다.12)

그러나 신국가주의론은 이론적 세련화에도 불구하고 여전히 국가주의론의 근본적 문제점을 고스란히 간직하고 있다. '연계성'이나 '상호의존성' 개념은 국가자율성에 대한 부차적, 보완적 개념에 불과하다. 따라서 사회집단은 국가의 정책결정 및 추진을 위한 도구로서 파악된다. 그렇다면 국가자율성 개념이 그동안 무수히 비판받아왔던 모호성, 즉 국가가 자율적으로 행동할 수 있는 사회적 원천이 무엇인가라는 문제는 계속해서 남는 것이다. 그들의 국가자율성 개념은 국가가 사회에 대하여 행사할 수 있는 통제 및 조정력의 크기라는 비역사적이고 도구적인 의미가 강하게 부각되게 되는데, 이 때문에 그들은 결과적으로 권위주의를 옹호한다는 비판을 종종 받는다.

한국의 경제위기 및 경제개혁에 대한 신국가주의론의 해석은 신고전파 이론과는 사뭇 상이하다. 신국가주의론은 경제위기의 근본원인을 기업규제완화, 금융산업 자율화와 같은 신자유주의

---

12) 그러나 정부-기업협조의 전제는 강력한 국가자율성인데, 협조는 기업에 의해 자발적으로 제공되지 않기 때문이다. 국가는 자율성을 바탕으로 조직화된 집단들과 일상적인 제도화된 협상을 통해 자신의 경제발전목표를 효과적으로 추진할 수 있다. 이것이 신국가주의론에서 말하는 '관리된 상호의존성'이다.

정책들을 도입하면서 정부의 감독기능과 관리능력을 약화시켰으며, 이것은 다시 재벌기업의 과잉·중복투자와 과다차입을 촉진시켰다는 데서 구한다. 게다가 금융자율화조치확대는 막대한 환투기자금의 자유로운 이동을 가능하게 만들어 금융산업의 불안정을 증대시켰다는 것이다(박재규, 1999: 314-5). 즉 국가가 위기의 신호를 수집하고 분석할 수 있는 능력, 개입불능 상황으로 비화하기 전에 선제적으로 경제에 개입할 수 있는 능력, 장기적 전망을 수립하고 이에 필요한 자원을 동원하여 지속적으로 수행해 나가는 능력의 결핍에서 위기가 발생했다는 것이다(김명수, 1999: 199). 마찬가지로 암스덴(Alice Amsden) 교수도 한국경제가 위기에 빠지게 된 원인을 규제철폐로 인해 외국은행의 환투기에 대해 정부가 적절한 개입을 수행할 수 없었던 데서 찾는다(NYT, 1997. 11. 27). 남미국가들의 경제위기에 대한 해석에서도 신국가주의론자들은 신자유주의적 경제정책들이 半주변부국가의 산업보호 장치를 해체시키며, 그 경제구조를 왜곡시켰고, 중심부 국가에 대한 대외종속성을 심화시켰는데, 이런 상황 하에서 국가는 역할축소로 인해 국내적으로 사회집단들과의 협상에서 그리고 국제적으로는 중심부 국가와의 협상에서 자율성과 권력을 상실하게 되어, 위기를 증폭시켰다고 파악한다(Green, 1996).

이런 맥락에서 경제위기에 대한 신국가주의의 처방은 '강한 국가'의 복원을 전제로 국가와 시장(기업) 간의 경쟁적 협력관계를 구축·발전시키는 것인데, 대체로 일본에서 시도된 '조정위원회'와 같은 제도를 제시하고 있다(박재규, 1999: 328). 그들은 '시장의 강화를 위한 국가의 약화'가 아니라, '시장의 강화를 위한 국가기구의 강화' 경로를 통해 국가기구가 효율적이고 세련된 형태로 개입할 여지를 넓히는 것이어야 한다고 주장한다(김명수, 1999: 201).

그러나 신국가주의론이 경제위기의 원인으로 말하는 국가자율성의 약화는 축적체제의 운동법칙이나 사회계급 간 세력관계의 요인을 배제하고 주로 국가 자체나 외적 환경의 변화에서 구하고 있다는 점에서 비역사적 분석일 뿐만 아니라, 그들이 처방으로 제시하는 '강한 국가'의 개념 역시 대단히 모호할 수밖에 없다.

3. 마르크스주의적 경제개혁이론

정치경제학에서 개별 축적체제의 특수한 역사적, 정치적, 제도적 맥락과 계급관계, 그리고 축적체제를 실현하고 변화시키는 행위주체들의 역할을 규명하고자 하는 노력은 마르크스주의 이론 진영에 의해서도 수행되어 왔다. 마르크스주의 정치경제학의 관점이 지닌 가장 큰 장점은 사회 권력과 공공정책의 연계를 규명하려 한다는 것이다. 그러나 마르크스주의의 관점은 지나친 보편적 지향성과 추상화로 인해 현실자본주의의 역사적이고 특수한 축적체제와 위기의 구조를 설명하지 못한다고 비판받는다. 또한 마르크스주의는 국가에 대해 지나치게 도구적으로 파악함으로써 국가가 때로 경제적 지배계급의 이익에 반하여 행동하는 현상을 설명하는 데 적합하지 못하였다고 지적 받는다.

이에 따라 그 내부에서는 국가의 자율적 행위를 강조하는 네오마르크스주의 이론이 생겨나게 되었다(Grindle and Thomas, 1999: 61). 이런 선상에서 풀란차스는 자본주의국가가 자본일반의 이익을 추구하는 체계의 압력에는 종속되지만 특정자본의 이해로부터는 자율적이라고 주장하였다(Poulantzas, 1972). 그러나 이런 주장은 경제와 정치를 추상적 수준에서 결합시킴으로써 여전히 구조결정론을 벗어나지 못한다는 비판을 받는다. 즉 풀란차스의 관점에 따르면 자본주의국가는 각 추상수준들 간의 조화로운 구조를 형성하는 정태적인 것으로 파악되고, 무엇보다 행위자들의 전략적 선택 요인에 의해 사회현상을 설명할 수 있는 여지를 남겨두지 않는다(Grindle and Thomas, 1999: 63). 그리하여 결국 네오마르크스주의 이론은 1970년대 후반 경제적 신자유주의와 정치적 신보수주의의 등장, 보다 근본적으로는 전후 자본주의와 계급구조의 역동적인 변화에 대응하는 국가의 역할과 그 성격을 해명하지 못함으로써 급격한 쇠퇴의 과정을 겪게 되었다.

한국의 마르크스주의자들이 경제개혁을 바라보는 관점 또한 그와 같은 동일한 맥락의 문제점을 안고 있다고 볼 수 있다. 물론 이 관점은 다른 관점들이 갖지 못한 장점을 가지고 있다. 그것은 한국의 경제개혁을 세계적 수준에서의 자본운동의 조건과 이 속에서 나타나는 국내자본의 대응을 총자본과 개별자본의 수준에서 분석함으로써 좀 더 근본적이고 폭넓은 시야에서 조명할 수 있도록 한다. 또한 산업구조조정과 독점자본의 강화, 그리고 빈부격차 심화라는 제반 현상들이 통일적으로 인식될 수 있는 계기를 제공해 준다.

그러나 이 관점은 지나치게 큰 분석 차원에만 집착하고 현실적인 정책결정과정에서 신자유주의 내부의 다양한 차이가 갖는 역동적 의미들을 제대로 반영하지 못하고 있다. 가령 재벌개혁을 분석하면서 그것을 둘러싼 다양한 갈등 양상에 주목하기보다는 "직접적인 경제적 이익의 확보에 집착하는 재벌총수들의 반발을 사고 있지만 사실은 '독점재벌 지배체제의 근대화'-합리화를 위한 정책 이상의 어떤 것도 아니다"(김세균, 1999)라고 단순화시켜 버린다. 그러나 사실 현실에서 사회세력 간의 정치적, 경제적 쟁점은 신자유주의냐, 아니냐를 둘러싼 갈등이라기보다는 신자유주의의 방향을 둘러싼 갈등의 의미가 크다. 이런 차이는 단순히 실용주의적인 분석 차원의 문제에 그치는 것이 아니고, 자본에서 노동

까지의 사회세력 전반을 포함한 헤게모니적 정치체제 수립의 문
제를 담고 있기 때문에 중요한 의미를 갖는 것이다.

그리고 여기에서 중요하게 대두하는 것이 '국가'의 문제이다. 즉
경제정책의 기본 성격들이 신자유주의라 할지라도 국가의 기능과
위상이 어떻게 설정되어 있고, 이를 중심으로 사회세력관계의 형
태가 어떻게 편재되어 있는가에 따라서 그것의 정치, 경제적 의미
는 크게 달라진다. 가령 레이거노믹스·대처리즘과 클린터노믹
스·제3의 길의 정치경제적 차이는 무시될 수 없는 것이며, 김영
삼정부의 신자유주의와 김대중정부의 신자유주의의 차이 또한 간
과할 수 없는 것이다. 그런데 이 관점은 그런 차이를 일면 인정하
는 것 같으면서도 궁극적으로는 경제정책의 성격상 근본적으로
반동적인 한계를 탈피하지 못한다고 환원하는 데서 더 나아가지
못한다. 경제적 요인의 과잉결정 때문에 정치적 요인의 의미를 제
대로 분석해내지 못하는 것이다. 예를 들어 살펴보면 이 관점은
김영삼정부의 "노사관계개혁위원회"나 김대중정부의 "노사정위원
회"에 대해서도 신자유주의적 대량해고를 합법화하고 법제화하기
위한 기만적 수단에 지나지 않은 것으로 단순화하고 있다(채만수,
1998: 85). 그러나 신자유주의의 변화 메커니즘이나 경제정책의
성패를 결정하는 요인은 경제적 수준에서의 변수가 아니라 정치
체제, 계급구조, 국가능력의 차원을 통해 형성되는 정치적 변수이
다. 해당 경제정책의 성격을 반동적이냐 아니냐하는 이분법적 논
리로 파악하려는 시도 자체가 그 같은 인식의 심화를 가로막는
것이지만, 그 같은 구별조차도 상당 부분은 정치적 변수에 의해
결정되는 것이다.

제3절 정치경제학적 분석틀의 모색

1. 신제도주의의 정치경제학

신고전파는 시장을 자연적이고 보편적이며 자기조정적인 존재로 파악한다. 그러나 역사적으로나 사회적으로 시장은 순수한 형태로 존재한 적이 거의 없다. 기껏해야 19세기 후반에 국제적 세력균형체계와 금본위제, 시장경제, 자유주의국가라는 네 가지 제도를 바탕으로 서유럽에 나타났던 경제현상 정도가 그와 유사했을 따름이었다(Polany, 1991: 17). 오늘날에 있어서도 시장모델은 결코 순수이념형으로 존재하지 않는다. 시장은 같은 자본주의체제 안에서도 다양한 모델로 분화되며 다양한 모델의 준거는 시장과 비시장적 제도들과의 결합 방식에 의해 규정된다. 바로 이같은 시장모델의 다양한 구조와 작동양식을 분석하기 위해서는 경제와 정치, 시장과 국가의 관계에 대한 고찰을 필연적으로 요구하며, 따라서 그런 고려를 소홀히 하는 신고전파의 이론모형은 수정되지 않으면 안 된다. 에거트슨(Eggertsson, 1990)은 신고전파 경제학자들이 대체로 소홀히 해왔던 세 가지 분야의 의문점을 다음과 같이 정리한 바 있다. "① 대안적인 사회규칙들(재산권)과 경제조직들의 집합이 어떻게 경제적 행위와 자원의 배분 및 균형결과에 영향을 주는가? ② 경제조직의 형태는 같은 법적 구조 내에서조차도 왜 여러 유형의 경제활동으로 달라지는가? ③ 생산과 교환을 지배하는 근원적인 사회적, 정치적 법칙의 배후에 있는 경제적 논리는 무엇인가?"

바로 이런 의문점들에 대해 시장을 '제도'의 제약 속에서 새롭게 고찰하고자 하는 시도들이 나타났는데, 이들은 '재산권학파',

'거래비용 경제학', '신산업조직' 등 다양한 명칭들로 불리었지만, 대체로 신제도주의라는 흐름으로 통칭된다.

신제도주의는 제도를 주어진 것으로 간주하는 신고전파와 달리 제도적 맥락이 경제성과에 영향을 미친다고 본다(North, 1990: 50). 시장은 재화의 교환이 규칙적으로 일어나며, 교환을 촉진하고 구조 짓는 사회적 제도의 집합으로 정의된다. 즉 모든 경제시스템은 법적, 경제적 결사체, 공식적 혹은 비공식적 규칙들, 공유된 가치와 전통적인 행동양식 등을 결합시키는 매우 복잡한 구조물이라는 것이다. 이 같은 신제도주의의 논의가 갖는 의의는 시장을 마치 공기처럼 어디든지 존재하는 초역사적이고 보편적이며 자립적인 실체로 파악하는 신고전파 가설에 정면으로 도전하고 있다는 것이다. 계약과 교환의 장으로서의 시장은 자립적 변수가 아니라 제도적 인센티브의 구조에 의해 규정되는 존재라는 것이다(North, 1990: 214).

한편 신제도주의자들은 경제학을 정치경제학의 영역으로 정립하고자 한다. 노스에 따르면 "제도는 정치와 경제의 상호 작용 그리고 그러한 상호 작용이 경제성장(또는 정체와 쇠퇴)에 미치는 효과를 이해하는 데 핵심적이다"(North, 1990: 118; 정진영, 2000: 358). 이런 맥락에서 노스는 정치적 규칙과 경제적 규칙 간의 인과관계를 설명하면서 쌍방향적이지만 대체로 합당한 정치적 규칙이 경제적 규칙을 유도한다고 주장한다. 본질적 인과관계의 구조에서 정치조직은 경제적 시장의 재산권을 규정하고 집행한다는 것이다(North, 1990: 172). 이처럼 제도에 관한 연구는 노스가 보여주고 있는 것처럼 국가나 이데올로기와 같이 통상적으로 경제학의 연구 대상이 아닌 분야까지도 이론체계 속으로 통합할 것을 요청하고 있다(정진영, 2000: 335).

그렇다면 신제도주의에서 정치와 경제, 시장과 국가는 구체적으로 어떻게 접합되는가? 일반적으로 경제학자들은 희소성과 그에 따른 경쟁이 효율적 시장을 가져온다고 믿는다. 세력관계는 내생적 변수가 아닌 외생적 변수에 불과하다. 그러나 노스는 사회적 세력관계와 국가가 재산권에 대해 내생적 변수들이며 재산권은 사회정치세력 간의 타협의 산물이라고 파악한다.

노스는 정치적 규칙이 어떻게 다양한 시장유형을 성립시키는가에 대해 '거래비용'과 '교섭력'의 개념을 통해 설명한다. 원래 코즈에 따르면 "신고전파의 가정대로 시장에서의 교환에 거래비용이 들지 않는다면 교섭력의 크기는 결과의 효율성에 영향을 미치지 않는다."고 말한다(Coase, 1937). 그러나 교환의 규칙 속에는 특정한 교환을 촉진하기 위해서뿐만 아니라 당파의 이해를 증진하게끔 하는 교환의 비용구조가 내재되어 있다. 따라서 "플레이어들은 현존하는 교환구조에 순응하거나 권리를 재할당하기 위해 자원을 투입하여 정치조직의 기본적인 구조 및 규칙을 고치려고 시도"한다(North, 1990: 81-83). 이때 정치조직의 규칙은 당파적 이해와 순응의 비용을 고려하면서 고안 된다(North, 1990: 83). 그런 점에서 어디까지나 규칙은 사회적 역학구조의 산물이다.

가장 핵심적인 정치조직인 국가는 경제발전에 필수적인 재산권의 설정과 유지에 결정적인 역할을 수행한다. 국가는 사회전체를 규율하는 규칙의 제정자이자 집행자이다. 그런데 국가는 사회적 규칙을 자신에게 유리하게 고치려고 노력하는 집단 간의 투쟁과 타협의 장이다. 이 때문에 국가가 수행하는 역할은 다양한 결과를 산출한다. 노스에 따르면 국가는 항상 경제발전을 촉진하는 쪽으로만 행동하지는 않는다. 첫째, 국가는 재정수입을 극대화하기 위해 사회적 이익을 희생시킬 수도 있다. 둘째, 국가는 대내외적으로 힘이 센 집단들의 비위에 거슬리지 않기 위해 효율성이 낮은 재산권을 고안할 수 있다. 이러한 관점에서 보면 국가가 재산권의 설정에 어떤 방식으로 작용할 것인가는 사회정치적 세력들 간의 역학관계와 밀접하게 관련되어 있다.

경제성장을 이룩하기 위한 조건은 개인들에게 사회적으로 유익한 일을 하도록 유인하는 일이다. 노스에 따르면 이를 위해서는 개인의 경제활동에 따른 수익과 비용이 사회적인 수익과 비용과 일치하도록 재산권 구조가 확립되어야 한다(North and Thomas, 1973: 2-3; 정진영, 2000: 370 재인용). 그리고 앞서 살펴본 바와 같이 이 같은 재산권 구조의 확립을 위해서 국가의 역할이 결정적인데, 국가가 경제발전을 촉진하는 쪽으로 역할을 수행하기 위해서는 국가와 사회세력들 간의 역학관계가 그에 부합되게 짜여져야 한다. 만약 국가가 조세수입의 증대를 위해 사회적 이익을 희생할 수 있게 정치구조가 짜여져 있거나 사회적 힘의 분포가 지나치게 편중되어 강력한 집단들이 지대이익을 취할 수 있게 되어 있다면 경제적 쇠퇴를 초래할 것이다. 특정한 시점의 재산권 구조는 국가를 매개로 한 사회정치적 세력들의 타협의 산물이기 때문이다.

바로 이상과 같이 코즈나 노스 등의 신제도주의이론은 경제 분석에서 정치 분석의 중요성을 역설하고 나아가 국가, 사회세력과 같은 사회적 범주가 경제 분석에서 차지하는 내재적 지위를 밝히고 있는 것이다.

2. '전략-관계적' 국가이론의 정치경제학

신제도주의와 유사한 문제의식은 '비판적 마르크스주의'에서도 발견된다. 전통적인 마르크스주의는 경제결정론의 관점에서 국가를 지배계급의 도구로 파악하기 때문에 개별 축적체제의 특수한 역사적, 정치적, 제도적 맥락을 제대로 탐구할 수 없었다. 네오마

38

르크스주의 또한 국가의 자율성을 상대적으로 강조하기는 하지만
경제와 정치를 추상적 수준에서 결합시킴으로써 여전히 구조결정
론을 벗어나지 못했다.

　이에 이를 극복하려는 다양한 비판 작업들이 전개되었는데, 그
중에서도 히르쉬와 제숍은 가장 괄목할만한 성과를 남겼다 그들
은 그람시의 '헤게모니'개념을 자본주의 경제 분석의 중심개념으
로 복원하고, 축적체제, 계급관계, 국가와 같은 사회적 범주들 간
의 다양한 접합양식을 통일적으로 규명하고자 하였다.13) 특히 제
숍(Bob Jessop)은 '전략-관계적'접근법을 발전시켜 국가와 시장
간의 내재적 연관성을 밝히고자 하였다.14)

　제숍에 따르면 자본은 사물이 아니라 사회적 관계이다(Jessop,
1990: 197).15) 자본의 가치형태는 자본주의 발전의 모태를 규
정하는 근본적인 사회적 관계이자, 자본관계 일반을 재생산하는
다양한 계기로서 유기적으로 결합되는 수많은 상호 연관된 요소
들로 구성된다. 우선 유통의 영역에서 이런 요소에는 상품과 서
비스의 교환을 매개하는 상품형태, 가격형태, 화폐형태 등이 포함
된다. 또 생산의 영역에서 가치형태는 노동력의 상품화, 노동력을
자본주의적 통제에 종속시키는 능력에 의존하는데 이는 경제적
가치형태를 넘어선 수많은 요소들(법률, 통화제도, 관습)에 의해

13) 제숍의 이론은 풀란차스, 푸코, 조절이론 등 다양한 이론적 조류들의 건설적
　절충의 산물이지만 근원적으로는 그람시에 연원을 두고 있다(김호기, 1991:
　196-7; 손호철, 2002: 116).
14) 제숍의 전략-관계적 국가이론의 형성 연원에 대해서는 손호철. 2002.
　"밥 제숍의 '전략-관계적' 국가론: 마르크스주의 국가론의 최후의 보
　루?," 『근대와 탈근대의 정치학』. 서울: 문화과학사, 113-6쪽에 간략히
　잘 정리되어 있다.
15) 제숍의 저서는 한국에서 Bob Jessop. 유범상·김문귀 역. 2000. 『전략
　관계적 국가이론: 국가이론의 제자리 찾기』. 서울: 한울아카데미로 번
　역 출판되기도 하였는데, 난해하기 짝이 없는 제숍의 이론을 상당히 꼼
　꼼하고 비교적 정확하게 번역하였다. 여기에서는 영어 원전과 번역서를
　함께 활용하였다.

형성된다(Jessop, 1990: 197-198).

그런데 이 같은 자본순환의 다양한 계기들은 한 분파의 헤게모니 하에 통일되어야 한다. 경제적 헤게모니는 단순한 '경제적 지배'나 '경제적 결정'과 달리 경제적 지도력에서 나온다. 경제적 지도력은 화폐자본을 자신의 궁극적 지배이익과 다른 지배·피지배 분파들의 이익이 최대한의 조화를 이룰 수 있도록 화폐자본을 다양한 투자영역으로 배분·통제함으로써 자본순환을 통합하는 것이다(Jessop, 1990: 199). 바로 이와 같이 자본순환의 다양한 계기들을 통합하기 위한 실천을 '축적전략'이라고 부를 수 있으며, 축적전략은 다양한 경제외적 조건을 함축하는 특수한 경제적 '성장모델'을 규정한다(Jessop, 1990: 198).

그러나 자본순환의 통합은 미리 결정된 영역이 아니다. 자본분파들은 자신의 이익이 관철되는 방향으로 자본순환을 통합하기 위해 치열하게 경쟁한다. 뿐만 아니라 이런 경쟁의 과정에는 피지배계급들을 끌어들이기도 함으로써 경제적 헤게모니를 장악하기 위한 투쟁은 한층 복잡하게 진행된다.

이는 축적이 책략의 여지를 창출하는 "전략-관계적" 과정임을 의미한다. 축적은 경제적·비경제적 요소들이 결합되어 있는 과정이고, 다양하고 이질적인 사회세력들이 참여하는 과정이다. 축적은 단순한 경제적 재생산뿐만 아니라 이에 필요한 다양한 사회적 조건들, 즉 '축적의 사회적 구조들'의 조절을 필요로 한다(손호철, 2002: 129). 바로 이 같은 특징은 축적에서 국가의 역할을 결정적인 것으로 만든다(Jessop, 2001: 12-17). 국가는 시장이 실패했을 때 축적을 위한 조건을 보장하고 계급으로 분할된 사회에서 사회적 응집을 보장할 책임을 맡고 있다(Jessop, 1990: 360). 그러기 위해 국가는 축적에 대한 일반이익을 옹호하는 동시에 비헤게모니적 지배분파와 피지배계급들을 자본의 순환과정에 통합하기 위해 물질적 양보와 상징적 보상을 가장 주도적으로 수행해야 한다.

물론 국가의 역할이 축적전략에 전적으로 종속되는 것은 아니다. 축적전략이 생산관계와 경제적 팽창에 주로 관련되어 있다면, 국가의 가장 근본적 역할은 경제적 목표만이 아니라 다양한 비경제적 목표까지를 포함해서 특수이익과 일반이익 간의 갈등을 해소하고 국가적 통일성을 확립하는 이른바 '헤게모니 프로젝트'를 개발하는 것이다. 헤게모니 프로젝트와 축적전략은 중첩될 수 있고 상호 필요조건이 되긴 하지만 결코 동일한 것은 아니다. 헤게모니 프로젝트는 정치적, 이데올로기적 형식으로 나타난다. 바로 그런 형식을 통해 축적전략에 영향을 미치고 축적전략을 재구성한다.

이를 쉽게 이해하기 위해 예를 들어 설명해보자. 오늘날 유행하고 있는 경제적 신자유주의(neo-liberalism)는 일종의 축적전략이라고 볼 수 있다. 하지만 신자유주의는 그 자체로 완결되어 존재하는 것이 아니라 다양한 형태의 정치적, 이데올로기적 구조와 결합됨으로써 구체적인 축적체제로 나타난다. 가령 신자유주의는 국가전략의 이데올로기적 제 형태, 즉 신보수주의(대처의 영국, 레이건의 미국), 조합주의(네덜란드), 권위주의(피노체트의 칠레, 전두환의 한국), 민중주의(메넴의 아르헨티나) 등 다양한 헤게모니 프로젝트와 결합되어 나타난다. 그리고 이들 각각의 정치적, 이데올로기적 구조는 축적의 유인체계를 변화시키고 계급 및 분파들 간의 관계를 재규정함으로써 축적의 진행에 중대한 영향을 미친다.

비슷한 이야기지만, 자본주의국가는 '도구적'이고 '직접적'인 방식으로 자본의 이익을 보장해 주는 것이 아니라, '정치적 지배'라는 '효과'를 통해서 '간접적'인 방식으로 자본축적을 재생산한다(Jessop, 1990: 44-46). 국가의 정치적 지배효과는 크게 ①정치적 대표형태와 개입형태, ②지지나 저항의 사회적 토대라는 두 가지 측면에서 분석될 수 있다.

우선 제솝은 의회주의, 조합주의와 같은 국가의 정치대표형태와 개입형태가 자본축적에 미치는 영향을 논의한다. 예를 들어 의회주의는 자본주의 발전의 초기단계에서 지배계급 분파들 간의 통일된 파워블록의 형성을 용이하게 하였고, 선거권이 확대됨에 따라 선거경쟁의 요구로 인해 피지배계급의 이익도 고려하도록 함으로써 부르주아지의 헤게모니에 필수적인 개량주의적 정책의 기반을 제공했다. 그러나 의회주의는 다양한 정치적 위기에 빠지기 쉬운데 이 위기로 인해 자본을 위해 기능하는 능력이 제한된다. 제솝은 조합주의가 축적과정에 미치는 영향에 대해서도 다음과 같이 말하고 있다. 조합주의는 직능에 따른 노동조합의 파편화와 개량주의적 정치의 제도화를 통해 혁명적 노동운동의 성공을 방해한다. 자본에 대해서도 정치적으로 중앙집중화 시킴으로써 개별 자본들 간의 경쟁이 자본일반의 이익을 해치지 않도록 할 수 있다. 이런 요인들로 인해 조합주의는 축적을 촉진할 수 있다. 그러나 의회주의가 다양한 위기와 모순을 안고 있는 것처럼 조합주의 또한 마찬가지인데, 예를 들어 조합주의가 국가기구 자체의 중심에서 계급투쟁을 재생산하고 축적에 대한 정치적 전제조건의 지속적인 실현을 중단시킬 수도 있다.

이상은 주로 국가형태, 즉 정치체제유형, 국가의 개입범위 등이 자본축적의 진행에 미치는 영향에 대해 논의한 것이다. 그러나 국가가 미치는 효과를 제대로 분석하기 위해서는 국가의 독특한 제도적 형태와 함께 정치적 세력관계가 어떻게 국가형태 속에 내면화되어 있는지를 고려해야 한다(Jessop, 1990: 206). 국가의 제도적 형태가 축적의 성과를 획일적으로 결정하지는 않는다. 제도의 효과가 어떻게 발현될지는 국가형태와 자본순환으로의 국가통합뿐만 아니라 정치적 세력균형의 변화에 달려있기 때문이다

(Jessop, 1990: 356). 따라서 국가의 형태적 측면은 국가에 대한 지지나 저항의 사회적 토대와 연결시켜 파악함으로써 보다 완벽해질 수 있다. 그러므로 여기에서 국가분석은 세력균형에 대한 분석과 필연적으로 연관되지 않으면 안 된다.

국가는 국가형태와 세력균형의 총체로서 정치적, 이데올로기적 형식＝헤게모니 전략을 통해 축적과정에 영향을 미친다. 그런데 이런 국가의 세력균형의 성격을 가장 집약적으로 표현하는 형식이 바로 '역사블록'(historical bloc) 혹은 '지배연합'이다. 역사블록은 그람시의 "정치사회＋시민사회＝통합국가"(Gramsci, 1978: 263)에 기초하여 경제적, 정치적, 이데올로기적 통일의 필요성에 의해 확립된다. 역사블록은 "하부구조와 상부구조의 복합적이고 모순적이며 불협화음적인 앙상블"이다(Gramsci, 1978: 336; Jessop, 1990: 319-320).

역사블록은 경제적 지배계급의 즉자적 이익에 기초하여 성립되지 않는다. 그것은 경제적 지배계급의 헤게모니 아래에서 피지배계급을 해체하여 '시민' 또는 '인민'으로 개별화하고 부르주아 정치체제의 기제를 통해 재조직한다(Poulantzas, 1972; 임혁백, 2000: 165). 그런데 역사블록은 정치적, 사회적 환경, 특히 세력관계의 조건에 따라 역동적으로 변화한다. 역사블록은 사회세력들의 전략적인 투쟁의 공간이고, 이 때문에 항상 잠정적인 것이다(Jessop, 1990: 319-320).

요약하자면, 축적과정을 보다 심층적으로 분석하기 위해서는 경제적 차원에서만 한정해서 안 되고 경제, 정치, 이데올로기라는 통합적 수준에서 전개되는 국가의 특정한 헤게모니 전략으로서 "국가형태"와 "역사블록"의 성격을 분석해야 한다. 그리고 그것이 축적에 미치는 영향을 분석함으로써 우리는 축적패턴의 다양한 변형들을 파악할 수 있을 뿐만 아니라 축적전략의 성공과 실패의 조건들을 제대로 고찰할 수 있는 것이다.

3. 분석틀과 분석개념

(1) 지배연합과 국가형태

신제도주의와 전략-관계적 국가이론은 그 뿌리가 전혀 다름에도 불구하고 정치와 경제, 시장과 국가의 관계를 서로 외적으로 대립하는 관계가 아니라 내재적인 관계에 있는 것으로 파악하고 있다. 그럼으로써 축적이나 경제발전의 연구에 정치적·이데올로기적 구조와 현상을 통합하는 정치경제적 연구의 필요성을 제기하고 있다. 특히 이들은 공통적으로 경제과정에서 국가와 사회세력이 수행하는 역할에 대하여 새롭게 주목하였다. 이 같은 논의는 경제결정론적 분석에 치중한 신고전파나 마르크스주의의 이론적 공백을 메울 수 있을 뿐만 아니라 베버리안류의 (신)국가주의론이 갖는 국가의 '절대화' 오류를 정정하는 데에도 기여할 수 있다.

기존에 한국의 경제개혁을 분석해온 관점들은 대체로 경제적 성장양식 및 변화에 초점을 맞추고 그 속에서 국가의 역할을 탐구하였다. 그러다 보니 국가를 매개로 한 사회세력들의 전략적 기능은 상대적으로 수동화된 측면들이 많았고, 신자유주의 축적전략으로의 이행이 더욱 혁신적이고 유연한 체제로 공고화되기 위해 정치적·이데올로기적 기능들이 어떻게 결합되어야 하고 이에 따라 신자유주의 이행에서 어떤 변형(variation)들이 나타나는지를 제대로 설명할 수 없었다. 이에 대해 신제도주의와 전략-관계적 국가이론은 사회적 세력구조, 사회세력들의 지배 혹은 저항전략, 국가의 특수한 역할형태를 분석의 중심에 놓고, 그것이 신자유주의 축적전략으로의 이행에 미치는 영향을 분석하는 데 많은 시사점을 던져 준다. 우리는 전자를 '경제'의 정치경제학이라고 부른다면, 후자는 '국가'의 정치경제학이라고 부를 수 있다. '경제'의 정치경제학은 '국가'의 정치경제학으로 보완되어야 한다.

이 책은 바로 후자의 경로에 중심을 두어 한국의 경제개혁 과정을 고찰하고자 한다. 먼저 국가는 정치제도로서 경제에 영향을 미친다. 그것은 국가의 시장에의 개입형태, 즉 ① 최소주의적 개입인가, 최대주의적 개입인가, ② 행정적·재량적 개입인가, 법률적 개입인가, 아니면 조합주의적 개입인가에 따라 경제에 미치는 영향이 판이하게 달라진다. 또한 앞서의 요인과 다소 중복되는 요인이지만 정치적 대표형태, 즉 ① 권위주의인가, 민주주의인가, ② 참여적 민주주의인가, 위임적 민주주의인가, ③ 정책결정양식이 중앙집권적인가, 분권적인가, ④ 의제설정양식이 지역주의구도인가, 이념·정책중심의 정치구도인가에 따라 경제에 미치는 영향이 달라진다. 다음으로 국가는 특정한 사회세력관계의 헤게모니적 내면화 체계이다. 국가는 국내외적, 정치·경제·사회적 조건의 제약 속에서 여러 사회세력들이 정치조직의 기본구조 및 규칙을 자신에게 유리하게끔 변경하기 위해 투쟁하는 전략의 공간임과 동시에 특정한 정치적·이데올로기적 성향의 헤게모니 분파에 의해 지도되는 통일적 체계이다. 국가의 이와 같은 세력구조는 축적전략, 즉 특정한 지향성을 갖는 경제정책과 결합되고 그에 치명적인 영향을 미친다. 이 책에서는 이를 그람시가 말하는 "역사블록"과 같은 의미로서의 '지배연합(the ruling coalition)'이라고 표현하고자 한다. 지배연합은 일정한 사회적 조건하에서 경제적 지배계급과 피지배계급을 정치적, 이데올로기적으로 재구성함으로써 경제정책에 필요한 지지를 조직한다. 이렇게 특정한 지배연합은 특정한 정책방향과 연관되어 있고, 정책선택과 집행의 효과적 추진을 위해 필요한 대중적 지지와 동의를 동원한다(Gourevitch, 1986: 20). 일정한 역사적 시점의 주어져 있는 구조 하에서 서로 다른 결과가 나올 수 있는 것도 어떤 특정한 리더십의 행위에 의해 형성된 정치, 경제적 연합의 결과 때문이다(Almond and Flangan and Mundt, 1973: 32). 마찬가지로 경제개혁 역시 필연적으로 그것의 분배적 결과를 둘러싸고 사회세력들 간에 다양한 형태의 협조와 갈등을 산출하는데, 이 때문에 어떤 경제개혁도 국가와 사회집단들 사이에 효과적인 지지 및 소통의 망을 구축하지 않고서는 성공할 수 없다(Haggard and Kaufman, 1995: 10). 이런 논의에 입각하여 다시 정리해 보면, 지배연합은 ① 경제적 지배계급과 특정한 이데올로기적 정치집단(정당, 군부, 관료, 지식인, 종교운동집단 등과 같은 사회세력의 범주들)들의 결합, ② 지배연합세력내부 여러 분파들 간의 주도성의 차이, ③ 경제적 피지배계급에 대한 태도(가령 배제 혹은 포섭 혹은 동원) 및 가치의 배분양식과 같은 몇 가지 개념적 요소들로 구성된다(〈그림 1-1〉).

〈그림 1-1〉 지배연합의 개념구조

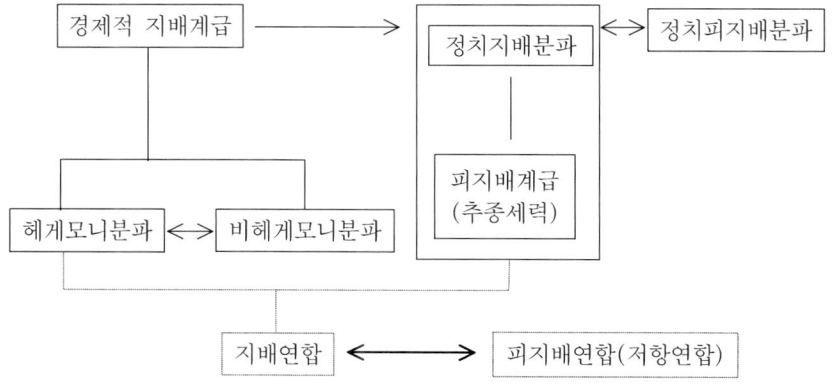

한편 여기서 저항연합(피지배)의 개념을 부연하는 것은 지배연합의 개념을 더욱 명확하게 이해하는 데 도움이 된다. 저항연합의 개념은 경제적 피지배계급에 연원을 두고 있지만 동일한 개념은 아니다. 지배연합이 사회적 세력관계의 조건에 따라 유동적으로 변화하는 만큼 저항연합도 그렇다. 저항연합은 지배연합의 헤게모니가 불안정한 시기에 일정한 정치적, 이데올로기적 지향성과 대중적 동원력을 갖출 때 사회의 전면에 등장한다. 그러다가 지배연합이 정치와 경제를 재구성하여 저항연합을 중화 내지 소멸시키곤 하는데, 이것이 바로 그람시가 말하는 "수동혁명(passive revolution)"이다.

지배연합이라는 개념을 한국에 적용할 때 지배연합을 규정하는 근본적 조건은 일차적으로 (독점)자본의 일반이익이라고 볼 수 있다. 그러나 국내외 정치, 경제적 상황의 변화에 따라 지배연합 내부의 구성과 성격은 다양하게 변화해 왔다. 1980년대 이후 경제적 수준에서 노사관계의 구조는 커다란 역학관계의 변동을 겪게 되었고 재벌체제는 이러한 국내적 압력뿐만 아니라 국제적 개방과 자유화로부터의 증대되는 압력에 직면하게 되었다. 또한 정치적으로는 권위주의체제가 몰락하고 민주주의로 이행함에 따라 새로운 이념적 지향을 갖는 세력들이 국가의 주도세력으로 등장하기 시작하였다.

이 같은 일련의 흐름들은 축적체제와 정치체제를 연결하는 헤게모니적 국가체제를 급격하게 균열시키고 혼란 속으로 밀어 넣었다. 동시에 그것은 국가적 통일성을 재구성하기 위한 서로 상이한 지형들 간의 갈등과 경쟁으로 나타났다. 초기에는 다양한 계급 및 분파들의 이해관계가 복잡하고 첨예하게 뒤얽히면서 매우 혼란스러운 형태로 진행되었다. 지배연합과 피지배저항연합 간의 계급적 갈등이 첨예하게 나타났을 뿐만 아니라 지배세력 내 헤게모니분파들과 비헤게모니 분파들 간의 갈등이 중첩적으로 얽혀 작동하였다.

그럼에도 불구하고 1990년대에 들어서면 이행기의 혼란스럽고 모호한 질서가 상당히 압축된 지형으로 정착되기 시작하였다. 경제적 수준에서는 신자유주의 축적전략이 헤게모니를 더욱 강화하게 되었고, 정치적 수준에서도 반체제적 이념과 저항세력들이 급속히 쇠퇴하게 되었다. 피지배저항연합은 일부가 유지되었으나 대부분 소멸되었고 그 저항성도 크게 약화되었다. 그리하여 균열은 주로 지배세력 내부의 대립을 매개로 전개되었다. 바로 이런 정세 속에서 신자유주의 축적전략의 실현방식과 관련하여 경쟁하는 두 개의 상이한 지배연합전략이 출현하였다. 그것은 주로 축적의 과정에서 피지배계급에 대한 가치의 배분방식, 즉 피지배계급을 배제할 것인가, 아니면 포섭 내지 동원할 것인가를 놓고 지배세력 내부에서의 주도권 경쟁으로 나타났다. 이 책에서는 이를 '보수주의적' 색채와 '자유주의적' 색채의 차이로 표현하였다.16)

요약하자면 역사블록으로서 지배연합개념은 경제학적 분석방법과 달리 정치적 분석개념이지만 정치체제와 경제체제의 변동을 분절적으로 파악하지 않고 상호 유기적으로 연관된 총체로서 통합적으로 파악하는 시각을 제공해준다. 이 글은 바로 이런 지배연합이라는 개념을 통해 일정한 정치·경제·사회적 상황의 제약 속에서 벌어진 사회집단들 간의 경쟁의 결과로 나타난 국가의 특정한 정치적, 이데올로기적 구조가 어떻게 특정한 축적전략과 결합되고, 축적전략을 어떻게 변형시키며 축적의 성과에 어떻게 영향을 미치는지 살펴보는 것이다. 이와 같은 분석틀을 도식으로 표현하면 〈그림 1-2〉와 같다.

---

16) 여기에서 지배연합의 두 가지 유형을 '색채'의 차이로 설명하는 이유는 한국사회에서는 아직 이념·정책적 구도가 전면에 발현되지 않은 조건에서 '보수주의'와 '자유주의'가 지역주의나 파벌의 구도에 매개되고 은폐되어 성향이나 색조의 형식으로 나타나는 현상을 감안했기 때문이다.

48

〈그림 1-2〉 분석틀

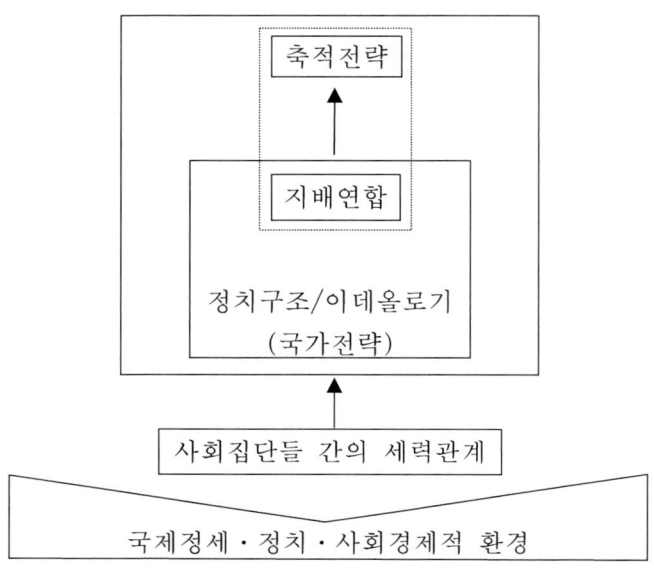

(2) 경제개혁성과의 측정기준

이 책은 경제개혁성과를 측정하는 근본 기준을 "경제행위의 주체
들이 자발적으로 동의하고 순응할 수 있는 시장에서의 규칙에 대
한 기율, 즉 시장규율(market discipline)의 확립정도"라고 정의
하고자 한다. 시장이 성립하기 위한 핵심은 '개인적 자기책임의 원
리'와 '경제행위자들 간의 자유로운 경쟁'이다. 시장에서의 자유로
운 경쟁을 통해서 질 좋은 상품과 서비스를 값싸게 제공하는 자가
살아남고 그렇지 못한 자는 퇴출되어야 한다는 것이다.

그런데 이런 원리는 사회의 모든 경제주체들에게 공정하게 적
용되어야 한다. 과도한 독점이나 담합, 정부의 인위적 진입장벽
등에 의해 경쟁의 원리가 특정 개인이나 집단들에게 불평등하게
적용될 때에는 자원이 비효율적으로 낭비되어 사회 전체에 손실

을 발생시킨다. 이와 같이 인위적 장벽에 의존하여 일종의 지대 이윤을 추구하는 행위나 현상을 도덕적 해이(moral hazard)라 고 부른다. 한국의 경제위기는 바로 시장규율이 엄격하게 작동하 지 못하여 비정상적 지대이윤을 추구하는 경제주체들이 퇴출되지 못했기 때문에 발생하였다는 데에서 이론은 없는 것 같다. 따라 서 이를 시정하기 위한 경제개혁은 시장의 원리를 경제주체들 사 이에 공정하고 보편적으로 확립하기 위한 과정이 된다.

그런데 시장규율의 확립은 단지 시장적 제도와 법률을 도입하는 것만으로는 불충분하다. 예를 들어 김영삼정부와 김대중정부의 경 제개혁에서 단적으로 드러나지만, 국가는 개발국가 모델을 대체하 기 위한 신자유주의 시장경제모델의 수많은 법률과 제도들을 도입 하였지만, 실제 그것의 운용과 제도화에서는 현격한 괴리를 나타내 보였다. 시장규율은 시장경제의 제도와 규칙들이 갈등적인 사회세 력 간의 일정한 균형에 의해 지탱될 때 비로소 확립된다.

시장규율의 구체적 측정지표는 사회상황의 조건에 따라 다소 달 라질 수 있다. 그러나 경제개혁에 관한 이론적 연구들은 개혁성과 의 구체적 측정지표들을 어떻게 잡느냐에 대해 명확히 통일된 견 해를 제시하지 못하고 있다. 넬슨(Nelson, 1990)의 경우는 여러 국가들의 비교사례연구에서 경제개혁의 진행 단계를 크게 경제안 정화(economic stabilization)와 시장경제의 뼈대를 구축하는 경 제구조개혁(economic structural reform)으로 나누어 이를 다 시 신속성(timing)과 집행결과(implementation)의 측면에서 평 가하고 있다. 그러나 이런 기준은 너무 광범위해서 구체적 평가기 준으로 삼기에는 부족하다.

따라서 여기에서는 금융기관의 자율성, 기업규율능력, 자본시장 의 개방성, 부실채권비율, 부실기업퇴출의 신속성과 일관성, 기업 투명성, 기업지배구조의 쇄신, 기업재무구조의 건전성, 노동시장

유연성, 노사간 합의도출능력 등과 같은 세부적 기준들을 지표로 삼되, 궁극적으로는 이런 지표들 그 자체의 산술적 계량화보다는 사회적 운용 및 제도화의 보편적 적용으로 확립되는지를 살펴보고자 한다.

경제개혁에 관한 연구들이 공통되게 성과측정의 기준으로 삼는 중요한 지표는 바로 경제적 성장세의 회복이다. 그것은 단순히 일시적인 회복이 아니라 경제구조조정의 결과로서 지속적이고 견고한 성장세를 회복하게 되었는가 하는 것이다. 이 책도 이런 지표를 성과측정의 기준으로 채택한다. 다만 부연할 점은 경제적 성장지표가 시장규율을 높이는 방향의 구조개혁과 어떤 상관관계가 있는지를 고찰하는 것이 중요하다는 것이다.

그 외에도 경제개혁성과를 측정하는 지표로는 IMD가 조사 발표 하는 국가경쟁력 지표나 프레이저 연구소가 연례 발표하는 경제자유도 등을 사용하기도 한다.17) 그러나 이런 지표들이 하나의 참고자료로서 가치가 있을 수는 있지만 전면적인 지표로서는 불충분하다고 생각된다. 국가경쟁력 지수의 경우 통계자료와 설문조사를 통해 작성되는데, 단기적인 성과와 주관적 평가에 많이 좌우되고 구조조정효과에 대한 심도 있는 분석에 의해 뒷받침되지 않는다고 보이기 때문이다. 그리고 경제자유도는 급진적 신자유주의의 철학을 배경으로 사회적으로는 주로 기업(자본)의 관점에 치우친 바가 많기 때문에 객관적 지표로서는 한계가 있다고 보인다.18) 또 경제적 펀더멘털—금융 및 기업부문의 비용과 이익구조

---

17) 경제자유도에 입각한 김대중정부의 경제개혁 평가에 대해서는 박동운. 2002. 『시장경제인가, 반시장경제인가: 김대중정부의 구조개혁평가』. 서울: 자유기업원을 참조.

18) 경제자유도 지표에서 경제자유의 개념은 밀턴 프리드만(M. & R. Frie-dman)을 따라 '소득사용을 선택할 수 있는 자유', '소유자원을 처분할 수 있는 자유', '자산을 소유할 수 있는 자유'로서 규정된다.

－의 견고성을 개혁성과의 지표로 삼는 관점 역시 경제학자들 사이에는 상당히 일반화되어 있다. 그러나 이것 역시 불완전한 지표일 수밖에 없는 이유는 특히 국제금융시장의 불완전성을 고려할 때 경제위기의 재발을 막고 견고한 성장세를 지속할 수 있다고 자신할 수 없는 상황이기 때문이다. 경제개혁이 성공한 듯이 보이더라도 언제든지 위기가 재발할 수 있음은 근래 국제경제의 경험이다(김인준, 2002: 17). 이 때문에 경제적 펀더멘털과 신용평가는 위기의 발생을 제대로 예측하지 못해 왔다.

따라서 이 글에서는 구조조정의 거시적 지표, 경제성장세, 경제적 펀더멘털 등 다양한 지수를 활용하면서, 동시에 그것을 규칙에 대한 사회적 합의와 신뢰의 제도화 그리고 시장행위자들에 대한 보상과 처벌기제의 작동 정도를 연계하여 경제개혁성과의 기준으로 삼고자 한다.

제2장 개발국가의 형성과 쇠퇴

제1절 개발국가의 특성과 정치적 동학구조

1. 개발국가의 경제구조와 형성배경

1960년대부터 1980년대에 이르는 기간 동안 한국의 경제발전을 주도했던 패러다임은 '개발국가(developmental state)'였다. 이 시기에 자본축적전략의 핵심은 우선 '국가가 관리하는 금융시스템'에 있었다(Cole and Park, 1983). 정부가 금융을 장악하여 금융자원을 비롯한 각종 자원을 특정산업 혹은 특정기업에 선택적으로 투입함으로써 급속한 산업화를 이룩하는 것이었다. 한국에서 이 시기에 국가는 통상적인 조세정책과 재정정책뿐만 아니라 금융기관에 대한 통제를 통하여 사채시장을 제외한 모든 재원의 흐름을 통제하여 왔고, 국내 민간자본과 외국자본 간의 중개자적 역할까지 수행하여 왔다(하연섭, 1992: 1168). 한국의 국가는 서구의 '규제국가'와 비교할 때, 시장에의 개입을 통하여 상대가격기제를 의도적으로 왜곡함으로써 시장경쟁을 특정방향으로 유도하여 국가가 설정한 특정한 목적에 맞게 경제발전을 달성하고자 하였다. 이 시기에 국가는 특혜와 처벌을 병행함으로서 대기업을 적극적으로 규율하였다. 수출, 연구개발, 신상품개발 등 실적을 쌓은 대기업은 기업 확장에서 특혜를 받았으며, 그렇지 못한 대기업은 합리화라는 이름 아래 거의 강제적으로 통폐합되거나 구제금융을 거부당하여 도산의 길을 걸어야 했다(Amsden, 1989: ch.1). 또 개발국가는 노동에 대해서 철저하게 통제를 가하였다. 노동에 대한 강압적 통제는 개발국가의 성장전략에서 핵심적인 요소였다. 왜냐하면 정부주도에 의한 인위적 고성장을 위한 고투자는 노동시장에서 노동에 대한 초과수요를 유발하여 고임금화를 가져오게 되고 결국에는 개발국가의 전략을 무력화시키게 되기 때문이었다. 이상과 같이 한국의 개발국가는 국가가 자본주의 형성과 작동 과정에 적극 개입하여 위로부터 질서를 부과하고 규율자의 역할을 수행함으로써 축적을 이루어 나갔다.

그런데 한국에서 '개발'은 단순한 경제적 산업화 이상을 의미하는 것이었다. 여기에는 국가민족주의의 이념구조, 국가발전의 최우선 목표가치로서의 성장이데올로기의 공유와 국민의 동원, 냉전체제 아래 생존의 정치로서의 반공주의라는 의미들이 내포되어 있었다 (이병천, 2003: 21). 그리고 동시에 이런 목표들이 출현할 수 있었던 사회적 동학구조를 함축하는 것이기도 했다. 한국에서 개발국가 모델이 성립한 배경은 한국의 계급구조, 정치구조, 국가구조의 특성에 있었다. 무엇보다 그것은 조직화되지 않은 무정형한 시민사회 — 파괴된 노동조합, 자본의 미형성, 그리고 자생력이 없는 천민적 자본가 — 와 과대 성장된 관료적 국가구조, 반공 보수주의적 지배연합이라는 조건하에서만 가능한 것이었다. 이런 조건하에서 영미식 경제발전전략의 채택은 불가능했다. 또한 그것은 재정과 산업담당 부처 사이에 정밀한 세력균형이 확립된 일본의 개발국가와도 다르고, 국민당이라는 강력하게 조직된 정당국가에서 채택된 대만의 경제발전전략과도 다른 것이었다(김병국·임혁백, 2000).

개발국가의 등장은 국제자본주의의 분업질서의 성격, 미국의 동북아 전략과 무관할 수 없었다. 먼저 고정환율제와 자본 이동의 통제를 축으로 하는 '규제된 자유주의(embedded liberalism)'의 성격을 갖는 브레튼우즈체제는 개도국들에게 산업화를 위한 경제정책의 자율성을 허용했고, GATT체제 또한 덤핑과 수출보조금을 허용하는 등 선·후진국 간 비대칭적 관계를 허용하고 있었다(이병천, 2003: 54). 게다가 동북아 반공냉전체제의 보루를 안정화하고자 미국이 추진한 동북아 지역통합전략은 한국이 미국과 일본의 자본·기술·원자재를 유리하게 제공받고 미국시장에 자유롭게 접근할 수 있는 기회를 보장하였다(김인걸 외, 1998). 바로 이런 조건을 이용하여 한국은 노동집약적 공산품 수출산업화에 특화함으로써 빠른 경제성장을 구가할 수 있었다.

그런데 이 같은 산업화의 환경은 개발국가의 돌진적 국가동원 전략에 부합하는 것이었다. 박정희정부의 근대화 이데올로기와 국가-사회의 수직적 재조직화는 전술한 한국의 계급구조, 정치구조, 국가구조의 특성과 4.19혁명을 기화로 급속히 약화된 종래의 원초적 반공이데올로기를 쇄신할 필요성에 직면한 지배체제의 요구에 걸맞은 것이었고, 동시에 당시의 국제정세를 나름대로 효과적으로 활용할 수 있게 했던 것이다.

2. 개발국가의 성장과 분배구조

한국의 개발국가는 어떻게 30여년 이상 고도성장을 지속할 수 있었는가? '선성장-후분배'의 개발철학을 채택했고, 매우 억압적이고 배제적이었던 정치경제체제가 어떻게 해서 극단적인 빈부격차로 나아가는 것을 피했고, 비교적 두터운 중간층 중심의 계층구조를 형성할 수 있었는가? 국가권력과 재벌의 배타적 지배연합이 약탈국가로 전락하지 않고 어떻게 경제적 성장을 달성할 수 있었는가? 바로 이런 의문들이야말로 개발국가의 시기를 관통하는 가장 모호한 문제의 지점들이다. 더구나 외환위기를 전후로 한국 자본주의의 본질을 '도덕적 해이'로 파악하는 신고전파 경제학자들의 시각에서는 더더욱 불가사의한 현상일 수밖에 없는 것이다.

먼저, 전술한 것처럼 개발국가의 지배연합이 갖는 국가개입주의적 성격은 경제운영에서 국가권력, 특히 관료제에 상대적 자율성을 제공해 주었다. 이것은 국가가 기업에 대해 효과적인 규율체계를 부과하는 기반이 되었다. 이처럼 국가가 규율능력을 가질 수 있게 된 데는 일차적으로 국가와 시민사회, 국가와 자본 사이에 존재하는 역학적 불균형 때문이었다. 이를 바탕으로 해서 한국의 국가는 기업에 대해 독특한 지원과 처벌의 메커니즘을 발전시켰다. 국가는 고성장을 위한 고투자에 대해 금융, 재정상의 특혜를 부여하였다. 개발국가의 경제성장 전략은 정부가 전략산업과 담당기업을 지정하고, 그에 대해 한정된 자원을 집중함으로써 효율성과 수출경쟁력을 높이는 것이었다. 기업가가 잉여금을 소비에 향유하지 않고 국가가 지정한 전략적 부문에 생산적으로 투자하는 한, 국가는 많은 특혜(일종의 지대)를 부여하였다. 그런 점에서 국가와 재벌의 이익교환은 단순독점지대가 아닌 '조건부 지대'의 성격을 갖는 것이었다(조영철, 2003).

그런데 이런 역학적 불균형 위에서 견제 받지 않은 국가가 어떻게 해서 일방적 잉여추출국가로 전락하지 않고 경제성장이라는 실적을 산출해 낼 수 있었는가? 여기에는 추가적인 설명이 필요하다. 이에 대한 설명은 국가자율성의 기원을 국가 자체에 둠으로써 국가를 신비화하는 국가주의론의 시각과는 명백히 구별되는 설명방법으로 이루어져야 한다. 개발국가의 자율성은 사회동학적이며 맥락적(contextual)인 관점에서 파악되어야 한다. 개발국가가 경제성장을 달성한 비밀을 알기 위해서는 지배연합에 내재되어 있는 지배와 저항, 이익의 교환, 이데올로기적 구조가 축적전략과 어떻게 연결되는지를 고찰해야 한다. 이 문제는 한국에서 오늘날

까지도 첨예하게 진행되고 있는 산업화세력과 민주화세력 간의 정치적 논쟁과도 연결되어 있는 매우 중요한 주제이다. 오늘날 한국에서 산업화의 경험은 권위주의의 후예들을 정치적으로 정당화하고 민주주의를 공격하는 이데올로기적 도구로 사용되고 있다. 반면에 민주화세력은 자신의 정당성의 근거를 확장하기 위해 지난 시기 산업화의 공과를 상당히 암울하게 묘사하는 경향이 있다. 그러나 산업화와 민주화를 이분법적으로 분절시킨 시각으로는 산업화나 민주화 그 어느 것에 대해서도 다이내믹한 묘사를 해내기란 불가능하다.

개발국가의 지배연합은 수동혁명의 실천을 통해 그 내부에 대립항을 모순적으로 함축시켰다. 4.19혁명의 영향, 당대 3세계를 풍미한 민족주의의 물결, 공산주의와의 체제경쟁 등은 박정희 개발국가의 형성에 매우 중요한 의미를 갖는 동시대의 복합적 요인들이었다(이병천, 2003: 36). 특히 당시 지배세력에게 있어서 4.19혁명으로 출현한 저항연합을 중화·소멸시키기 위해서는 종래의 반공주의 지배연합을 복권시키는 것만으로는 부족했고 저항이데올로기를 흡수하여 지배이데올로기로 전위시키는 새로운 이데올로기 전략이 요구되었다. 개발국가의 핵심가치인 '근대화' 이데올로기는 바로 그런 맥락에서 나온 것이었다. 근대화 이데올로기는 정치적 자유화로 분출된 대중의 욕구를 경제적 욕망으로 치환하고, 이를 반공주의·국가주의적 지배질서에 의한 경제발전목표에 연계시킨 지배전략이었다. 나아가 박정희정부는 이런 목표에 맞게 국가-재벌의 관계 또한 개편하였는데, 기존에 단순독점지대를 추출하는 국가-재벌연합으로부터 국가가 제시하는 목표를 달성하는 정도에 따라 특혜뿐만 아니라 의무와 처벌의 부담도 부과하는 조건부지대에 입각한 국가-재벌연합으로 전환시켰다. 그 과정에서 박정희정부는 재벌 등으로부터 별다른 저항을 받지 않고 그 같은

전환에 성공할 수 있었는데, 그것은 개발국가 내부에 응축된 지배
-저항의 정치적 세력균형 때문이었다.

　그런데 이 같은 지배연합의 내적 구조로 인해 박정희정부의 개
발국가는 반공민족주의적 국가주의에 입각한 사회의 수직적·권위
주의적 동원체제를 지향하면서도 정치적 다원주의를 완전히 제거
하지는 못하였다. 박정희정부는 지배연합과 저항연합 간의 정치적
균열을 제거한 것이 아니라 단지 개발국가라는 틀 속에 내재화 시
켰던 것이다. 이는 정치제도의 차원에서만이 아니라 산업, 노동정
책과 같은 사회적 측면에서도 그러했다. 노동정책의 경우 1963년
법개정을 통해 복수노조의 금지, 노조설립 신고제도의 강화, 노조
정치활동의 금지, 쟁의행위 제한금지 등을 법제화함으로써 국가주
의적 통제체제를 강화했음에도 불구하고 1953년 노동법의 본질적
특징인 단결권 법인정책은 기본적으로 유지되고 있었다(김삼수,
2003: 189). 물론 1970년대 들어서 유신체제의 성립과 함께 단결권
의 기본요소들은 절대적으로 억압되었다. 그러나 박정희정부가 이
익교환의 정치경제적 계약구조를 파괴하는 순간, 이와 함께 제도
바깥에서 민주노조운동이 성장하고 노동쟁의가 적지 않게 전개되
는 등 국가의 노동통제에 대한 도전이 끊임없이 전개되었다. 그래
서 박정희정부는 노사관계를 안정시키고 체제도전으로의 발전을
차단하기 위해 노동자의 빠른 임금상승을 허용하였는데, 1973-79
년 기간의 실질임금의 연평균 증가율은 12.7%로 GNP 증가율을
2.4%나 상회하는 것으로 나타난다. 그리고 이런 추세는 1965-70년
기간에도 비슷하게 나타났다(Amsden, 1989: 222; 유종일, 1997: 92;
김삼수, 2003: 208). 이는 노동의 권리와 임금인상을 매절
(trade-off)하려 했던 개발국가의 이중적 구조의 한 단면을 보여주
는 것이었다.

　개발국가의 이러한 구조는 박정희정부의 성장신화와 위기구조를

동시에 설명해 주는 개념이다. 그것은 근대화를 위한 자본의 축적 체제를 정비하는 데에도 필요한 것이었다. 주지하다시피 박정희정 부는 산업화와 자립화를 위해 기간산업의 육성이 필요하다고 보고, 이를 위해서는 국가의 적극적 개입 및 지원정책이 필요하다고 보았다. 이는 자유시장경제의 논리 아래 자본의 활동에 대해 방임 했던 이승만정부와 명백히 구분되는 것이었다(조영철, 2003: 135). 그래서 박정희정부가 가장 먼저 착수한 것은 당시 상업자본 의 성격을 띤 재벌의 지배 하에 있던 주요 은행을 사실상 국유화 하는 것이었다.19) 이는 헌신적 자본(dedicated capital)을 장기간 공 급하는 기업금융체제를 확립하기 위한 조치였다(조영철, 2003: 137). 또한 박정희정부는 자유당정부에서의 국가와 재벌 간 단순 지대 추구형의 정경유착 대신에 경제성장을 위한 국가와 재벌 간 의 수직적 지배연합을 구축하고 여기에 역류하거나 과거의 관성에 젖은 재벌들은 도태시켰다. 이와 같은 일련의 자본의 축적체제 개 편은 기성 재벌들의 반발을 초래할 수 있었고 정당성의 기반이 취 약한 박정희정부로서는 결코 쉽지 않은 정책적 선택일 수밖에 없 었을 것이다. 그럼에도 불구하고 이런 박정희정부의 축적체제 혁신 이 큰 저항을 받지 않고 성공할 수 있었던 것은 근대화 노선에 내 재된 정치적 세력균형의 압력 때문이었다.

또한 개발국가의 그 같은 내적 구조는 산업화 과정에서도 국가 권력과 재벌의 지배연합이 약탈과 지대 추구로 전락하는 것을 견 제하는 동력으로서 기능했다. 한국에서 개발국가의 성장체제는 세계적으로 유례없는 소수 재벌집단의 성장성과에 의존하는 고생 산성과 저임금이 결합된 '선성장-후분배'체제였다. 이 시기 재벌

---

19) 정부는 1961년 '금융기관에 대한 임시조치법'을 제정하여 은행의 민간 주주들의 의결권을 법적으로 제한하고 몇 개의 특수은행을 설립하였다 (조영철, 2003: 137).

에의 경제력 집중의 실상을 살펴보면, 1973~78년 간 경제성장률은 9.9%, 제조업의 성장률은 17.2%였던데 반해 5대 재벌기업의 성장률은 31.6%, 6~10대 기업 및 11~20대 기업의 성장률은 각각 24.2%와 21.2%에 달하였다(하연섭, 1992: 1175). 그럼에도 불구하고 그런 구조의 특성에 비추어 볼 때 결과적인 소득분배의 구조는 그만큼 치명적이지는 않았다. 가령 〈그림 2-1〉의 제조업부문 실질임금추이의 국가들 사이의 비교를 통해서 보더라도 한국은 유난히도 뚜렷하게 지속적인 상승곡선을 그려왔다. 이것을 통해 우리는 개발국가 시기에 자본과 노동 간에 소득분배가 다른 나라에 비해 상대적으로 균등하게 이루어져 왔음을 간접적으로나마 알 수가 있다. 특히 근대화 노선 속에 내재된 이중적 구조로 인해 개발국가는 소수 재벌중심의 저임금, 저곡가에 의존한 트리클다운(trickle-down) 전략이 한계에 봉착하게 될 때마다 민중적 저항의 위기에 처했는데, 이를 타개하기 위해 1970년대에는 돌진적 중화학공업화를 추진함과 함께 노동자의 빠른 임금상승을 허용하는 것으로 나타났다.[20] 그래서 이 시기 소득분배구조의 추세를 보면 소득불평등이 1960년대 후반에는 감소했다가 1970년대 전반에는 증가했으며 그 후에는 다시 감소하는 이른바 '스윙(swing)'의 패턴을 보여주었던 것이다(주학중, 1982; 이정우, 2003).

---

[20] 많은 주류, 비주류의 경제학자들이 노동과 임금의 상관관계를 시장조절에 설명하고 있지만, 어느 나라, 어느 시대를 막론하고 노동력의 국가관리가 오히려 보편적이었다. 국가는 노동력의 수급과 임금수준을 조절하기 위한 직간접적 정책수단-임금가이드라인, 공권력 투입, 임금재의 가격조절, 노동력의 수급조절을 위한 각종 정책수단 등-을 갖고 있다.

60

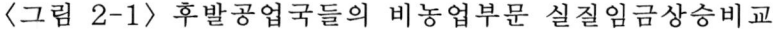

〈그림 2-1〉 후발공업국들의 비농업부문 실질임금상승비교

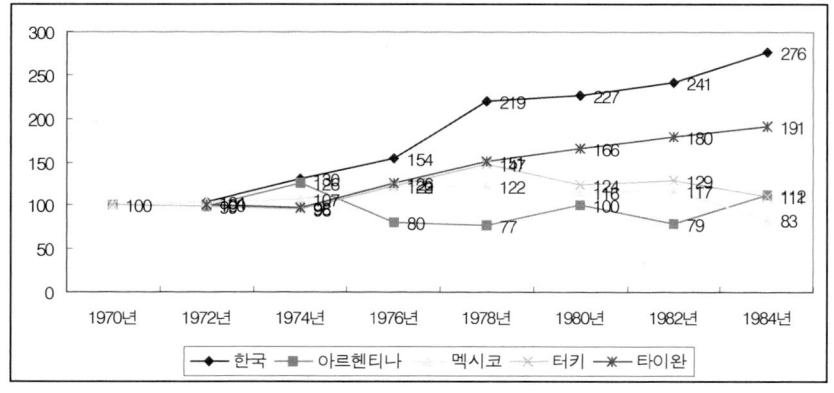

a. 기준＝100. 소비자물가지수에 의해 디플레이트됨.

b. 한국의 경우는 제조업부문의 실질임금

* 자료: Amsden, 1989: 217 자료를 토대로 구성

제2절 개발국가의 위기와 경제안정화정책으로의 전환

1. 개발국가의 축적위기

한국에서 개발국가의 경제체제는 단기간에 급속한 성장을 효과
적으로 가능하게 했지만, 다른 한편으로는 비생산적 지대 추구가
만연될 수 있는 잠재적 요소가 내재해 있었다. 특히 1970년대
중반 이후 특혜적 재정・금융정책을 통한 중화학공업화의 추진은
개발국가에 내재한 모순들을 급속히 심화시켰다. 그리하여 1970년
대 말에는 전략산업 분야에서 과당경쟁과 과잉중복투자가 누적됨
으로써 기업재무구조의 부실화, 재정적자의 누진 및 국내여신의

급격한 팽창에 의한 인플레이션의 앙진, 정부지원과정에서의 상대적 소외로 인한 수출산업 부진 및 국제경쟁력 약화라는 부정적 현상이 극도로 표출되었다(하연섭, 1992: 1176).

박정희정부하에서 개발국가의 과잉투자가 급속히 심화된 직접적 계기는 1970년대 중반 이후 중화학공업화를 추진하면서부터였다. 박정희정부가 중화학공업화를 추진한 배경은 1960년대 이후 한국 경제의 고도성장을 이끌어 왔던 노동집약적 경공업제품을 중심으로 한 수출지향적 산업화가 한계에 직면했기 때문이었다. 국가주의적 동원체제와 정치적 균열 간의 모순적 통일을 특성으로 하는 개발국가 체제는 1960년대 경제발전전략과 갈수록 충돌하고 있었다. 국제 분업 질서 속에서 한국이 처한 수출지향의 노동집약적 경공업에의 특화는 저임금, 저곡가가 결합된 선성장－후분배 체계의 유지를 요구하고 있었고, 이는 갈수록 "잘 살아보세"로 대변되는 물질적 풍요에 대한 약속, 그리고 그것이 보장되지 않았을 때 저항의 분출을 내재화한 개발국가의 정치적 균열구조와 점점 더 괴리되고 있었다. 1960년대 말에 이르면 10% 이상씩의 경제성장이 여전히 지속되고 있었음에도 불구하고 단순한 트리클다운의 전략으로는 대중을 만족시킬 수 없었다. 그래서 이런 문제들은 사회문제로 전면에 부각되기 시작했는데, 1970년 전태일 분신사건, 1971년 광주대단지 폭동사건, 파월 노동자들의 대한항공빌딩 난입사건 등으로 폭발하고 있었다(김인걸 외, 1998: 301).

1960년대 말부터 박정희정부는 눈에 띄게 위기에 직면해 가고 있었다. 급속한 산업화에 따라 출현한 거대도시는 저항연합의 근거지로 변모하고 있었다. 박정희정부는 전통적 지지기반인 농촌의 피폐화에 대응하여 새마을운동과 녹색혁명을 통해 농촌에서 지지를 유지하는 데 비교적 성공하였지만 도시에서는 실패하고 있었다. 1971년 선거 때 도시지역에서 여당은 불과 7석의 의석을 얻는 데 그친 반면 이전보다 더 투쟁적으로 변한 야당은 35석을 얻음으로써 저항세력이 점점 세력을 확대해 나갔다(Henderson, 2000: 290). 이에 대해 박정희정부는 초헌법적 유신체제를 성립시키는 것으로 대응했다. 유신체제는 사회를 병영화 하여 획일적인 국가주의적 동원과 통제체제를 수립하고 정치적 다원주의를 극단적 방식으로 억압하였다. 박정희정부는 여기에다가 중화학공업화를 결부시켰다. 물론 중화학공업화는 1968년 이후의 정치·군사적 사태와 닉슨 독트린에 의한 주한미군철수 움직임으로 방위산업 육성의 필요성이 절감된 가운데서 나온 것이기도 하지만, 사회경제적 측면에서는 대중들의 불만을 완화하기 위해 성장의 파이를 키우는 데 목적이 있었다. 그러나 1960년대 말부터 명확해지기 시작했듯이 트리클다운 전략만으로는 한계가 있었다. 그래서 박정희정부는 노동자들의 실질임금의 빠른 상승을 허용하였다. 특히 1976-78년 기간에는 실질임금의 상승률이 노동생산성의 증가율을 크게 상회하는 현상이 나타나기도 하였다(〈표 2-1〉).

〈표 2-1〉 임금상승률과 노동생산성

년도	1971	1972	1973	1974	1975	1976	1977	1978	1979
실질임금 상승률	1.7	5.2	8.1	6.1	3.4	17.5	19.9	18.0	8.4
노동생산성 증가율	8.8	7.6	8.4	10.2	10.8	7.0	10.0	11.5	15.4

정치적 반동의 질서와 물질적 보상을 통한 대중의 불만완화, 이를 위한 돌진적 중화학공업화는 하나의 정치경제적 정책패키지였다. 그런데 이것은 한편에서는 개발국가의 축적체제에 내재한 문제점을 더

욱 극단화시켰다. 중화학공업화는 대규모의 투자를 필요로 했기 때문에 막대한 재원을 조성하기 위해 1974년 국민투자기금법이 제정되었다. 이에 따라 1973년 제조업 총투자의 49.3%였던 중화학공업 투자가 1979년에는 68.8%로 증대되었다. 국가는 민간기업의 참여를 유도하기 위해 중화학공업제품의 수출에 따른 소득에 대해서는 50%의 세금감면 혜택을 부여하였다(안승국, 1997: 115). 또 정부는 중화학공업 전 기간을 통해 극도의 저금리를 유지하였을 뿐만 아니라, 전략산업 육성을 위해 광범위하게 정책금융을 활용하였다(하연섭, 1992: 1175).

정부의 이 같은 중화학공업화는 개발국가에 내재한 '이익의 사유화, 위험의 사회화'라는 구조에서 오는 도덕적 해이의 문제를 더욱 극명하게 표출시켰다. 기업들은 정부의 재정·금융특혜에 입각한 중화학공업화에 경쟁적으로 참여하였다. 결과적으로 이는 광범위한 자원낭비와 기업부실을 가져왔을 뿐만 아니라 과당경쟁과 과잉 중복투자를 낳고 세계경제의 불황 및 제2차 오일쇼크와 겹쳐 1970년대 말 유례없는 공황을 초래하였다.

이 시기에는 개발국가를 통해 급성장한 소수 재벌에 의한 사회적 지배구조가 정착되어가기 시작했다. 이에 대해 박정희정부는 재벌을 규율하기 위해 1972년 '기업공개촉진법'을 제정하여 강압적인 기업공개와 소유분산을 추진하였다. 이 과정에서 1974년 우리사주조합제도를 도입하기도 하였다. 그러나 이런 정책은 거의 실패로 돌아가고 말았는데, 재벌총수들은 소유분산에도 불구하고 계열사 간 피라미드식 출자에 의해 황제경영의 지배구조를 강화하였기 때문이다. 그럼으로써 한국사회에는 국민대중의 희생 위에 이룩된, 실질적 의미에서는 고도로 공적 자산인 거대기업을 재벌이라는 극히 소수의 사적 집단이 적은 지분만을 가지고도 좌지우지하는 기형적 축적체제가 형성되었다. 특히 1970년대 말에 이르면 전경련을 중심

64

으로 한 재벌집단들은 '민간주도경제론'이라는 새로운 이데올로기를 주장하면서 국가의 간섭을 축소하라고 요구하였는데,21) 이는 중화학공업화를 통해 급성장한 재벌들이 국가의 지시적 통제를 거부하기 시작했다는 신호였다(서재진, 1991: 125-134). 정부가 기존의 방식으로 기업에 대하여 규율을 부과할 수 없다는 것이 점점 명확해지기 시작한 것이었다.

돌진적 중화학공업화는 사회 각 부문 간의 불균형을 더욱 심화시켰다. 특히 농촌의 급격한 피폐화를 초래하였는데, 1970년대 중반 이후부터는 박정희정부의 전통적 지지기반인 농촌에서조차 미약하나마 균열이 발생할 조짐이 보이기 시작하였다. 농협민주화투쟁, 함평 고구마사건, 경지정리사건투쟁, 을류농지세 부당성 개선투쟁, 새마을사업 부당강제집행 반대투쟁 등이 나타난 것도 이 무렵부터였다(김인걸 외, 1998: 354).

중화학공업화의 과잉중복투자에 따른 경제 불황은 박정희정부의 정당성을 실추시켜 급속한 정치위기로 비화되어갔다. 제도 바깥에서는 민주노조운동이 꾸준히 성장하였고, 1970년대 폭압적인 유신체제 하에서도 신규노조는 2,500개나 설립되었다(김인걸 외, 1998: 355). 이는 유신말기 YH무역 여성노동자들의 투쟁으로 이어졌으며, 유신체제 붕괴의 한 원인이 되었다. 또한 주요 도시들을 거점으로 학생, 지식인, 언론인, 종교인, 정치인 등 광범위한 계층 속으로 유신반대의 투쟁이 확산되었으며 급기야 부산, 마산에서의 항쟁으로 폭발하였다. 지배연합에 맞선 저항연합이 형성되고 갈수록 힘을 얻어가고 있었다. 유신체제의 축적체제와 국가의 조합은 악순환적으로 서로 얽혀 있으면서 파국을 향해 치닫고 있었다. 국가를 정점으로 한 수

21) 이때 전경련은 ① 민간의 창의와 자율을 존중하는 시장경쟁원리 중심의 경제운영, ② 원칙에 충실하고 '작은 정부'에 의한 봉사행정의 실현, ③ 성장기반 확충을 통한 산업경쟁력 강화 등을 새로운 국가경제의 기본원칙으로 제언하였다(서재진, 1991).

직적 지배연합은 지배세력 내부에서나 피지배계급에 대해서나 통치기반으로서의 헤게모니를 상실하고 있었다. 그런 점에서 이 때의 위기는 근본적으로 축적체제와 정치체제를 포괄하는 '국가정당성의 위기'였다.

2. 축적전략의 수정: 경제안정화정책의 도입

1970년대 말 한국이 직면한 축적의 위기는 근본적으로 국가정당성의 위기였다. 따라서 한국의 정부에게 주어진 과제는 국가의 역할을 재구축하고 정치와 경제의 관계를 포괄적으로 재조정하는 일이었다. 이에 1980년 군사쿠데타를 통해 등장한 전두환정부는 이에 대한 폭력적 재편을 시도하였다. 전두환정부의 축적전략의 수정은 주로 ① 유신체제의 몰락을 조건지운 악순환의 사이클 구조를 분쇄하고, ② 당시 글로벌 자본주의의 전개라는 국제적 정세에 적응하는 방향으로 이루어졌다.

먼저 전두환정부는 전임자의 성장정책을 경제안정화와 경제자유화 정책으로 전환하는 한편 국가의 역할과 관련해서도 개발국가로부터 부분적으로나마 규제국가로의 전환을 시도하였다. 전두환정부는 전임자의 확장전략을 비판하고 통화안정을 선택하였다(김병국·임혁백, 2000: 45-46). 정부는 GNP대비 재정적자를 1981년의 4.6%에서 1985년에는 1% 미만으로 축소시키는 동시에 국내여신의 증가율도 1978~80년 기간의 40%에서 1984년의 13%로 둔화시킴으로써 안정적 경제 환경의 기반을 조성하였다(하연섭, 1992: 1176). 정부는 경제자유화 정책을 추진하였는데, 경제자유화 정책은 경쟁적 국내경제 환경의 조성, 수입 자유화 및 외국인 직접투자의 자유화, 그리고 금융자율화를 기본 방향으로 하는 것이었다. 이와 함께 정부는 경제에 대한 자신의 역할을 직접적 개입자로부터 간접적 규제자로 전환해 나가는 시도를 하였다.

이 같은 전환은 당시 세계적인 정세의 조건과도 관련되어 있었다. 당시는 1970년대 개발국가적 경제운용에 유리한 조건을 제공했던 브레튼우즈체제가 해체되고 금융주도 글로벌 신자유주의 시대가 형성되고 있었다. 특히 1980년대 초반 미국과 영국에서 이런 경향을 대변하는 정권이 들어섬으로써 글로벌자본주의의 시대가 급속하게 펼쳐지고 있었다. 바로 이런 조건에 적응하기 위해서도 종래의 축적전략은 대폭적으로 수정되지 않으면 안 되었던 것이다.

전두환정부는 강권력을 발동하여 과잉중복투자의 해소를 위해 재벌 간의 산업 및 기업구조조정을 강제적으로 수행하고, 여기서 더 나아가 경제자유화를 향한 경제구조개선을 시도하였다. 이 과정을 주도한 집단은 권위주의적 통치자인 전두환의 강력한 후견 아래 통화주의로 무장한 새로운 경제기술관료들이었다. 김재익 경제수석비서관, 김기환 KDI원장, 강경식 재무부장관 등이 이를 주도한 대표적 인물들이었는데, 이들은 대부분 미국에서 신고전파 경제학으로 박사학위를 받고 경제기획원에서 근무한 경력을 가진 인사들이었다(김용복, 1996: 136-150; Woo, 1991: 177-182).

전두환정부는 유신말기에 개발국가를 붕괴시킨 저항연합을 물리력으로 분쇄하였다. 1980년 광주에서는 민주화를 요구하는 수백 명의 민간인을 살해하였고 야당과 민주인사들을 체포, 감금하는 등 강력한 탄압정책을 실시하였다. 또한 전두환정부는 노동계급에 대한 탄압을 강화하였다. 그것은 유신체제하에서 국가통제로부터 이탈해 갔을 뿐만 아니라 실질임금의 급격한 상승을 가져온 비효율적 노동구조를 폭력적으로 짓부수는 데 목적이 있었다. 그 결과 노동조합 조직률은 1970년대보다 대폭 줄어들었는데, 1979년 16.7%에서 1980년 14.6%, 1981년 12.9%, 1982년 12.3%로 전반적으로 하락했다. 임금인상은 노동생산성에 훨씬 못 미치는 수준으로 강력히 억제되었다(하연섭, 1176-7).

이와 함께 전두환정부는 경제구조의 개혁을 시도하였다. 이는 무역자유화, 금융자유화, 재벌개혁으로 대별되었다. 이 중 무역자유화는 비교적 빠르게 진행되었다. 그러나 이것 역시 재벌들의 반발로 1983년 기준 전체산업에 대한 수입자유화율은 80.4%에 이른 반면 독과점품목에 대한 수입자유화율은 40.8%에 머물렀다. 무역자유화의 효과는 퇴색되었다. 금융자유화에서는 1983년까지 4대 상업은행을 공개하였고, 1984년 이후에는 이자율에 대한 국가통제를 공식적으로 해제하였으며, 금융상품과 서비스의 인위적 구획들을 해체하였다(김병국·임혁백, 2000: 48). 그러나 몇 가지 부분적인 조치에도 불구하고 금융자유화의 핵심인 정부의 금융지배는 거의 변화되지 않았다. 오히려 정부는 투자를 촉진하기 위해 은행의 이자율을 비은행 금융기관들의 실질이자율보다 낮게 유지하였으며, 부실기업 정리과정에서 은행으로 하여금 부채를 떠안도록 하여 금융자유화의 기반을 스스로 붕괴시켰다. 전두환정부는 재벌개혁도 시도하였다. 1984년 이래 기업들을 공개하도록 하였고, 1987년에는 재벌계열기업들 간의 주식 상호출자의 점진적 축소를 시도하였다. 그러나 이 같은 재벌개혁 시도는 재벌의 완강한 저항에 밀려 전혀 진척되지 못했다.

전두환정부의 조치로 인해 급박한 경제위기를 넘길 수는 있었다. 물가는 진정되었고, 마이너스를 기록했던 경제성장은 다시 재개되었다. 폭력적이고 국민수탈적인 방식이기는 했으나 부실기업들도 상당수 정리되었다. 1985년 후반부터 시작된 저금리, 저달러, 저유가의 이른바 3저 호황으로 한국경제는 고성장을 달성할 수 있었다.

그러나 이러한 경제위기 탈출에도 불구하고 전두환정부는 박정희시대 개발국가의 축적전략을 본질적으로 바꿔놓지는 못했다. 단지 유신체제의 몰락을 가속화한 악순환 구조를 폭력적으로 재편하여 위기를 진정시켜 놓았을 뿐이다. 또한 경제안정화와 개방정책을 통해 세계적인 경제 환경에 적응하기 위한 약간의 기능조정이 추진되었을 뿐이다. 개발국가의 근본적인 병폐를 치유하기 위한 경제구조개혁에는 실패하였다. 그 이유는 무엇보다 재벌의 완강한 저항 때문이었다. 정통성이 극히 취약한 국가권력은 철권통치를 구사하였음에도 불구하고 재벌의 정치자금과 국가의 특혜를 교환해야 했기 때문에 재벌개혁을 강력하게 추진할 수 없었다. 게다가 1960-70년대를 통해 급성장한 재벌은 더 이상 수직적 지배연합의 하위 파트너가 아니었다. 그들은 국가권력의 강제력만으로 규율할 수 있는 시대를 멀리 벗어나고 있었다. 오히려 이 시기에 재벌로의 경제력 집중은 더욱 가속화되고 있었다. 재벌총수에 의한 전횡적 지배구조는 빠르게 강화되고 있었다.

제3절 민주화로의 이행과 개발국가의 위기 심화

1. 권위주의체제의 쇠퇴와 경제적 함의

1970년대 말 지배체제의 위기를 폭력적으로 진화하는 데 성공한 전두환정부는 1982년부터는 정당성을 강화하기 위해 지배연합의 일부 개편을 시도한다. 그것은 1982년 3S정책으로 대변되

는 문화적 개방을 추진하는 한편, 1984년에는 학원자율화 등 유
화조치를 실시하기에 이른다. 그것은 과거 지배연합의 가장 취약
한 지점이었던 도시중간계급을 끌어들이기 위한 조치이기도 했다
(윤상철, 1997).

그러나 전두환정부의 이런 시도는 성공하지 못하였고 오히려
유화조치에 의한 개방공간을 활용하여 영향력을 확장한 야당과
재야세력 등 저항연합의 형성을 촉진하였다. 그런데 이 당시 저
항연합은 과거 단순한 정치적 민주화운동과는 달리 기층 민중세
력들과 결합되고 있었다. 또한 이념적으로도 급진화의 형태를 띠
어가고 있었다. 지배연합과 저항연합 간의 대결은 갈수록 첨예하
게 고조되어 갔다. 지배연합과 저항연합 간의 대결은 유신체제에
의해 왜곡된 절차적 민주주의의 회복이라는 차원에서 개헌문제로
집중되었다. 미국의 중재로 국회에 헌법개정특위가 설치되어 개헌
협상이 진행되었다. 그것은 미국이 균열되어 가는 한국의 지배구
조를 안정화시키기 위해 지배체제의 일부 개편을 추진한 이른바
'보수대연합정책'의 맥락에 서 있는 것이었다.22)

그 과정에서 야당 내 온건파들은 전두환정부와 타협하려 하였
으나 이런 시도는 강경파 야당세력과 재야세력의 강력한 반대로
수포로 돌아갔다. 결국 지지부진한 협상 끝에 전두환정부는 4.13
호헌조치를 발표하여 노골적인 장기집권의 의도를 드러내 보였
다. 그러나 이는 범국민적 저항에 부딪쳤다. 항쟁은 갈수록 급속
하게 확산되어 갔다. 화이트칼라 등 도시중간계급들이 항쟁의 대
열에 가담하였고, 급기야는 항쟁이 노동계급 속으로 파급될 기미
까지 나타났다. 항쟁의 진압은 경찰력으로 대처할 수 없는 수준

---

22) 보수대연합정책은 레이건 집권 2기의 3세계 정책인 친미의 범위 안에
서 '민주적 변화'를 추구한다는 신개입주의의 한국적 적용이었는데, 그
후에도 민주항쟁과 민주화 이행 과정에서 여러 가지 변형된 형태로 나
타났다(김인걸 외, 1998: 383).

으로까지 진전되었다. 군대의 투입이 초읽기에 들어갔다. 항쟁은 혁명의 국면으로 옮겨가고 있었다.

그러나 군대의 투입은 군대의 진압거부와 항쟁대열로의 합류의 위험성을 안고 있었다. 그렇게 되면 전두환정부는 일시에 참담하게 무너질 수밖에 없었다. 그래서 군대투입의 대안은 기각되었다. 이런 속에서 전두환정부는 온건파의 이미지를 갖고 있던 노태우 민정당 대표를 시켜 직선제 개헌 수용을 골자로 하는 6.29선언을 발표하게 하였고 항쟁은 일단 진정되었다. 한국사회에는 민주화가 급속히 진전되기 시작했다. 1987년 7-8월에는 전국적인 노동자의 총파업이 일어나 반세기 동안 억눌려 온 권리를 실질적으로 쟁취하는 활동을 개시하였다.

한국에서 민주화는 한국사회를 지배해 온 지배와 저항의 역동적인 동학 속에서 이해될 수 있다. 바로 동학농민혁명과 만민공동회. 3.1만세운동을 통해 근대적 민중이 출현한 이래 역사의 고비마다 주기적으로 분출해 온 저항적 대중운동의 맥락 속에 서 있는 것이자 4.19혁명으로 재현되었다가 박정희 5.16쿠데타에 의해 분쇄되고 '근대화'라는 지배이데올로기 속에 한 측면으로 침전되어 있던 동력이 지배연합의 폐쇄회로에서 탈구되는 사건이었다. 다시 저항연합이 한국사회의 역사 전면에 복권되어 지배연합과 경쟁하며 이중권력의 싹을 틔우고 있었던 것이다.

한국에서 민주화로의 이행은 무정형한 한국사회의 구조를 조직화된 시민사회의 질서로 변화시켰다. 조직화된 노동 및 시민운동의 발생과 각종 이익집단의 형성, 이에 따른 분배갈등의 일상화, 이전보다 훨씬 다원화된 정당체계 및 정당내부구조의 출현은 사회구조를 저변으로부터 완전히 뒤바꿔놓기에 충분한 것이었다. 한국에서 민주화로의 이행은 일방적으로 국가가 질서를 부과하는 방식의 경제운영이 불가능해졌음을 극명하게 선언한 계기였다.

이런 거대한 정치적 전환은 한국사회에서 축적전략에도 변환을 요구하였다. 즉 경제정책의 새로운 패러다임이 도출되어야 했다. 지배세력이 저항연합의 도전을 물리치고 지배체제를 안정화시키려면 새로운 세력관계의 지형에 맞게 정치와 경제를 재조직하고 지배연합을 혁신하는 이른바 새로운 헤게모니의 확립, 즉 수동혁명이 필요했다. 그러나 국가권력은 무능하고 부패했다. 국가권력은 저항연합의 공격을 방어하는 것도 힘에 버거워했다. 무능한 것은 국가권력만이 아니었다. 경제적 지배계급인 재벌들 역시도 그 같은 역사적 임무를 주도하기에는 능력을 결여하고 있었다. 개발국가의 오랜 특혜와 보호 속에서 성장해 온 재벌은 민주화로 국가권력이 약화된 틈을 타서 국가의 간섭배제와 더 많은 특혜를 요구하였는데, 그것은 경제개혁과는 근본적으로 거리가 먼 것이었다. 민중세력 또한 이제 갓 성장하기 시작하였을 뿐, 독자적인 정치세력으로 조직되지 못하였다. 이 같은 사회적 세력구조의 특성으로 인해 민주화 이후 지배연합과 저항연합은 어느 한 쪽도 타협적 균형점을 창출하지 못한 채 파국적 갈등·대립을 지속해 나갔다.23)

2. 정치체제의 취약성과 재벌세력의 약진

노태우정부는 민주화에 의한 사회세력구조의 변화를 제도화된 균형으로 유도해 내지 못하였다. 그들은 분배갈등에 대처하기 위해 물질적 개량과 공권력에 의한 탄압을 교대로 사용하였다. 정권 초기에는 노동정책에서 비교적 중립적인 태도를 견지하려는 노력이

---

23) '파국적 갈등상황'이란 그람시가 사용한 개념인데, 갈등하는 세력 A와 B 모두가 상대를 패퇴시키지 못한 가운데 갈등이 지속되는 상황을 말한다. 그리하여 이 상황이 오래 지속되면 결국 상호파괴로서 종식될 수밖에 없게끔 균형이 취해져 있는 상황을 말한다(Gramsci, 1978: 219-23).

있었고, 정당관계도 협상을 통해 풀어나가는 등 온건한 전략을 취해 나갔다. 그러나 1990년 수구세력에서 자유주의 우파를 포괄하는 소위 '3당합당'을 단행하고부터는 수적 우위와 물리적 공권력에 입각한 공격적 지배전략으로 전환하였다. 그리고 재벌과의 유착을 강화하였고, 노동·민중세력의 도전을 강력히 억압하였다. 그러나 이같은 선택은 국가자율성을 더욱 취약하게 만들었다. 노태우정부는 수평적 거래관계로 조직된 보수주의적 지배연합을 유지하기 위해 많은 정치자금이 필요했고, 이를 위해 재벌기업과의 정경유착이 불가피했다. 이에 재벌집단들과 김영삼의 분파는 노태우정부의 취약성을 이용해 각각 세력 확장을 시도하였는데, 이는 당시 지배블록 내부에서 벌어진 끊임없는 갈등과 대립의 원인이었다.

노태우정부의 초기 경제정책은 자본과 노동 간의 격렬한 갈등의 틈바구니에서 민중부문의 분출하는 분배요구를 무마하고 재벌의 요구에 대응하기 위해 막대한 거품(bubble)을 양산하였다. 주택 2백만 호 공급정책은 그 대표적인 사례였다. 이는 부동산경기를 과열시키고 물가와 임금을 과다하게 인상시키는 결과를 낳았다(김영래, 1987). 그러다 1990년 이후 강력한 노동탄압정책으로 선회하면서 재벌에 의한 경제력집중이 급속히 심화되었다. 30대 재벌이 광공업부문에서 차지하는 매출액 기준 비율은 1985년 40.8%를 정점으로 1990년까지 35.0%로 낮아졌다가 1991년 38.8%, 1992년 39.7%로 다시 급증하였다(이재형, 1996). 이 시기에는 재벌기업들의 매출액에서의 엄청난 확장에도 불구하고 수익률은 매우 저조하였는데, 1989-93년 간 제조업 평균 자기자본 경상이익률은 5~10%에 머물렀던 데 비해 차입금 평균 이자율은 10~15%를 유지했다. 결국 자본금을 가지고 자기 자신이 직접 사업하는 것보다 다른 기업에 빌려 줄 경우의 수익률이 더 높은, 기업가치파괴식 경영이 용납되는 환경이 지속되었던 것이다

(임원혁, 2000: 32).

1980년대는 재벌집단의 약진과 지배의 공고화를 특징으로 한다. 재벌집단은 이미 1970년대 말부터 국가의 지시적 통제를 거부하기 시작하는 신호를 보냈고, 1980년대부터는 국가의 공권력에 의한 재벌의 규율은 더욱 한계를 드러내었다. 민주화로 국가권력의 통제력이 약화된 틈을 타 재벌들은 국가의 통제를 벗어나 세력 확장에 열중하였다. 국가는 재벌들에게 막대한 특혜를 주었다. 정치민주화는 재벌이 영향력을 행사하는 금권정치라는 왜곡된 형태로 전개되었고 정경유착과 부패문제를 급속히 확대재생산했다. 과거에는 개발국가가 산업정책으로 재벌을 규율할 때 실적과 연계된 조건부 지대가 주어진 반면에, 이 시기에는 산업정책의 규율이 약화되면서 조건부지대는 단순 독점지대로 변질되었다 (조경철, 2003: 158).

이에 대해 노태우정부는 재벌에 의한 과도한 다각화를 억제하기 위하여 업종전문화정책을 추진하였다. 업종전문화정책은 재벌의 현행 소유구조와 문어발식 확장으로는 개방화, 국제화 물결에서 경쟁력을 가지기 어렵다는 인식에서 비롯되었다. 그러나 이에 대해서 재벌들은 정부에 의한 인위적 규제라며 강하게 반발하였다. 전경련은 1991년 3월 여신관리제도 개편방안에 관한 정부건의서를 통해 여신규제 자체를 폐지하고 은행법, 공정거래법, 세법 등으로 보완할 것을 정부에 건의하기도 하였다(김용복, 1996: 188; 전경련, 1992: 74-76). 이 같은 재벌들의 태도는 주력기업에 대한 여신규제철폐의 혜택은 누리면서도 비주력기업에 대한 여신관리제재는 받지 않으려는 것이었다. 결국 업종전문화정책은 실패로 돌아갔다. 정부의 재벌확장억제정책에도 불구하고 1988년 이후 5년간 주요 재벌들의 문어발식 확장은 오히려 왕성하게 이루어지고 있었다. 이 기간 동안 주요 재벌들의 신규업종 진출은 총81건에 달해, 일부 그룹만이 제조업 쪽에 영역을 넓히고, 대부분은 비제조업을 중심으로 계열사를 넓혔다. 또 이 기간 동안 주력기업들의 영업실적 및 재무구조도 오히려 악화되었다. 주력업체의 평균 부채비율은 1992년 8월 기준 364.1%로 6개월 사이에 33.4% 가량이 높아진 것이었다(매일경제신문, 1992. 8. 20).

노태우정부는 결과적으로 확장주의의 경제운영의 메커니즘을 탈피할 수 없었다. 가령 1988년 12월 5일 시행하기로 한 금리자유화 조치가 실행에 옮겨지지 못한 것은 그 대표적인 사례인데, 이는 우리나라와 같이 기업의 차입의존도가 높고 재무구조가 취약한 경우에 금리인상은 여신수요의 억제효과보다는 금리인상만큼의 추가대출수요를 유발하고, 이런 차입이자 부담의 증가는 기업의 재무구조를 악화시키는 동시에 비용을 상품가격에 전가시켜 인플레이션을 초래하며 또한 원가부담 상승으로 인한 국제경쟁력 약화를 가져와 결국은 경기침체를 만들어낼 가능성이 높다는 판단 때문이었다(정건용, 1997: 157). 재벌들은 이런 약점을 이용하여 정부의 재벌개혁정책을 사보타주했다. 그들은 규제완화의 열매만을 따먹고, 기업의 덩치를 무한대로 확장시킴으로써 국민경제를 담보로 정부를 포획하는 시도를 전개하기 시작하였던 것이다.

요약하자면 1960-70년대에 국가-자본의 수직적 지배연합에 의한 축적전략은 1980년대에 들어와 점점 균열되기 시작하였다. 국가가 공권력을 통해 규율하기에는 재벌은 너무 성장해 있었다. 게다가 정치적 민주화로 인해 국가권력의 권위주의적 성격이 약화되면서 재벌집단에 대한 국가의 규율은 더욱 약화되었다. 재벌은 금권정치를 통해 오히려 국가를 포획하고 지대를 탈취하고자 했다. 그렇다면 재벌은 어떻게 규율될 수 있는가? 그것은 민주화와 함께 시민사회 속에 성장하는 힘을 이용하는 데에 달려 있었다. 그 힘을 국가과정 속으로 흡수하여 사회적 세력구조를 재편하고 축적체제를 쇄신하는 것이어야 함을 의미했다. 경제개혁은 이런 과정과 결부된 것이었고 이를 둘러싸고 다양한 집단들이 서로 갈등·경쟁하는 전략·권력관계의 장이었다.

제3장 김영삼정부의 경제개혁과 외환금융위기

제1절 문제제기

1990년대 접어들면서 한국경제는 재벌의 문어발식 다각화, 만성적 중복과잉투자, 기업의 수익성 악화, 국제경쟁력의 저하로 구조적 부실이 급속하게 누적되어 갔다. 경제의 거품(bubble)에 의한 부작용이 드러나기 시작하면서 '총체적 위기론'이 유포되었다. 국가는 민주화 이후 활성화된 이익집단의 분출에 직면하여 사회의 규율자로서 권위를 상실한 채 표류하고 있었다. 이런 속에서 김영삼정부가 등장하였다. 김영삼정부는 출범과 동시에 '개혁-수구'의 어법 속에서 자신을 '개혁'의 편에 위치시키고 총체적 국가개혁을 선언하였다. 나아가 김영삼정부는 경제개혁의 의제를 제시하였는데 이를 '신경제'라고 지칭하였다. 신경제는 그 성격상 과거 정부들이 추진해 온 경제자유화정책의 연장선에 위치한 것이었다. 그러나 이전 정부의 경제자유화정책들이 주로 개방과 안정화에 상대적 역점을 두어 온 것과는 달리 신경제는 경제구조개혁(economic structural reform)의 의제를 전면에 제기하였다.[24] 이는 한계점에 봉착한 종래의 축적체제를 새롭게 재편할 뿐만 아니라 국가권력과 그 사회적 기반을 새롭게 재조직함으로써 자본축적의 전체 사회적 응집도를 혁신하고 시장에 새로운 규율을 부

---

24) 신자유주의 경제개혁은 크게 두 가지 단계 내지 국면으로 이루어진다. 하나는 거시경제안정화(economic stabilization)이고, 다른 하나는 시장경제의 뼈대를 구축하는 경제구조개혁(economic structural reform)이다(Nelson, 1990: ch.1).

과하려는 시도였다.

김영삼정부의 경제개혁은 미묘하지만 지향점이 다른 두 가지 경제정책노선이 서로 갈등과 경쟁을 일으키면서 전개되었다. 하나는 재벌개혁주창(1993, 1996), 금융실명제(1994) 및 부동산실명제(1995) 등으로 대변되는 경제민주화의 성격을 포함한 정책들이었고, 다른 하나는 농산물시장을 외국에 개방하는 이른바 우루과이라운드(UR) 수용과 1994년 11월 '세계화'를 선언하면서 시작된 상품 및 자본시장 개방, 규제완화, 민영화, 노동시장 유연화와 같은 신자유주의 정책들이었다. 이처럼 지향점이 다른 경제정책노선 간의 갈등현상은 경제개혁과 관련하여 대단히 중요한 의미를 갖는 것이었다.

김영삼정부의 경제개혁 과정에서 나타나는 정책노선의 갈등과 대립은 여러 사회 계급 및 분파 간의 불안정한 접합과 갈등의 구조, 그리고 새로운 세력균형을 향한 경쟁현상을 표현한 것이었다. 경제개혁은 주요한 사회적 행위자들이 대중의 지지를 동원하고 제도화함으로써 특정한 축적전략을 관철시키려는 전략·권력관계의 장이었다. 이와 함께 국가권력의 성격, 즉 국가기구의 형태, 정치적 대표형태와 개입형태 또한 경제적 요구가 어떻게 경제정책에 투영되어야 하는지를 결정하는 중요한 요인이라는 점에서 경제정책적 갈등과정과 긴밀하게 연관되었다.

그럼에도 불구하고 지금까지의 연구는 김영삼정부에서 나타난 경제정책노선 간의 갈등현상에 대해 제대로 주목하지 못해 왔다. 그런 현상에 주목했다 해도 규범적이고 당위론적인 수준에서의 평가에 국한해 왔을 뿐, 이를 사회세력 간의 갈등과 경쟁의 과정으로 재구성하는 데까지는 나아가지 못하였다. 김영삼정부의 국가권력에 대해서도 대부분의 연구는 국가에 대한 엄밀한 분석 없이 단지 국가가 시장에 비해 상대적으로 과대하다는 현상적 수준의 관찰에 의

거하여 김영삼정부를 과거 개발국가 수준의 시장대체형 정부들과 동일시 해왔다. 비록 결과적으로는 정경유착, 재벌체제의 지속·강화와 같은 개발주의시대의 유산들이 경제위기에 결정적인 역할을 하게 되었지만, 그런 김영삼정부에 의해서 '경제개혁'의 담론들이 만들어져 한국사회의 제반 경제정책결정과정에 지대한 영향을 미치기 시작했고 그에 따라 신자유주의 경제정책들이 급속하고도 광범위하게 도입되었다는 사실(백종국, 1998: 259-260), 그 과정에서 발생한 사회계급 및 지배연합 내부 분파 간의 갈등과 긴장현상은 의식적·무의식적으로 간과되었다.25)

따라서 여기에서는 정치경제의 관점에서 "①경제정책노선들 간의 차이와 갈등의 기원은 무엇이었는가, ②전략·권력관계의 구조는 무엇이고 어떻게 작동했는가, ③경제개혁의 진행과정에 어떻게 작용하였는가, ④1997년 경제위기와는 어떤 함수관계를 갖는가"라는 물음들을 제기하면서 이에 대해 분석하고자 한다.

제2절 '경제개혁'의 담론 구조

1. 국제정치경제의 환경변화

1990년대 초반 이후 국제정치경제의 환경변화야말로 한국의 경제개혁에 대단히 커다란 영향을 미친 변수였다. 그 내용은 핵심적

---

25) 이런 관점에서 보게 되면 김영삼정부의 경제개혁 실패는 순전히 개발국가의 구조적 모순 때문에 일어난 것이 되고, 따라서 자연히 국가의 개입영역을 축소하고 시장영역을 확대시키는 신자유주의로 나아가야 한다는 처방으로 연결된다.

으로 '세계화'와 '냉전체제의 해체'로 압축할 수 있다. 1970년대 말부터 선진자본주의국가들을 중심으로 불기 시작한 신보수주의 내지 신자유주의적 국제질서의 변화 물결은 한국사회의 정치경제 전반에 지대한 영향을 미치게 되었다. 국제사회에서 일어난 경제적 변화의 핵심은 상품생산과 자본 이동의 세계화였다. 그 중에서도 국경을 초월하여 세계를 하나로 묶는 금융시장의 발달은 세계화를 주도하는 핵심 요인이었다. 이 같은 세계화는 미국에 의해 주도되었는데, 미국은 국내의 재정적자와 국제수지적자에 허덕이고 있던 자국경제의 어려움을 타개하기 위해 자본 이동의 국제적 장벽을 철폐하고자 하였다.26) 이와 같은 흐름들은 아시아 국가들에게도 금융 및 상품시장을 개방하라는 거대한 압력요인으로 작용하였다. 1970년대까지 아시아 국가들의 금융시장은 자국의 정책적 고려에 의해 통제되어 왔다. 그러나 이들 국가들은 1980년대에 들어서면서 미국 등 국제적 금융자본의 압력으로 개방을 가속화하게 되었다. 여기에서 한국도 예외일 수는 없었다.

세계화 추세는 1985년 선진 5개국 재무장관이 채택한 플라자협정(Plaza Agreement)을 계기로 가속화되었다. 플라자협정은 환율에 대한 국제적 규제를 통해 금융자본의 국제적 이동을 촉진시켰다. 국제적 자본들 간에 지구적 규모의 경쟁을 강화하고 각국 산업구조의 비교우위에 따른 재편을 촉진하였다. 1990년대 들어 우루과이라운드(UR)의 타결과 WTO의 출범은 새로운 국제 분업질서의 규범을 제도화하는 후속 작업의 성격을 갖는 것이었

---

26) 세계금융시장의 발달을 옹호하는 사람들은 자본이 부족한 나라는 해외 자본의 유입으로 성장률이 높아지고, 자본이 풍부한 나라의 자본가들은 더 높은 수익률로 혜택을 받을 것이라고 믿었다. 또한 자본의 국제적 이동은 올바른 경제정책을 수행하는 나라들에게는 상을 주고 그렇지 못한 나라들에는 벌을 주어 개별국가들의 경제정책 합리화에도 기여할 것으로 주장하였다(정진영, 1998: 189).

다. 이에 따라 국제자본은 이자율 변화에 더욱 민감하게 반응하며 이동하였다.27)

이런 세계화 추세는 한국의 경제구조에 커다란 영향을 미쳤다. 무엇보다 세계화에 의한 자본시장의 개방은 어느 정도 폐쇄적인 경제구조의 틀 속에서 금리와 가격구조의 의도적인 왜곡을 통해 전략산업을 집중 육성하는 개발국가의 축적전략을 지속하기 힘들게 만들었다. 그래서 한국은 이런 흐름에 대응하여 자본축적의 전략을 변화시켜 나갔다. 이에 따라 1980년대 초반부터 무역자유화와 금리자유화, 산업구조조정이 추진되었다. 또한 국제환경의 변화는 국내의 사회세력구조에도 큰 영향을 미쳤다. 국제적 신자유주의의 압력에 직면하여 1990년대 초반 정부와 재계는 노동시장 유연화를 위한 법개정을 시도했다. 1990년 상공부가 제기한 노동법 개정안이나 1991년 총액임금제 시행을 위한 법개정 논의는 새로운 국제적 질서에 흐름에 순응하여 노동시장을 개편하려는 시도였다. 또 작업장 수준에서는 자본이 주도하는 '신경영전략'이 출현하였다. 신경영전략은 임금과 생산성의 괴리를 해소하기 위한 자본의 의도에서 비롯된 것으로 임금인상을 실적과 능력에 연동시키고, 노동강도를 강화하여 생산성을 끌어올리려는 것이었다(최영기, 2001: 22). 한편 이 즈음부터 주요 대기업들이 '세계화 경영전략', '세계기업전략'을 경쟁적으로 추진하면서 한국경제의 세계화를 개척해 가고 있었다는 사실도 흥미로운 현상이었다(조명래, 2003: 334).

하지만 국제적 환경의 변화가 한국의 축적체제 변화를 본격적으로 가속화시킨 계기는 김영삼정부가 들어서고부터였다. 김영삼정부

---

27) 기든스에 따르면 세계금융시장은 점점 더 실시간 처리를 바탕으로 통화교환거래를 통해 하루 1조 달러 이상의 자금이 회전된다. 1980년대 이후 약 15년 동안 금융거래의 비율은 다섯 배가량 증가했다(Giddens, 1998: ch. 2).

이전에는 국제환경적 요인에 수동적으로 대처해 나가는 정도였다. 그런데 김영삼정부는 국제적 환경의 변화를 적극적으로 수용하고 이를 축적체제의 근본적 변화와 연계하고자 했다. 그런 변화의 배경에는 1990년대 벽두 소련·동구 공산주의권의 붕괴로 창출된 냉전체제의 해체가 결정적인 동력으로 작용하였다. 이 속에서 한반도도 급격한 변화를 겪었다. 동북아 냉전구조의 한 축이었던 북한, 중국, 소련의 북방삼각체제가 해체되고 한반도를 둘러싼 관계는 남한, 북한, 미국의 삼각관계로 재편되었다. 특히 북한의 경제적 쇠퇴는 한반도에서 힘의 균형을 변화시키면서 냉전적 대결구조의 성격을 크게 변화시켰다. 세계적인 냉전의 해체는 자본주의와 공산주의라는 양대 진영의 이항대립에 입각한 이념적, 군사적 대결구조를 약화시키고, 대신에 개별 국가의 '경제적' 국가이익을 핵심으로 하는 다차원적 경쟁구조를 창출하였다. 이 같은 환경변화는 냉전적 대립구조 속에서 미국의 지역통합전략에 편승하면서 산업화와 성장을 이룩해 온 한국에게 커다란 도전일 수밖에 없었다. 그래서 김영삼정부는 이런 세계화와 냉전체제의 해체에 따른 국제질서의 변화를 여과 없이 거의 그대로 받아들여 "무한경쟁의 시대", "국가경쟁력"과 같은 새로운 통치담론을 만들어 냈다. 이것은 민주화 이후 다원적 이익갈등의 분출, 민주주의와 노동문제를 둘러싼 당시의 혼란한 사회적 갈등상태를 '국가경쟁력'을 핵심가치로 하는 생산성연합(productivity coalition)으로 전환시켜 규율하려는 시도이기도 했다(최영기, 2001: 23). '신경제계획'과 '세계화' 구상은 그 같은 비전을 경제적 측면에서 구체화한 것이었다.

결론적으로 한국에서 축적체제의 변화, 즉 경제개혁은 단순한 경제적 의미를 넘어서 세계화와 냉전체제의 해체라는 세계사적 전환과 이에 대한 대응으로서 정치적 지배관계의 전환이라는 의미를 내포하는 것이었다. 따라서 경제개혁의 전개와 성패는 이런 전체 사회적 수준에서 분석되었을 때 비로소 총체성을 획득할 수 있는 것이다.

2. '경제개혁' 담론의 정치경제적 동학

(1) 정치변동과 지배연합의 재편

국제정치경제의 환경변화가 한국의 경제개혁에 끼친 영향은 '민주화'에 의한 국내적인 사회세력구조(＝전략·권력관계)의 변화에 의해 매개된다. 이 양대 요소는 서로 갈등적이고 모순적으로 뒤얽히면서 한국의 개발주의적 축적체제를 분해해 나갔다.

사회세력구조는 신제도주의가 분석했듯이 경제에 내생적인 변수이다. 갈등은 사회와 경제의 본질적 요소이고, 정치는 갈등의 해결방식이다. 경제개혁 역시 그 과정에서 승자(winner)와 패자(loser)를 산출하기 때문에 사회갈등과 본질적으로 결합되어 있다. 따라서 갈등을 해결하는 정치적 해결방식이 어떻게 짜여져 있는가를 분석하는 것은 경제개혁의 성패를 분석하는 데 필수적이다.

1987년 이후 폭발적 민주화는 한국사회에 지배와 저항의 이항대립을 다시금 출현시켰다(김정훈, 1999: 154). 이전까지는 일방적인 지배구조 속에 놓여있던 주요 사회세력들 간의 역학관계에 상대적인 계급균형이 형성되었다(박기덕, 1998: 9). 저항세력은 '민중', '민족', '노동'과 같은 집합체적 담론의 형태로 스스로를 역사의 무대 위에 등장시켰다. 그런데 그 이항대립의 구조란 헤게모니적 지배의 공백을 지칭하는 파국적 갈등을 의미하는 것이었다. 1980년대 말부터 1990년대 초에 이르는 기간동안 국가와 민중, 재벌과 민중, 국가와 재벌집단 간에 다차원적으로 전개된 격렬한 갈등과 대결은 파국적 갈등상황을 단적으로 드러낸 것이었다.

　그 같은 파국적 갈등상황은 1990년 3당합당을 매개로 한 거대한 보수대연합이 구축되고 이를 계기로 전개된 지배세력과 민중세력 간의 치열한 투쟁에서 절정에 달하였다. 하지만 1991년 중반 이후 지배세력의 대대적인 반격이 일어난 끝에 힘의 균형이 깨지기 시작하였다. 게다가 1991년 후반 동구 사회주의권의 몰락을 계기로 저항운동의 이데올로기가 급속히 쇠퇴하면서 민중세력의 체제도전적 저항은 소멸하기 시작하였다. 그 대신에 경제정의실천시민연합(경실련)과 같이 체제 내에서 점진적 개혁을 추구하는 시민운동이 태동하기 시작한 것도 이 무렵이었다.

　그럼에도 불구하고 민중세력이 민주화 이전의 상태로 후퇴한 것은 아니었다. 민중세력은 지배세력이 권위주의로 회귀할 수 없을 만큼 강력하게 조직화되었다. 1987년 노동자 대투쟁 이후 폭발적인 세력 확장을 계속해 온 노동운동은 1990년 공안정국과 3당합당 이후 체제도전세력으로의 발전은 저지되었지만 시민권(civil rights) 확립을 위한 투쟁과 조직화에서는 꾸준히 발전해 나갔다. 이는 노동운동이 1990년 이후 국가와 자본의 강력한 억압 속에서도 전국노동조합대표자회의(1993), 민주노동조합총연맹(1995)으로 꾸준히 발전해 나간 것에서도 확인되었다. 그리고 이 같은 상황은 비단 노동만이 아닌 농민, 도시빈민, 중간세력 등 다양한 분야에서도 비슷했다. 바로 이런 변화로 인해 한국에는 사회의 구조적 지각변동으로 나타난 새로운 갈등양상을 제도화하는 문제가 핵심과제로 부상하였다.

　한편 민주화 이행의 과정에서 간과할 수 없는 또 다른 중요한 변화들이 나타났다. 그것은 지배연합과 저항연합 각각의 내부에서 일어난 정치적 분화와 재편이었다. 민주화 이행의 첫 단계에서는 권위주의 지배연합이 강경파와 온건파로 분화되었다. 이 속에서 군부세력의 영향력이 현저히 퇴조하고 기술관료 집단과 산업화 과정을 통해 성장한 재벌집단의 영향력이 강화되었다.

　두 번째 단계에서는 저항연합 내부에서의 분화로 나타났다. 민주화 이후 지배와 저항의 이항대립이 심화되고 대립의 성격이 점차 계급성을 띠어감에 따라 민주-반민주 대립구도 하에서 저항연합에 참여하였던 자유주의 정치세력들[28]이 저항연합으로부터 이탈하기 시작하였다. 1990년 민정당, 공화당의 전통적인 보수정치세력과 민주화운동의 지도자였던 김영삼이 이끄는 통일민주당이 합친 3당합당은 가장 상징적인 사건이었다. 이때 자유주의정치세력의 한 분파였던 김대중의 평화민주당은 3당합당을 반대하며 야당으로 남았지만 그들 역시도 정치적으로 우경화의 길을 가고 있었다는 점에서 공통적인 특징을 갖고 있었다.[29] 이와 동시에 지역적 지지기반을 중심으로 한 지역 간 대결구도가 심화되었는데, 기존 민주-반민주 구도, 보수-진보 구도와 복합적으로 작용하면서 한국사회의 갈등은 대단히 복잡한 양상을 띠게 되었다.

　세 번째 단계에서는 민중세력의 체제도전적 저항이 점차 쇠퇴하는 것과 궤를 같이하여 다시 지배연합 내에서의 분화가 일어났다. 이 단계에서는 비록 체제도전적 저항은 쇠퇴하였지만 민중세력이 해방 이후 최초로 시민권을 획득함으로써 생겨나게 된 갈등을 어떤 방식으로 포섭 또는 배제하여 제도화 하느냐에 대해서는 여전히 사회적 합의가 이루어지지 못한 채 불안정한 접합상태가 지속되고 있었다. 이는 1987년 민주화 과정이 주로 이념적으로 편중된 정치엘리트들에 의한 거래를 통해서 이루어져 온 소위 '1987년 체제'의 구조적인 한계에서 비롯된 것이기도 했다. 바로 새로

---

28) 전통적인 제도권 야당세력으로 불리어 왔으며 영남에 주요 지지기반을 둔 김영삼계와 호남에 주요 지지기반을 둔 김대중계로 대별된다.

29) 김대중은 노태우정부 초기 여소야대하에서 민중세력의 노선과는 상당히 다른 행보를 걷는 등 타협적 노선을 견지하다가 1989년 공안정국과 1990년 3당합당으로 자신이 고립되자 저항적 태도로 돌아섰고, 다시 1991년 5월 민중세력의 투쟁노선에 반대의 입장을 분명히 하였으며, 이후 '뉴디제이플랜'을 가동하면서 우경화를 가속화하였다.

운 갈등구조의 제도화라는 문제를 둘러싸고 지배엘리트들이 균열되는 매우 새로운 현상이 나타났다. 그 균열은 헤게모니 블록 내부에서의 균열, 헤게모니 분파와 비헤게모니 분파 간의 균열 등 아주 다층적이고 복잡한 양상을 나타냈지만, 대체로 민중세력의 제도적 절차 속으로의 유인과 포섭에 무게중심을 두는 '자유주의적 지향'과 배제에 무게중심을 두는 '보수주의적 지향' 내지는 양자의 혼합비율을 둘러싼 대립의 형태를 띠고 나타났다. 이것은 1990년대 이후 한국사회에 나타난 '개혁' 담론의 형성과 밀접한 관련을 갖게 되었다.

그런데 이런 대립선이 얼마나 실질적인 실체를 갖고 있었는가라는 물음이 제기될 수 있다. 당시 한국사회의 정치지배구조는 일단 현상적 수준에서 볼 때 이념과 정치노선에 의한 결합보다는 지역주의와 권력정치, 그리고 이익파벌 간의 결탁과 같은 변수들이 압도적이었기 때문이다. 이는 전적으로 타당한 지적이다. 자유주의－보수주의의 이념정책성향에 따라 정치사회집단들이 명백하고 지속적으로 구별·정립되지 않고 매우 유동적인 형태를 띠고 나타나는 것도 지역주의나 파벌 이익의 구도에 매개되어 굴절되었기 때문이다.

그럼에도 불구하고 그것이 분석변수로 유의미한 이유는 한국사회의 당면한 개혁 과제와 관련하여 비록 불완전하고 굴절된 형태로나마 차별적 정책노선들이 출현하여 서로 갈등·대립하는 현상을 꾸준히 보여주었기 때문이다. 게다가 그 같은 개념들은 반드시 서로 대립적인 것만은 아니었다. 가령 파벌적 이해관계에 따라 지배분파들이 피지배세력에 대해 각각 상이한 태도를 취하게 되고, 이것이 일정하게는 정책노선의 스펙트럼으로 분화·발전되기도 하는 것이 그 예이다. 이는 대개 특정한 지배분파가 피지배세력을 끌어들여 헤게모니 투쟁에 활용하고자 하는 데서 비롯된다. 바로 한국에서도 민주화를 통해 시민권을 획득한 피지배세력의 등장은 이를 활용하려는 지배분파를 낳아 지배연합의 분화가 촉진되었다.30)

김영삼정부는 민주화와 저항적 대중운동의 출현이라는 역사적 배경 속에서 온건하지만 개혁적 성향을 갖고 있던 부르주아지 정치집단이 최초로 국가권력에 진출하였다는 의미를 갖는다. 먼저 김영삼정부의 등장과정을 살펴보자. 과거 민주화 저항연합의 일원이었으나 구 지배세력들(민정당, 공화당)과의 합당으로 민자당을 결성하여 보수적 지배연합의 일원이 된 김영삼의 민주계는 그 후에도 탈당위협, 민정계 핵심인사 제거압력 등 치열한 당내 분파투쟁 끝에 주도권을 장악하였다. 이는 민자당의 분당사태가 초래할 통치권의 위기를 염려한 당시 노태우 대통령의 후퇴 때문이었는데, 여기에서 김영삼세력은 내각제 포기, 대표중심의 당 결속 및 당 기강 강화, 개혁입법 추진을 따낼 수 있었다. 김영삼의 민주계가 승리할 수 있었던 이유는 불안정한 통치체제와 대중적 저항운동에 대한 지배세력의 두려움을 볼모로 삼은 덕분이었다.

이렇게 집권한 김영삼정부는 출범과 동시에 '개혁'의 담론을 전면에 제기하였다. 그들은 기존 민주－반민주 어법 대신에 개혁－수구의 어법 속에서 자신을 '개혁'의 편에 위치시켰다. 구체제의 유습을 "한국병"이라고 규정하고 "변화와 개혁의 신한국 창조", "위대한 한민족시대의 개막"라는 새로운 통치담론을 제시하였다. 이를 위한 세 가지 당면과제로 부정부패의 척결, 경제회복, 국가기강 확립을 들었다. 그리고는 곧장 "개혁"이라는 미명하에 구체제를 공격하기 시작하였다. 구체제를 대변하는 수많은 인물, 집단

---

30) 이는 마치 구한말 개화파들이 민주주의나 인권신장을 위한 목적보다는 부국강병을 위한 수단으로 '입헌정치'의 이데올로기를 확산시켜 나갔던 상황과 유사한 것이다.

들이 개혁과정을 통해 제거되었다. 여기에 대중적 여론의 폭발적 지지가 덧붙여지면서 개혁 작업은 더욱 가속화되었다. 이를 통해 김영삼계는 국가권력 내에서 자기 분파의 권력을 급속히 강화시킬 수 있었다.

그런데 김영삼정부의 개혁정치는 기본 골격에 있어서 지배연합 내의 타협적 측면과 대결적 측면이 모호하고 불안정하게 결합된 형태를 띠었다. 김영삼정부는 부산·경남지역을 근거지로 삼고 있는 구 자유주의 정치세력(민주계)과 대구·경북지역을 주요 근거지로 삼는 수구적 부르주아(민정계) 및 충청지역을 주요 근거지로 삼는 유신시대의 잔재세력(공화계), 그리고 사회경제세력으로서 재벌세력에 의한 연합의 산물이었다. 김영삼정부는 1990년 3당합당의 연속선상에 위치해 있었다. 이런 맥락에서 김영삼정부의 개혁정치는 단지 구체제를 공격하는 의미뿐만 아니라 동시에 피지배세력을 규율하는 의미를 갖는 것이기도 했다. 그들은 군부독재＝반민주, 문민정부＝민주라는 등식에 입각하여 자신들의 문민정부를 민주주의의 완성이라고 해석하였다(김정훈, 1999: 166). 나아가 군부독재＝무질서와 혼란, 문민정부＝질서와 기강이라는 등식으로 해석하고 민주화 이후 나타난 이익집단의 분출과 시위는 용납될 수 없는 것으로 규정하였다.31) 즉 과거 권위주의체제에 대해서도 그들은 그것이 민주주의에 역행했다는 인식보다는 그것이 시민들의 욕구를 다스리는 데 실패했기 때문에 나쁘다는 인식에 더 많이 기초하고 있었다.

개혁정치의 담론은 이상과 같이 구체제에 대한 공격과 피지배세력의 규율이라는 대립적인 두 가지 측면을 조합한 중간적 위치

---

31) "투쟁이 정당시되던 시대는 지나갔습니다. 문민정부하에서 불법폭력사태는 어떤 명분으로도 정당화될 수 없습니다. 사회전반의 질서이완도 용납될 수 없습니다(김영삼 대통령 경찰대학 10기 졸업식 연설, 1993. 3. 14)."

에 놓여졌다. 김영삼정부는 3당합당의 연장선에서 전체적으로 보수주의적 방향에 입각해 있었지만 자유주의적 성향을 가미한 불안정한 조합과 균형의 산물이었다. 그런 측면에서 김영삼정부 초기의 내각은 보수파 인사들과 개혁파 인사들이 어느 정도는 혼합적으로 등용되어 상호 균형을 이루고 있었다. 그리고 양자가 개혁정치라는 담론의 틀 속에서 불안정한 상태로 동거하면서 서로 갈등하는 관계를 형성하였다.

김영삼정부 안에 공존하는 두 가지 상대적인 성향의 차이와 갈등은 대체로 '보수주의적' 전략과 '자유주의적' 전략 간의 차이라고 볼 수 있었다. 물론 그것은 상대적 차이였는데, 한쪽은 상대적으로 보수세력과의 타협, 친화를 지향하는 것이었다면, 다른 한쪽은 피지배세력에 대한 온건하고 포용적인 태도에 무게를 두는 것이었다. 이는 김영삼정부의 정책선택을 제약하는 가장 기본적인 요소였다.

(2) '신경제'의 정치 전략

개혁은 비단 정치에만 국한되지 않았다. 김영삼정부의 개혁정치는 기대의 과잉 때문에 이익집단 간 투쟁의 장으로 전락되고 말았다고 여겨지는 한국의 낡은 개발주의 경제구조에 대한 개혁으로 필연적으로 나아갈 수밖에 없었다. 특히 경제개혁은 단순한 경제정책적 차원을 넘어서는 정치담론의 성격을 내포하고 있었다. 그것은 김영삼정부의 통치전략에서 특별한 의미를 차지하고 있었다. 김영삼정부가 단순한 경제정책의 차원을 넘어서 통치의 도구로서 경제담론과 그 이데올로기를 적극적으로 활용했기 때문이다. 김영삼정부의 경제개혁은 '신경제'라는 이름으로 제시되었는데, "우리 경제의 제2의 기적"(1993. 3. 22), "대통령으로서 이 나라 경제를 다시 일으켜 세우는 것"(1993. 3. 19)이 신경제의 역사적 과제로서 선언되었다. 경제개혁은 그들이 제시한 "신한국", "위대한 한민족시대"를 구현하기 위해 민주-반민주의 대결, 무질서와 기강해이, 과도한 욕구분출이 제어되고 극복됨으로써 국가적 단합과 통일이 이루어지는 매개영역이었다. 김영삼 대통령은 그의 취임사에서 "경제활력을 위해 정부는 규제와 보호 대신에 자율과 경쟁을 보장하고 민간의 창의를 존중할 것"이라고 선언하였다. 이는 기존 개발주의의 경제체제를 부정적(negative)으로 규정하면서 새로운 경제체제로의 전환을 강력히 역설한 것이었다. 그리고 이런 목표를 달성하기 위해 집단이기주의는 배척되어야 했다.

> 높은 임금상승에 따른 높은 소득수준은 더럽고, 힘들고, 위험한 일을 기피하는 근로정신의 해이를 가져왔으며 생활 기본수요와 여가에 대한 욕구증대로 불건전한 소비문화를 창출하기에 이르렀다. 또한 80년대 후반부터 진전된 정치민주화 과정에서 나타난 근로자와 지역주민의 지나친 개인적 욕구분출과 집단이기주의의 만연은 건전한 시민의식과 기업의욕을 저해하였다. (대한민국정부, 1993: 12)

나아가 김영삼정부는 기대욕구의 절제를 계층 간 고통분담 및 복지의 언술과 연결시켰다.

> 우리 사회에는 그늘 속에 살아온 사람들이 너무 많습니다. 그들은 위로받아야 합니다. 많이 가진 사람은 더 많이 양보해야 합니다. 힘 있는 사람은 더 큰 것을 양보해야 합니다. 그러나 너무나 성급하게 내 몫만을 요구하지 맙시다. 먼저 우리 공동체 전체를 생각합시다. 그리고 우리가 더 많은 몫을 갖기 위하여 더 큰 떡을 만듭시다.(1993. 2. 25 김영삼 대통령 취임사)

신경제는 1993년 7월 '신경제5개년계획'이라는 이름으로 구체적인 내용이 발표되었다.32) 그런데 그 내부에는 상호 대립적인 두 가지 요소를 동시에 담고 있었다. 즉 신경제 5개년계획 속에는 노동시장의 재편과 관련하여 변형근로시간제, 유급휴가축소, 건강감시원 수의 축소와 같은 고용의 유연성을 증대하고 일부 산업에서 나타나는 노동력 부족을 해결하기 위한 신자유주의적 정책들이 포함되어 있는가 하면, 다른 한편으로는 재벌의 과다한 지배력을 억제하기 위한 업종전문화와 소유분산제도, 기업들의 비실물사업에 대한 투자 등 내향적 탈자본화를 막고 정경유착의 고리를 끊기 위한 부동산·금융실명제, 공평과세의 기반을 확대하기 위한 세제개혁 등 경제민주화의 성격이 담긴 조치들을 담고 있었다(조성렬, 1996: 167-173; 대한민국정부, 1993). 이는 신자유주의 경제정책의 지평 속에 경제민주화 정책의 요소들을 흡수·재구성함으로써 시민사회를 규율하려는 정치적 프로젝트의 성격을 갖는 것이었다.

그러나 이 같은 갈등적 요소들은 김영삼정부의 프로젝트 속에서 쉽게 융합될 수 없는 딜레마 관계에 놓여 있었다. 무엇보다 민주화의 자연스런 결과인 다원적 이익분출을 부정적으로 인식하는 가운데 사회적 대립과 갈등을 통합하려는 태도는 대단히 제약을 받을 수밖에 없었다. 그래서 김영삼정부의 경제개혁이 초기에는 언술 상

---

32) 신경제 5개년계획의 세부 내용들을 살펴보면 먼저 행정규제의 완화 등 제도개혁에 착수하여 2차 년도까지 국내부문의 제도개혁을 마무리하고, 동시에 개방과 관련한 제도부문의 개혁에 착수한다는 것이다. 1995년에는 금융규제를 완화하고 국내외 기업 간의 경쟁을 촉진하며, 1996년까지는 제도와 관행의 국제화, 선진화를 정착하여 OECD에 가입한다는 계획을 세우고 있다. 김영삼정부는 장기적으로 기술집약적 산업으로의 구조전환을 위해 "신경제 5개년계획" 중 '기술개발부문에서 향후 1994~8년 사이에 연구개발투자를 연평균 24.5% 증가시켜 GNP 대비 기술투자의 비중을 4.0%로 증가시킨다'는 계획을 세우고 있다. 그리하여 2001년까지 선진 7개국 수준의 과학기술력을 확보한다는 일명 'G7 프로젝트'를 추진한다는 것이다.

으로나마 두 가지 측면을 통일하려는 시도가 존재하였지만 세력관계의 변화에 따라 대단히 유동성이 높을 수밖에 없었다.

김영삼정부의 경제개혁은 전 지구적 세계화의 흐름과 더 결정적으로는 1987년 이후 민주화와 대중운동의 성장으로 인해 유효성이 급속히 상실된 낡은 지배질서의 재편이라는 견지에서 새로운 헤게모니의 물질적 토대를 구축하는 의미를 갖는 것이었다. 그래서 경제개혁은 지배계급과 피지배계급, 지배계급 분파들 사이의 새로운 헤게모니적 지배관계의 형성을 둘러싼 갈등과 경쟁이 투영되는 장(場)이었다. 경제개혁의 담론은 어떤 고정된 정책적 모델이라기보다는 세력관계의 변화에 따라 그 내부에 잠재된 갈등적인 요소들이 서로 배제하기도 하고 결합하기도 하면서 끊임없이 변동하는 동태적 개념이었다. 이것이 바로 "경제개혁" 담론이 한국사회에 출현한 배경이었다.

3. 국가주도의 경제개혁

(1) 자본의 헤게모니 결여와 국가의 개입

한국의 자본축적과정은 부르주아 시민사회의 성장을 바탕으로 자유주의적 정치체제가 들어선 서구의 경로와는 달리 국가가 자본가집단을 육성하고 축적을 주도해 왔다. 흔히 이는 '지도자본주의'라고도 불렸다(박광주, 1987). 박정희정부 때부터 시작된 개발주의적 축적의 과정은 그런 전형적 특징을 보여주었다. 그런데 개발주의 경제체제의 위기와 신자유주의 경제개혁 과정에서도 적어도 '지도적' 자본주의의 형식만큼은 변하지 않고 유지되었다. 경제개혁의 담론을 생산하여 유포한 것도 바로 국가였다. 민주화로 인해 국가권력의 강제력 행사범위가 크게 제한되었음에도 불구하

고 "지도적이어야 할 사회집단들을 국가가 지도하는 현상"이 재현
되었다(Gramsci, 1978: 62). 그렇다면 왜 이런 현상이 나타났
을까?

먼저 경로의존성(path dependency)이라는 개념을 통해 그 현
상을 설명할 수 있다. 즉 제도의 변화는 수확체증의 힘 때문에 기
존 제도가 앞으로 일어날 제도변화의 방향과 내용을 제약한다는
것이다(정진영, 2000: 357). 한국에서도 조직화되지 않은 무정형
한 시민사회라는 조건에서 개발국가라는 일종의 과대국가가 형성
되었고, 국가는 스스로의 확장메커니즘에 의해서 시민사회에 대한
우위를 견지하기 위해 다양한 수확체증의 방어 장치를 설정해 왔
다는 것은 상식적으로 납득할 수 있는 부분이다. 그러나 이 개념은
그 유용성에도 불구하고 단절적 변화에 대해 분석적 함의를 제공
하기 힘들고, 원인보다는 결과에 대한 현상적 설명에 그친다는 점
에서 만족스럽지 못하다. 특히 그것은 국가가 현상유지가 아닌, 경
제개혁에 시민사회보다 먼저 반응한 이유를 설명하지 못한다.

그러므로 좀 더 진전된 설명은 헤게모니적 지배관계의 관점을
통해 이루어질 수 있다. 그람시에 따르면 국가의 경제적 개입은
축적의 위기를 타개하는 다양한 헤게모니적 지배의 한 형태이다.
축적의 위기에 직면하여 자본의 헤게모니 능력의 결핍 때문에
"국가가 그 제한된 권력에도 불구하고 '지도적'이어야 할 사회집
단들을 '지도'하는 현상"(Gramsci, 1978: 62)이 나타나게 된다는
것이다. 한국의 경제적 지배세력인 재벌세력들은 급성장에도 불구
하고 그 태생과 성장의 조건상 헤게모니적 지배능력에서 미숙했
다. 한국의 자본가계급은 서구의 자본가계급들처럼 봉건적인 국가
권력과의 투쟁을 통해서 성장해 온 존재가 아니라, 탄생부터 권위
주의적인 국가권력에 의해 보호·육성된 존재였다. 그들은 국가권
력과의 유착과 보호, 거대한 규모의 지대(rent)이전을 통해 성장할

수 있었다. 그래서 그들은 정치적으로도 권위주의에 종속되어 있
었으며 1987년 민주화 과정이나 1990년 3당합당 과정에서도 매우
반동적인 태도를 취해 왔다. 재벌세력들은 경제개혁에 대해서도
대단히 선택적이고 이중적인 태도를 표출하였다. 민주화 이후 국
가와 재벌의 갈등은 근본적으로 권위주의시대에 누려온 특혜는
지속시키면서도 권위주의적 간섭은 면탈하려는 재벌의 이중적 태
도에서 비롯된 것이었다. 그들은 경제적 개방화에 대해서도 대단
히 부정적인 태도를 나타내면서 국가에 대해 보호와 특혜의 지속
을 요구하였다. 특히 노사문제에 대해서 가장 후진적인 관행을 유
지했는데, 그들은 산업구조나 기술, 산업조직의 혁신을 통해 노동
포섭을 시도하는 방향보다는 공권력 등에 의존한 물리적 억압, 임
금인상 억제, 노동시간 연장과 같은 절대적 잉여가치의 확대에 몰
두하였다. 바로 이와 같은 재벌자본의 태도는 신자유주의 경제개
혁 자체와도 충돌하는 것이었는데, 이 때문에 축적의 위기에 직면
하여 자본보다는 국가가 경제개혁을 주도하게 되었다.

(2) 위임민주주의적 통치구조와 국가주도의 경제개혁

헤게모니적 지배관계의 관점은 경제에 대한 국가개입현상에 진전
된 설명을 제공해 준다. 그러나 그와 같은 해석은 여전히 일반론적
이다. 왜냐하면 그것은 일반적 국가개입현상을 포괄적으로 설명하
고 있을 뿐 특수한 정세상황에 대한 설명을 제공해주지는 못하기
때문이다. 따라서 경제개혁과 국가권력의 특수한 관계를 설명할 수
있는 개념이 필요한데, 위임민주주의(delegative democracy)라
는 개념을 적용해 보는 것은 상당한 유의미성이 있다.

오도넬(O'Donnell, 1994)은 남미의 신생민주주의국가들에서
권위주의체제가 붕괴되고 자유로운 선거의 시장체제로 이행하였음
에도 불구하고, 민주주의가 제도화되지 못하여 고도의 유동성과 불

안정성이 만연한 상황을 '위임민주주의'라고 개념화했다. 그에 따르면 위임민주주의는 서구의 대의민주주의와 비슷하지만, 공고화되어 있지 못하고 선거에서 당선된 대통령이 자신의 의지에 따라 통치할 수 있도록 막대한 권한을 부여받아 정당과 이익단체의 상위에서 파당성과 갈등을 관리하고 규제하는 통치의 특성을 갖는다. 김영삼정부의 통치방식 또한 선거민주주의(electoral democracy)의 진전에도 불구하고, 제왕적 대통령에 의한 권력의 집중, 정책결정의 기술관료적 독점, 정당 및 의회기능의 무시, 이익집단운동의 억압이라는 기본적 특성들을 갖추고 있었다. 여기에 대통령의 민중주의적 정치스타일을 통한 정당화 기능의 수행 또한 김영삼정부의 특징들이었다.33)

대체로 위임민주주의가 성립될 수 있는 표면적 조건은 심각한 국가 및 축적의 위기와 사회갈등의 교착상태를 배경으로 한다.34) 이러한 위기에 직면하여 신속한 의사결정과 강력한 집행력의 확보를 위해 권한을 1인 내지 소수에게 집중시켜 주자는 사회적 합의가 잠정적으로 형성되는 것이다. 그런 점에서 위임민주주의는 사회갈등 해결을 위해 사회집단들이 일시적 휴전상태를 체결하고 국가관리자에게 의사결정권을 집중해 주는 임시적 기제라고 볼 수 있다. 김영삼정부가 파편화된 사회갈등구조를 '한국병'이라는 담론으로 규정하고, 이에 대한 국민적 위기의식을 활용하여 자신을 '개혁'의 전도사로 위치시킴으로써 권력 강화를 정당화하려 했

---

33) 장달중 교수는 '관객민주주의'라는 개념을 사용하는데, ①개혁드라마의 연출자인 대통령과 참여자인 국민사이에 형성된 일방통행적 관계, ②통치자에게 갈채를 보내는 다수의 국민대중과 국민의 인기에 민감한 통치자, ③정당과 국회가 스스로의 개혁을 포기하고 정치개혁의 선택을 통치자에게 맡김으로써 파생되는 관료적 권위주의 체제의 재등장을 관객민주주의의 특징으로 들고 있다(동아일보, 1993. 9. 4).

34) 이런 현상은 주로 아르헨티나의 메넴정권이나 페루의 후지모리정권에서 대표적으로 확인되는데, 위임민주주의적 통치와 급진적 신자유주의 경제개혁이 결합되는 양상을 띤다.

던 통치행태는 그런 맥락에 선 것이었다.

김영삼정부가 추진한 경제개혁 또한 그 같은 위임민주주의의 기제와 깊은 상관성을 갖는 것이었다. 김영삼정부는 당면한 축적의 위기를 돌파하고 축적체제를 쇄신하기 위해 구체제의 물적 토대에 대한 개조, 즉 경제개혁의 의제를 선포하였다. 국가는 시민사회보다 한 발 앞서서 경제개혁의 의제를 선점하였다. 그 방식은 국가의 관료적 조정과 통제에 주로 의존하는 것이었다. 국가는 사회세력들의 모든 이익추구행위를 집단이기주의로 비판하면서 스스로를 시민사회의 경제적 이익갈등에 대한 규율자로 위치시켰다. 주요 경제정책들을 결정하고 집행하는 개혁과정에 대한 사회적 참여, 토론, 합의의 절차는 제한되었다. 국가와 시민사회를 연결하는 정당과 국회의 역할 또한 극히 제한적으로만 허용되었다. 이는 경제개혁의 정책수단에 대한 선택과도 관련되는데, 경제개혁의 추진과정에서 국가가 물리적 공권력의 동원 내지 세무조사, 금융자원의 배분을 통한 지시와 통제 같은 권위주의시대의 도구를 계속 유지하는 한편, 공정거래 및 독점규제, 금융감독, 자본이동 및 기업의 진입규제와 같은 법률적, 제도적 규제수단을 발전시켜 가는 것도 그런 특징을 반영하는 것이었다.

물론 김영삼정부의 경제개혁이 시민사회의 갈등과정으로부터 완전히 독립적으로 진행되었다는 의미는 아니다. 김영삼정부는 경제개혁의 추진력을 획득하기 위해 재벌과 노동의 갈등을 이용하기도 하였고, "고통분담"이라는 정치적 수사를 통해 국가 개입의 근거를 확보하려 했다. "경제개혁"이라는 담론은 이런 세력균형 위에서 성립되었다. 그러나 사회갈등은 국가의 정치과정 속으로 제도화되지 못했으며 외적 변수로만 작용하였다. 사회집단들의 욕구는 국가의 선의에 의존하여서만 조율되게끔 하였다.

제3절 경제개혁의 전개과정

1. '경제민주화'와 '신자유주의'의 갈등구조와 경제개혁의 변질

(1) 경제개혁정책의 추진

  김영삼정부의 경제개혁 과정에는 '경제민주화'와 흔히 신자유주의라고 통칭되는 '생산성의 정치' 간의 긴장관계가 내재되어 있었다. 경제민주화가 분배와 복지, 참여를 지향하는 것이었다면, 신자유주의는 지속적인 성장과 국제경쟁력의 강화를 지향하는 것이었다. 전자가 경제적 형평성을 기본 가치로 하여 과도한 자본 간 불균형 및 소득불균형을 완화시킴으로써 시민사회의 팽창과 공공이익집단의 영향력 증대를 가져오는 것이라면, 후자는 대기업들의 정치·경제적 지평을 확대해 주는 것이었다(문정인, 1998: 31; 김석준, 1990: 1135). 기업불균형을 방지하기 위한 독과점규제 및 공정거래제도, 기업업종전문화, 기업지배 및 재무구조 개선, 금융실명제, 토지공개념, 소득불균형을 완화하기 위한 조세형평제도, 주거문제대책, 각종 복지제도의 확대 등이 전자의 정책사례에 해당하는 것이었다면, 여신관리·기업진입의 규제완화, 자본시장 및 농산물시장의 개방, 민영화, 정리해고·변형근로·파견근로제 등은 후자의 정책사례에 해당하는 것이었다.

  그런 점에서 이 양자의 정책은 계급적으로 대립적이라고도 볼 수 있다. 그렇다고 이들 정책들이 반드시 양립 불가능한 것은 아니었다. 가령 재벌의 업종전문화는 개발국가의 시기를 통하여 과도하게 확장된 기형적 경제구조를 개선함과 동시에 기업의 체질개선을 통해 국제경쟁력을 강화하는 유력한 수단이기도 했다. 기업진입의 규제완화는 기업들 간의 경쟁을 촉진하여 기업의 카르텔 구조를 깨뜨리고 소비자 대중의 후생을 증대할 수 방안이 될 수도 있었다. 또 정리해고·변형근로·파견근로제와 같은 노동시장 유연화는 직접적으로는 노동자들의 경제적 권리를 공격하는 것이지만, 네덜란드에서 보이는 바와 같이 동일노동·동일임금의 제도적 보장과 사회적 안전망에 의해 뒷받침된다면 정치적으로 계급타협의 가능성이 없지는 않았다.

김영삼정부는 집권초기에 여러 가지 경제개혁의 의제들을 제시하였다. 그 방향은 전체적으로 신자유주의에 입각해 있었지만, 적어도 기본 의도에 있어서만큼은 부분적으로 경제민주화의 정책내용들을 흡수함으로써 사회통합적 세력균형을 지향할 뿐만 아니라 신자유주의로의 전환이 기업의 체질강화를 수반하도록 기획되었다. 이는 김영삼정부가 1993년 7월 발표한 '신경제5개년계획'에 잘 반영되어 있다. 그 내용들은 모순적이지만 앞서 언급한 두 가지 정책요소들을 모두 담고 있었다.

김영삼정부는 집권초기에 재벌의 과다한 지배력을 억제하기 위한 업종전문화와 소유분산제도, 기업들의 비실물사업에 대한 투자 등 내향적 탈자본화를 막고 정경유착의 고리를 끊기 위한 부동산·금융실명제, 공평과세의 기반을 확대하기 위한 세제개혁 등 경제민주화의 성격이 담긴 조치들을 제시·추진하였다(조성렬, 1996: 167~173; 대한민국정부, 1993). 또한 김영삼정부는 1994년 말 '독점 규제 및 공정거래에 관한 법률과 시행령'을 개정하여 기업의 비관련 다각화를 규제하고자 하였다.35) 이 같은 조치들은 경제민

---

35) 주요 개정 내용은 30대 대규모 기업집단의 계열사별 타회사 출자한도를 순자산의 40%에서 25%로 낮추되 3년간 유예기간을 두고, 내부지분율 15% 미만, 자기자본 20% 이상인 30대 그룹 사장 계열사는 소유분산 우량기업으로 분류하여 다른 회사에 대한 출자에 제한을 두지 않는다는 것이었다(『연합연감』, 1995: 390).

주화 정책을 신자유주의 정책들과 양립시키려는 구도에서 비롯된
것들로서 노동자·민중세력들에 대한 일정 정도 헤게모니적 포용
의 성격을 띤 것이었다. 이런 맥락에서 김영삼정부는 처음에 노동
정책에서도 부분적이나마 비교적 온건한 포섭정책을 시도하였다.
김영삼정부는 비록 민주노조진영을 배제하기는 하였으나 1993-94
년 동안 한국노총을 상대로 하여 전국적 수준의 임금협상을 시도함
으로써 사회적 합의를 모색하였다(임영일, 1997; 송호근, 1994). 이
인제 노동부장관 시절 '무노동 부분임금' 정책에서 나타나듯 노동세
력과 적대적 대결을 피하고자 하는 정책이 시도되기도 하였다(정영
태, 1997).

(2) 재벌의 반발과 경제개혁정책의 수정

김영삼정부의 경제개혁정책은 제시되자마자 즉각적으로 재벌세
력의 반발에 부딪쳤다. 신경제 5개년계획의 발표 직후 경제5단체
장들은 1993년 5월 13일 모임을 갖고 "대기업그룹의 소유 집중
완화, 업종전문화, 세제·금융개혁, 부동산관련 규제강화, 유통서
비스 산업개편 등에 대한 수정보완이 필요하다."는 의견을 모으고
대정부 로비에 들어가기로 결정하였다. 특히 은행대출금의 주식
전환과 업종전문화, 상호채무 보증제한에 대해서는 그룹의 사활
이 걸린 문제라고 보고 정면반박이 불가피하다고 결의하였다. 결
국 재벌의 강한 반발과 치열한 로비에 밀려 이들 정책들은 시간
이 흐르면서 대부분 시행조차 되지 못하거나 시행 후에도 크게
변질되어 사실상 거의 진전을 보지 못하였다. 공정거래 및 독점
규제법, 여신관리와 세무조사, 기업분할명령제, 대출금 출자전환,
투자회수명령제 등 정부의 재벌정책들이 대거 삭제되었다(윤영
관, 1999: 84).

또한 재벌정책 중 유일하게 살아남은 업종전문화 정책과 소유분

산정책의 과정 또한 재계의 격렬한 반발에 부딪쳐 왜곡·변질의 길을 걷게 되었다. 김영삼정부가 '기업의 국제경쟁력 강화'라는 기본 방향 하에서 업종전문화의 일환으로 추진한 주력업종제도는 노태우정부에서 1991년 시도한 주력업체제도에 비해 그 강도가 낮은 것이었다.36) 이 정책은 수십 개의 계열기업으로 분산된 재벌의 경제력을 소수의 주력기업에 집중시킴으로써 이들 주력기업이 세계적인 규모의 거대기업으로 성장할 수 있도록 유도한다는 것이었다 (김상조, 1998: 189-192). 그러나 정부의 이런 정책에 대해서조차 재벌세력은 강하게 반대하고 나섰다. 초기에 재벌들의 저항은 정부의 강력한 의지에 밀려 무산되었다. 1993년 5월 초 전경련은 소유분산과 업종전문화를 골자로 하는 새 정부의 재벌정책에 반기를 들고 경제5단체장 명의로 정책건의를 하려 했으나 집단이기주의를 용납하지 않겠다는 정부의 강한 의지에 밀려 유보되었다(『연합연감』, 1994: 391). 1994년 말 정기국회에서 통과된 '독점 규제 및 공정거래법'의 통과에 대해서도 전경련 등 재계는 법개정을 저지하려고 시도하였으나 무산되었다. 그럼에도 불구하고 다른 한편으로 정부는 업종전문화의 유인책으로 각종 지원정책을 추진하였다. 1994

---

36) 통상산업부는 주력업종제도는 30대 그룹의 비관련 다각화는 억제하지만 한 업종 내에서 관련다각화는 장려하며, 그룹별 선정업체도 기존 제도는 3개 이내로 되어 있었지만 새 정책에서는 그룹당 6~7개까지 선정이 가능하다. 또한 주력업체제도에서는 대상 선정이 대출금 기준이었지만 주력업종제도에서는 자산총액기준으로 30대 그룹을 선정하였다. 이 주력업종제도는 기업의 자율성을 최대한 존중하는 바탕 위에서 정책의 참여여부를 기업이 자율적으로 결정하며 주력업종 및 주력기업은 기업이 선정하도록 하고 비주력업종의 정리도 기업의 현실적 여건에 맞게 추진토록 하였다고 밝히고 있다(통상산업부, "대규모 기업집단의 업종전문화시책 추진현황", 국회기전연, 1995: 82-91; 김용복, 1996에서 재인용). 김철수 상공부장관도 "종래의 대기업정책이 경제력 집중억제나 소유분산 촉진 등에 있었던 데 반해 업종전문화 시책은 오로지 기업들의 '경쟁력 강화'에 염두를 두고 있었다는 것이 가장 큰 차이점"이라고 밝히고 있다(한국경제신문, 1993. 10. 28).

년 1월 여신관리 시행세칙 개정을 통해 주력기업에 대한 여신관리 규제를 완화하였고, 해외금융 및 국내 직접금융의 원활화를 추진하였다. 1995년 4월에는 공정거래법 시행령을 개정하여 출자총액제한을 완화하였다. 더불어 주력기업인 경우 은행법상 동일인에 대한 여신한도의 제한을 완화하고, 정부 주도 기술개발사업에 주력기업의 우대, 공장입지에서의 우대조치 등을 시행하였다(통상산업부, 1995; 김용복, 1996). 이런 식으로 정부의 업종전문화와 소유분산정책은 후퇴를 거듭하였고, 결국에는 재벌들이 주장하는 기업공개, 상속·증여세제에 의한 점진적 소유·경영분리안에 근접하게 되었다(조성렬, 1996: 170).

이 외에 김영삼정부의 가장 대표적인 경제개혁정책의 하나였던 금융실명제 역시 몇 차례의 땜질을 거쳐 크게 변질되기는 마찬가지였다. 문민정부가 신경제 5개년 계획의 일환으로 추진했던 재정개혁 역시 '과세의 공평성 제고'라는 본래의 취지를 상실하고 미시적·주변적 개혁에만 머물렀다.37) 김영삼정부는 정부의 재정능력을 확충하고자 조세부담율의 제고, 수익자부담 원칙의 강화, 그리고 공공자금 활용제고를 골자로 재정개혁을 추진하였다. 여기서 세제개혁만을 중심으로 살펴본다면, 김영삼정부가 추진한 세제개혁의 가장 중요한 특징은 조세수입의 증가와 조세부담의 수평적 공평성 제고라는 두 가지 목표를 동시에 달성하고자 하는 것이었다. 이를 위한 구체적인 정책방안은 바로 과세기반의 확대였다. 즉 이자·배당소득에 대한 비과세·감면의 축소, 금융자산 소득에 대한 종합과세범위의 단계적 확대, 근로자 면세점의 적정

---

37) 신자유주의 경제개혁에서 조세개혁은 상당히 큰 의미를 가지고 있는데, 그것은 과세기반의 확대와 공평성 제고를 통해 정부의 재정능력을 확충하는 것을 목표로 한다. 정부는 재정능력을 갖춤으로써 신자유주의 개혁의 추진에 따른 제반 기반조성, 사회적 비용분담의 조정과 분배를 시행함으로써 개혁을 성공시킬 수 있다(하연섭, 1998).

수준 유지, 소득종류별 과세형평 제고 등을 통한 소득세 기능의 강화, 조세감면의 축소 등은 이런 기본적인 정책방향을 함축하는 조치들이었다(하연섭, 1998: 130). 이는 1980년대에 OECD 국가들에서 이루어진 "세원확대와 세율인하"라는 세제개편 방향과 궤를 같이 하는 것이었다. 이에 따라 김영삼정부에서는 개인소득세의 경우 최고세율이 1994년 50%에서 1996년 40%로 인하되고, 법인세율도 최고 34%에서 1996년에는 28%로 지속 인하되었다(하연섭, 1998: 130). 특히 금융실명제의 실시로 이자·배당소득 등 금융소득의 실질 귀속자를 밝히고, 이들 소득을 합산하여 과세하는 금융소득 종합과세가 도입될 수 있는 제도적 장치가 마련되었다. 그러나 이런 방침에도 불구하고 1996년 시행된 금융소득종합과세는 부부합산 연간 4,000만 원으로 설정됨으로써 전체 소득세 과세대상자의 약 0.2%에 불과했으며, 재산과세의 강화 목표 또한 종합토지세 과세표준 현실화율이 1995년 31.6%에 머물렀다(하연섭, 1998: 133). 결과적으로 김영삼정부의 세제개혁은 공평성제고, 소득재분배 기능의 강화라는 측면에서 거의 효과를 거두지 못하였던 것이다.

특히 김영삼정부가 집권초기에 신경제 5개년 계획과 함께 제시한 '신경제 100일 계획'은 경제민주화 및 신자유주의 경제개혁의 방향과도 배치되는 것으로 경제정책적 일관성과 개혁의지를 의심케 하는 것이었다. 그것은 과거 경제정책의 연장선에서 재벌중심의 성장을 추구하는 경기부양책의 성격을 띠고 있었다. 김영삼정부는 이 계획에 의거하여 3개월 동안 3조원의 자금을 기업에 공급하고 금리를 두 번이나 인하했다(이코노미스트, 1998. 3. 3). 그러나 이 정책들은 경기가 상승국면에 접어드는 시점임에도 불구하고 취해졌던 것으로 기업들이 구조조정을 회피하는 수단으로 이용되었다. 결국 '신경제'계획에서 재벌개혁의 요소는 빠지고 단기적 경기부양의 조치들만 살아남게 되었다.

2. '세계화' 노선으로의 선회

(1) '세계화' 노선의 정치구조

재벌개혁을 비롯한 경제민주화 조치들이 지지부진한 가운데 1994년 말 '세계화'로 불리는 개방정책이 전격적으로 추진되었다. 그것은 김영삼정부의 경제개혁정책에서 대단히 중요한 분수령으로서의 의미를 갖는 것이었다. 그것은 전 지구적 신자유주의 물결에의 편입을 가속화하는 경제적 성격을 지닌 것이지만, 보다 더 직접적으로 중요한 계기는 정치적 맥락이었다. 왜냐하면 그것은 단순히 기술 중립적인 경제정책이나 일반론적인 신자유주의정책이 아니라 특정한 전략·권력관계를 표현하는 정치담론이었기 때문이다.

김영삼정부가 세계화를 국정이념으로 전면에 표방하게 된 데에는 우루과이라운드(UR)협상과 세계무역기구(WTO)의 출범, 자본시장의 개방화 추세 등 국제적 경제 환경의 변화에 대처하기 위한 일반론적 의미도 있었지만, 보다 구체적인 계기의 측면에서는 당시 김영삼정부가 직면한 노동자와 농민들로부터의 저항을 돌파하기 위한 정치적·이데올로기적 수단의 의미를 갖고 있었다. 좀 더 자세히 설명하자면, 김영삼정부는 집권 초기부터 노동세력으로부터의 도전에 직면하였다. 최초의 계기는 1993년 6월초 현대정공에서 발생하여 현대계열사 노조들로 확산되고 동년 7월까지 계속된 노동자 파업사태였다. 두 번째 계기는 1994년 2월부터 동년 4월까지 농민들의 반발로부터 시작되어 대중적 연대투쟁으로 확산되고 급기야는 격렬한 가두정치의 양상으로 발전한 UR협상 반대투쟁이었다. 집권초기 각종 정치개혁 드라이브를 통해 80% 이상을 상회하던 문민정부에 대한 여론의 지지율이 빠르게 하락하기 시작하였다. 이는 김영삼정부가 직면한 최초의 정치적 위기였다.

〈그림 3-1〉 김영삼 대통령의 여론지지율 추이 (단위: %)

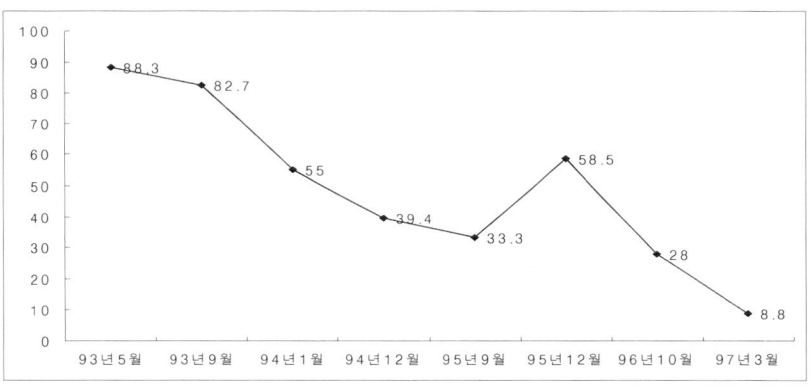

* 출전: 한국갤럽연구소의 여론조사결과들을 재구성.

  민중세력과의 불화와 국민적 지지기반의 축소는 초기 개혁정책 노선 속에서 불안정하게 접합되어 있던 사회갈등의 국가주의적 봉합구조를 해체시켜 나갔다. 사회갈등의 심화는 김영삼정부가 국가주의적 테두리 내에서 '개혁' 담론을 작동시킴으로써 시민사회를 규율하고자 했던 집권 초기의 전략적 경계선을 넘어서고 있었다. 사회적 동학관계의 변화는 권력의 지반을 구성하는 무게중심의 변화를 가속화하였다. 이런 속에서 김영삼정부는 협상과 타협, 이익갈등의 제도화로 나아가기보다는 공권력을 동원한 억압정책으로 선회하게 되었다. 그들은 1993년 6~7월 현대그룹 노동자들의 파업사태에 공권력을 투입하여 진압하고, 노동조합의 간부들을 구속·수배 조치한 것을 기점으로 1994년에는 쌀개방을 둘러싼 농민들의 저항에 대해서도 공권력을 동원하여 강력하게 탄압하였다.

한편 김영삼정부는 당면한 정치적 위기를 보수주의적 지배연합을 강화함으로써 대응하였다. 1차 내각개편에서는 개혁노선을 상징하는 것으로 받아들여지던 한완상 통일부총리, 이인제 노동부장관, 김덕룡 정무1장관이 퇴진하고 그 대신에 보수적이거나 친위적인 인사들로 채워졌다.38)

또한 1994년에는 대북관계에서의 냉전적 대결정책을 강화하여 신공안정국을 조성하고 이를 진보세력과 노동쟁의를 탄압하는 데 활용하였다. 김영삼정부는 북한의 NPT탈퇴를 계기로 대북정책을 대결정책으로 전환하고 국내적으로는 냉전 이데올로기를 확산시켰다. 북한 김일성 주석의 사망 직후 터진 조문파동과 서강대학교 박홍총장의 "주사파" 발언 파동을 계기로 안보·사법·경찰기구를 강화하여 대대적인 공안정국을 조성하였다. 이때 구체제 핵심부에 있던 수구적 정치세력, 보수적 대중매체의 여론주도자들, 정부 내 안보기관 등에 포진하고 있던 보수적 관료들, 재계의 보수파들은 반공냉전주의를 주도하였다(최장집, 1996: 270).

그런데 문민정부를 표방해 온 김영삼정부에게 물리적 탄압체제의 강화는 집권의 정당성을 심각하게 훼손하지 않을 수 없는 것이었다. 그래서 이를 정당화할 이데올로기의 개발은 더더욱 절실했다. 전통적인 반공이데올로기만으로는 그 같은 기능을 수행하는 데에 근본적 한계를 안고 있었다. 가장 효과적인 이데올로기는 경제 영역으로부터 창조되었다. 그 이유는 간명했다. 무엇보다 경제는 사람들이 생계를 영위하기 위해 의존하는 가장 일차적인 수단이라는 점 때문이고, 다음으로는 경제야말로 정치적 당파성과 이념적 갈등을 넘어선 가치중립적이고 공동운명체적 목표 영역으로서 인식되었기

---

38) 개각과 관련하여 김영삼 대통령은 "새 내각은 개방과 국제화를 어떻게 맞춰나가며 경제-과학-정보 등 각 분야에서의 무한경쟁에서 어떻게 이겨나가야 할 것인가 하는 지상과제를 달성해야 한다"고 말하였다(조선일보, 1993. 12. 22).

때문이다. 특히 전 지구적 신자유주의의 물결은 개인, 사회집단, 국가 간의 경제적 경쟁을 가속화함으로써 그 속에서 살아남기 위해 집단들끼리의 배타적이고 맹목적인 결속을 촉진하는 경향을 갖는다. 김영삼정부는 바로 이런 객관적 조건들을 내부의 저항세력을 배제하는 통치전략에 결부시켰다. 물론 그 같은 전략은 김영삼정부의 경제개혁노선 속에 원래부터 내재되어 있었다. 다만 초기에는 현란한 정치개혁의 수사(rhetoric)와 자기 분파의 권력 강화를 위해 구세력을 공격하고 규율해야 할 필요성 때문에 은폐되어 있었을 뿐이었다. 그러나 민중세력의 사회경제적 욕구가 표면 위로 분출함으로써 이익집단의 욕구를 국가주의적 목표 아래 억제시켜 계급타협을 이룩하고자 했던 개혁정책노선과 충돌하는 순간부터는 주로 기층계급이나 진보세력과 같은 특정집단을 노골적으로 겨냥한 배제의 논리로 전화되고 있었다. 1993년 후반부터 "개방", "국제화", "국가경쟁력"과 같은 경제담론들은 이런 배제전략이 작동하기 시작한 전주곡이었다. '세계화'는 바로 이와 같은 정치과정을 합리화하기 위해 기존의 "국가경쟁력" 이데올로기를 체계화하고 세련되게 가다듬은 새로운 통치 이데올로기로 등장하게 되었다.

김영삼정부의 세계화는 부국강병론의 변형된 재판이었다. 그러나 그것은 현실과 허구 사이에 괴리를 안고 있는 부국강병론이었다. 그것은 신자유주의적 지구화가 한국 사회에 던져주는 도전과 위험에 대한 위기의식을 한 축으로 하고 세계 중심 국가로의 진입을 다른 한 축으로 하여 이 사이에 놓인 현실적 괴리를 국가주의적 공동운명체에 대한 비상한 자각과 결단으로 묶는 담론구조를 지니고 있었다.

세계의 중심이 아시아·태평양으로 이동하고 있습니다. (중략) 우리는 더 이상 변방이 아닙니다. 세계의 중심에 자리 잡고 있는 우리들입니다(김영삼 대통령 서울대학교 졸업식 연설,

1994. 2. 26).

> 세계화는 우리민족의 생존전략이며 발전계획입니다. (중략) 역사적 당위성이란 백 년 전 개화기에 역사의 조류를 이해하지 못하고 잘못 대응했던 실패를 다시 되풀이 하지 말자는 것입니다(김영삼 대통령 세계일보 특별회견, 1995. 2. 27).

> 우리는 지금 선진국 대열에 들어갈 수 있느냐 없느냐의 기로에 서 있습니다. (중략) 제일 중요한 것은 노사분규가 없어야 합니다. 오늘날 자기 몫만 주장하는 사람들이 있습니다. 우리는 공동운명체입니다. 집단이기주의와 자기 몫만을 주장하는 집단이나 개인은 용납하지 않을 것입니다(김영삼 대통령 내무부 일선기관장 간담내용, 1993. 9. 4).

'세계화'는 집권 초기 개혁 담론을 구성하고 있던 일정 정도의 세력균형으로부터 이탈하여 보수주의적 색채를 더욱 분명히 띠게 되었다. 노동자들의 집단행동이야말로 공동운명체로서의 국가발전을 가로막는 원인으로 규정되었으며, 이에 따라 노동자들은 배제의 대상으로 부각되었다. 세계화는 신자유주의 경제정책을 대중운동을 억압하고 순치시키기 위한 정치적 이데올로기와 결합시킨 일종의 정치전략이기도 했다.

(2) 경제자유화정책과 과잉투자열풍

'세계화'는 집권초기 개혁 담론을 구성하던 부분적인 세력균형으로부터의 이탈이었던 만큼 경제개혁의 변질과 실종을 의미했다. 신자유주의적 세계화의 추진과 함께 개발주의 경제체제의 부정적 유산들이 가장 극단적인 양상으로 부활되었다. 세계화 선언 이후 각종 경제자유화 정책들이 쏟아져 나왔다. 먼저 정부는 1994년 11월 국가개입의 논거였던 '경제발전 5개년 계획'과 그

관장기구인 경제기획원을 폐지하였다(조명래, 2003: 333-4). 그 대신에 경제기획원을 재무부와 통합하여 재정경제원을 발족하였다. 1994년 12월 23일 개각에서는 경제팀에 홍재형 재정경제원 부총리, 한이헌 경제수석비서관, 오명 건설교통부장관, 이형구 노동부장관 등 5공화국 시절 핵심실무공직을 맡아 경제안정화정책을 밀어붙였던 인사들을 포진시킴으로써 규제완화, 대외개방 등 신자유주의 세계화를 강력히 추진함과 동시에 임금인상 억제 등 강성 노동정책을 유지할 수 있게끔 하였다(조선일보, 1994. 12. 24). 나아가 김영삼정부는 농산물수입자유화, 자본시장개방, 규제완화, 민영화 등 시장의 진입장벽을 푸는 각종 조치들을 단행하였다. 그에 따라 취해진 대표적인 정책사례들을 열거해 보면, 1994년 12월 '세계화' 선언을 전후로 삼성자동차 허가가 이루어졌고, 1995년 8월에는 15개 투자금융사의 종금사로의 전환방침이 발표되었다. 1996년 6월에는 외환자유화를 목적으로 하는 외환제도개혁 수정안이 시행되게 되었다.

세계화 선언 이후 일련의 조치들은 재벌들에 의한 경쟁적인 과잉중복투자를 거대한 규모로 유발하였다. 이는 총저축률과 총투자율의 상대적 비교에서도 쉽게 알 수 있는데, <표 3-1>에서 보듯이 총투자율이 총저축률을 상회하는 현상이 1994년 이후 95년, 96년에 이르기까지 갈수록 증폭되어 나타난다. 과잉중복투자현상은 '세계화' 선언을 전후한 1994-1995년 사이에 집중적으로 이루어졌다. 과잉투자 자금조달의 대부분은 외화차입에 의한 것이었다. 이는 한국의 단기외채 및 총외채가 1994년부터 급증하게 된 원인이 되었다(김광수, 2003: 38). 재벌들이 세계화 이후 정부의 자본시장 개방조치를 이용하여 해외 및 금융기관으로부터 막대한 부채를 차입하고, 사업을 경쟁적으로 확장시켰기 때문이었다. 그래서 정부는 기업들의 과도한 차입경영에 위험성을 느끼고 이를 제어하고자 직접금융시장을 통한 자금조달을 촉진하려고 시도하기도 했다. 그러나 이런 정책은 오히려 종금사의 해외 단기자금 차입을 과다하게 부추기는 결과를 낳았다. 이 같은 일련의 자본 및 외환시장의 자유화는 재벌기업들의 기업집중을 위한 자금동원의 다양화를 가능하게 했고, 재벌의 대정부 금융의존도를 낮춤으로써 국가의 재벌정책 수단을 현저하게 약화시키는 결과를 초래하였다.

〈표 3-1〉 총저축률·총투자율 추이 (단위:%)

년도	1994	95	96	97	98	99
총투자율	36.5	37.3	38.1	34.4	21.3	26.9
총저축률	35.5	35.5	33.8	33.4	34.0	32.9

* 자료: 재정경제부, 2000a.

이 시기 외국자본의 순유입을 살펴보면, 1994년 하반기 85억 달러, 1995년 전반기 148억 달러, 1995년 하반기 61억 달러, 1996년 전반기 105억 달러, 1996년 하반기 120억 달러를 기록하였다. 즉 1994년 하반기부터 1996년 말까지 2년 반 동안에 무려 519억 달러의 외국자본이 은행대출을 통하여 우리나라에 유입되었던 것이다(정진영, 1999: 33). 이와 함께 외채도 기하급수적으로 누적되어갔는데 총외채 기준 1993년 670억 달러였던 것이 1994년에는 887억 달러, 1995년 1,197억 달러, 1996년에는 1,643억 달러로 불어나게 된다. 특히 단기외채의 비중이 컸는데 1995년 말에 이르면 총외채 대비 단기외채의 비중은 65% 이상을 넘어서게 된다(〈표 3-2〉). 특히 30대 기업집단의 자금조달원을 보면 외부자금 중 절대액이 단기차입금으로 이루어졌음을 알 수 있다(〈표 3-3〉).

　해외로부터의 차입을 가속화시킨 데에는 6～10%에 달하는 내외 금리차가 치명적이었다. 규제완화를 통하여 기업과 금융기관, 개인 등이 외환보유 및 외환거래가 자유로워진 상황에서 환율은 여전히 미국 달러에 연계된 사실상의 고정 환율 상태였고, 금리 역시 여전히 고금리를 유지하고 있었다. 바로 이런 상황에서 기업과 금융기관이 해외차입에 열을 올리는 것은 당연한 일이었다(김광수, 2003: 40-41). 재벌들은 이 같은 경제 환경의 허점을 이용하여 막대한 이익을 취하고자 경쟁적으로 달려들었다. 김영삼정부 시기 94년 8.3%, 95년 8.9%, 96년 6.8%에 이르는 높은 경제성장률은 바로 이상과 같은 재벌들의 차입금에 의존한 경쟁적 사업 확장의 결과였다(〈표 3-4〉).

〈표 3-2〉 대외채무 (단위: 10억 달러, %)

연도	총외채 (A)	단기외채 (B)	국내총생산 (C)	외환보유고 (D)	A/C	B/A	B/D
1992	62.9	37.0	314.7	17.2	20.0	58.5	215.7
1993	67.0	41.5	345.7	20.3	19.4	60.2	198.9
1994	88.7	28.4	402.5	25.7	22.0	65.8	227.5
1995	119.7	78.8	489.4	32.7	24.5	65.8	240.6
1996	164.3	93.0	520.1	33.2	31.6	56.6	279.8
1997	158.1	63.2	476.7	20.4	33.2	40.0	309.8
1998	148.7	30.7	321.3	52.0	46.5	20.6	59.2
1999	137.1	39.2	405.8	74.1	33.8	28.6	52.9
2000	136.3	44.2	457.4	96.2	29.8	32.4	45.9

주: 1) 외채는 IBRD에 의해 규정된 외채에다 한국은행의 역외차입과 해외 지점의 차입을 합한 것임.
　　2) 외채 및 외환보유고는 연말기준임.
* 출처: 재정경제부; 이제민, 2002에서 재인용.

〈표 3-3〉30대 기업집단의 자금조달 구성비 (단위: %)

	내부자금	외부자금				합계
		합계	유상증자	장기차입금	단기차입금	
1994	41.2	58.8	1.2	9.8	47.7	
1995	36.8	63.2	1.4	12.2	49.7	100.0
1996	22.4	77.6	1.3	12.7	63.6	

* 전경련 내부자료. 김동원, 1998에서 재인용.

〈표 3-4〉국내총생산 증가율 (단위:%)

연도	1992	1993	1994	1995	1996	1997	1998	1999	2000
GDP증가율	5.4	5.5	8.3	8.9	6.8	5.0	-6.7	10.9	8.8

* 자료: 한국은행

이런 방식으로 재벌들의 외형은 급성장을 거듭하였다. 〈표 3-5〉에서 보는 바와 같이 국민총생산은 1992-5년 사이에 약 41%가 증가한 반면에 30대 재벌의 매출액과 총자산은 각각 73%와 69%가 증가하였다. 계열사 개수도 596개에서 669개로 오히려 크게 늘어났다. 이런 추세는 상위 재벌기업으로 갈수록 두드러졌다.

〈표 3-5〉30대 재벌기업동향(금융업 제외)

연도	92년(A)	93년	94년	95년(B)	B/A (%)
GNP	243조 원	265조 원	304조 원	344조 원	141.56
매출액	169,170	188,773	225,456	293,253	173.34
총자산	169,451	189,599	224,127	286,924	169.32
계열사수	596개	569개	610개	669개	112.24

* 자료: 조동성, 1997: 133.

(3) '신재벌정책'의 실패

재벌을 견제해야 할 금융권의 역할은 무기력하기만 했다. 한국에서 은행들은 채권자이면서도 채무자인 기업들에게 오히려 끌려다녔다. 당시 동아시아 전체적으로는 자동차, 철강, 석유화학, 화학섬유, 반도체 등 대부분의 장치산업들에서 경쟁적인 과잉투자가 진행되고 있었고, 더 이상의 기업대출이 무모한 줄을 알면서도 동반파멸의 위험 때문에 대기업들의 요구를 거절하기가 힘들었다. 게다가 오랜 정부의 관치에 젖어 온 타성 탓도 있었다. 정부는 은행의 사실상 지배자임에도 불구하고 더 이상 든든한 버팀목이 되어주지 못했다. 사실상의 임명직에 불과한 은행장이 정치권 실세라고 불리는 사람들의 압력을 뿌리치기는 더욱 힘이 들었을 것이다. 이런 고립된 상태에서 은행들이 대기업의 감시자가 된다는 것은 사실상 불가능했다. 재벌들의 생존전략은 무조건 차입을 확대해서라도 덩치를 키워서 은행이건 정부건 손을 댈 수 없게끔 만드는 것이었다. 바로 '대마불사'의 게임이었다. 1997년 벽두에 터지게 될 한보철강사태가 그 대표적인 예였다. 정규제·

김성택기자(1998: 64)는 당시 상황을 이렇게 전하고 있다.

> 한보의 정태수 총회장은 부도가 초읽기에 들어선 마지막 순
> 간까지도 당시 신광식 제일은행장과 담판을 하면서 탁자를 쾅
> 쾅 쳐댔다. 정 총회장은 "내가 죽기 전에 당신이 먼저 죽는다"
> 며 고함을 질렀지만 이 말이 한국에서는 전혀 거짓말도 아니었
> 다. 걸핏하면 정치권의 실세들이 전화를 걸어오는 통에 사실
> 은행장 자리는 빛 좋은 개살구였다.

이때 국가 역시도 재벌대기업에 대한 규율자가 되기에는 너무도
취약했다. 1994년 말에 이루어진 삼성의 자동차산업 진출은 국가
－재벌기업관계의 구조적 취약성을 적나라하게 보여주었다. 당시
동아시아 및 세계적으로 자동차산업에 대한 투자가 포화에 이른
상태에서 삼성의 자동차산업 진출은 무모하게 보였다. 그래서 정
부(특히 주무부서인 상공자원부) 안에서도 불허방침을 고수하고
있었고, 더구나 동종 경쟁업체, 시민단체 등이 워낙 거세게 반발했
기 때문에 삼성의 자동차산업 진출은 거의 좌절되는 듯 했다.
　그런데 여기에서 지역주의의 정치게임논리가 작동하기 시작하였
다. 당시 삼성이 자동차공장을 짓고자 했던 곳은 김영삼 대통령의
핵심 지지기반인 부산이었다. 정부의 자동차사업 진출불허방침에
삼성은 "신발산업의 쇠퇴로 어려움을 겪는 부산에 승용차 공장을
지어 부산지역 경제를 살리겠다."며 부산지역정서를 자극하기 시작
하였다. 이에 화답하여 부산지역의 여론이 요동치기 시작하였다.
부산지역출신의 국회의원과 각료, 기업인, 시민단체들은 비상대책
위원회를 결성하여 삼성차 진출 허용을 촉구하며 연일 시위를 벌
이는 등 김영삼정부에 강력한 압력을 가하였다(김용복, 1996:
219-22). 결국 김영삼정부는 이런 전방위적 압력에 굴복하였다. 급
기야 삼성차 허용을 반대하던 김철수 상공부장관의 견해를 지지하

던 박재윤 경제수석이 한이헌으로 교체되었다. 삼성과 상공부가 조정안을 만들게 되고, 1994년 12월 2일 박운서 상공부차관이 삼성승용차 허용방침을 발표하였다(조선일보, 1996. 12. 3).

삼성재벌은 김영삼정부의 정치적 약점을 이용하여 자신의 이익을 관철하였다. 이 사건은 일개 재벌이 국가권력을 상대로 한 게임에서 승리한 최초의 사건으로 기록되었다. 이때 '세계화'는 규제완화, 시장자율이라는 미명 아래 삼성차 진출을 정당화하는 수단으로 기능하였다. 그런데 김영삼정부에서 허가된 삼성의 자동차산업 진출은 한국의 국제신인도를 하락시키는 데 기여하였다. 세계 자동차시장은 포화상태에 도달해 각국이 자동차산업을 통폐합하고 있는 상황에서 정부가 삼성의 자동차산업 진출을 허용한 것은 한국 기업들의 투자계획 판단력과 한국정부의 정책운용능력에 의구심을 불러일으키기에 충분했기 때문이었다(정운찬, 2002: 5).

그렇다면 여기에서 우리는 중요한 한 가지 의문에 직면한다. 과연 정부는 이런 여러 가지 경제적 위기의 징후들에 둔감했을까? 국가권력의 힘을 능가하고 있는 재벌집단에 대해 문제의식이 없었을까? 그것은 아니었다. 김영삼정부는 이런 위기의 신호들을 감지하고 있었다. 1996년 정부가 추진한 '신재벌정책'과 '신노사정책'은 이를 타개해 보려는 시도였다.

신재벌정책은 1996년 4·11 총선에서 당시 집권당이던 신한국당이 승리한 직후 김영삼 대통령이 공정거래위원회의 보고를 받는 자리에서 "재벌의 경제력 집중을 막고 기업 경영의 투명성을 제고하기 위한 공정거래 시책을 강화하라"고 지시함으로써 개시되었다. 바로 그 전 해인 1995년 말 노태우 전 대통령 비자금 사건에 재벌 총수들이 줄줄이 연루된 사실이 드러나면서 정경유착을 뿌리 뽑고 기업경영의 투명성을 높여야 한다는 여론이 높아진 것이 계기가 되었다. 하지만 그것은 표면적인 이유일 뿐 실제적인 이유는 국가의 통제범위를 벗어나고 있는 재벌집단을 규율하고자 하는 의도가 깔려 있었다. 또한 신재벌정책은 경제에 대한 위기의 식에서 비롯된 것이기도 했다. 당시 김인호 공정거래위원장의 말 (1996)은 이런 인식을 보여준다.

> 우리 경제의 어려움은 순환적인 문제라기보다는 구조적 성격에서 비롯되는 것입니다. 요즘 高비용－低효율 구조 때문이라고 합니다만 경쟁력의 약화 때문이라고 표현하는 게 다 적절하다고 생각합니다. 왜 경쟁력 약화인가 하는데 대해서는 여러 가지 의견이 있으나 저는 경쟁적 구조가 만들어져 있지 않기 때문이라고 봅니다.

이에 따라 정부는 재벌의 부당 내부거래와 무분별한 기업 확장에 대한 규제강화를 주 내용으로 하는 공정거래법 개정안을 입법 추진하기에 이른다. 재벌총수가 전횡을 일삼는 황제 경영에 칼을 대겠다는 뜻이었다. 그러자 이에 대해 전경련이 극력 반발하고 나섰다. 전경련은 경제위기론을 유포하면서 "경제부터 살려야 한다.", "소액주주 권한강화 조처를 외국기업이 활용할 경우 국내기업의 경영비밀이 외국기업에 넘어갈 수 있다."는 등의 논리를 전개하였다. 여기에 보수언론들이 이런 논리를 노골적으로 유포하는 데에 앞장섰다. 그리고 경제 관료들도 이에 암묵적으로 동조하였다. 결국 재벌을 규율하려는 정부의 노력은 무기력하게 좌절되고 말았다. 결국 그 해 8월 재벌들의 로비에 밀려 신재벌정책을 추진했던 경제팀이 전격 경질됐다. 신재벌정책이 가동된 지 불과 3개월만의 일이었다(한겨레신문, 2004. 8. 10).

(4) 개혁지지기반 확장의 실패

신재벌정책과 거의 같은 시점인 1996년 5월 김영삼정부는 경제개혁의 일환으로 '신노사정책'과 '신농정'을 추진하였다. 이는 경제정책이면서 동시에 새로운 지배전략의 실험으로서 중요한 의미를 갖는 것이었다. 신노사정책은 김영삼 대통령의 "신노사관계 선언"을 한 것을 계기로 노·사·공익위원으로 구성된 노사관계개혁위원회(이하 노개위)를 발족함으로써 개시되었다. 노개위는 정부내에서 비교적 개혁파로 분류될 수 있는 사람들이 주도하였고[39], 여기에 당시 법외단체로 분류되던 민주노총이 참여하였으며, 형식적으로나마 노·사·정이 동등성을 가지고 논의를 전개하였다는 점에서 기존의 노동정책과는 질적으로 다른 점들을 갖고 있었다(유범상, 2000: 131-136).

노개위는 발족과 함께 노동법개정 방향을 둘러싸고 토론을 진행하였다. 1996년 7월11일 노개위는 "노사관계 법·제도개선의 7대 기본방향"에 1단계 합의를 도출하였다. 나아가 이를 기반으로 구체적인 노동법 개정을 위한 토론이 진행되었다. 여기에서는 재계의 노동시장 유연화와 관련된 조항들, 즉 정리해고제, 파견근로제, 변형근로시간제 도입 등과 노동계의 노동기본권 조항들, 즉 복수노조 허용, 정치활동 보장, 제3자 개입 금지 조항 등의 삭제를 둘러싸고 노사가 팽팽하게 대립하였다(유범상, 2000: 134-135). 결국 토론종결시한이 다 되도록 몇 가지 핵심조항에 대한 합의를 도출하는 데 실패하였다. 그래서 노개위 공익위원들은 노사의 요구를 절충하여 수정공익안을 도출하고, 1996년 11월 미합의 쟁점과 함께 이를 대통령에게 보고하였다. 수정공익안은 노동시장유연화조항은 대체로 도입한 반면에 노동기본권조항은 단서를 달거나 제2차 과제로 넘긴 것이었다(유범상, 2000: 165).[40] 그런데도 이에 대해서는 노동측은 물론이고 자본 측에

---

39) 이때 노동법개정을 주도했던 정부주체는 청와대 사회복지수석실과 노동부였는데, 박세일과 진념이 각각 수석비서관과 장관을 맡고 있었다.

서도 심한 불만을 표출하였다.

신노사정책이 표방한 추진목적은 일단 권위주의시대 노사관계의 관행을 새로운 시대의 상황에 맞게 개조하는 데 있었다. 그와 동시에 그것은 노동세력을 활용하여 재벌집단을 견제하려는 고육책이기도 했다. 나아가 장기적으로 그 정책은 지배연합의 외연을 확대하는 것이기도 했다. 그러나 사회적 갈등을 노동정치의 틀로 일정정도 흡수·제도화한 노개위의 역학구조는 당시 전반적인 정세의 구조와는 상당정도 괴리되어 있었다. 당시 사회적 역학구조와 국가구조 내에서는 보수적 세력들의 공세가 한층 강화되고 있는 추세였다. 그것은 구체적으로 재벌, 경제 관료, 보수언론을 잇는 삼각동맹의 밀착에 의해 '경제위기'라는 이데올로기 공세로 확산되었다. 따라서 노개위의 논의가 사회적으로 수용되기 위해서는 노동정치와 전체 국가－사회정치를 연결할 수 있는 정치 전략이 필수적이었다. 그러나 그런 제도와 전략이 부재한 속에서 노개위의 수정공익안은 뒤에 다시 언급하겠지만 신재벌정책과 함께 정부의 법안 조문화와 국회의 심의과정을 거치면서 급속히 보수적인 방향으로 변질되어 갈 수밖에 없었다. 반면에 김영삼정부는 노동세력과 더욱 적대적으로 되어 갔다.

이는 '신농정'에서도 마찬가지였다. 신농정은 1993년 12월 UR협

---

40) 수정공익안은 교섭창구 단일화를 전제로 복수노조를 허용하도록 하고 노조전임자 급여문제는 노조의 재정자립원칙을 선언적으로 명문화하되 복수노조 전면허용 시 전임자급여문제는 제2차 제도개혁과제로 남겨두었다. 제3자 개입 금지 조항은 현행규정을 삭제하되 노조와 사용자가 지원받을 수 있는 자의 범위를 열거한 후 그 외의 자가 고의로 쟁의행위를 조종·선동할 수 없게 했다. 교사의 노동기본권과 관련해서는 교원에 관한 특별법을 제정하고 단결권, 제한적 교섭권을 인정하도록 했다. 변형근로시간제에 대해서는 주당 48시간을 한도로 하는 2주 단위 변형근로시간제를 도입하도록 했다. 정리해고는 긴박한 경영상의 사유가 있을 때에만 하도록 했다. 해고근로자의 조합원 자격, 연합단체의 정의규정, 공무원단결권, 연월차 유급휴가, 파견근로는 제2차 제도개혁과제로 넘겼다(유범상, 2000: 161-162).

상이 타결됨에 따라 그 후속대책으로 추진되었다. 여기에서 정부는 기존 정부주도의 농정 틀을 개혁하여 WTO시대의 규범에 맞는 "시장지향의 농정"과 "자율, 자치, 참여의 민주농정"을 창조한다는 목표를 제시하였다. UR타결에 따른 농민의 불안과 불만을 완화하는 조치이기도 했다. 그래서 정부는 이에 대한 대책으로 대규모 재정투융자대책을 마련하여 추진하였는데, 1997까지 42조 원 이상의 투융자가 이루어졌다. 그리고 이와는 별도로 김영삼 대통령의 결단으로 2004년까지 15조 원의 별도재원을 확보하는 '농어촌특별세법'이 제정(1994. 3. 24)되었다(최양부, 2004). 그래서 이를 기반으로 농업을 구조조정 하여 새로운 영농주체를 육성하려는 목표를 갖고 있었다. 신농정은 일단 투융자재원의 규모만으로 보아도 상당히 김영삼정부의 각별한 의지를 읽을 수 있는 것이었다. 그것은 단지 농민의 불만을 완화한다는 차원에서 머무르는 것이 아니라 '신농정'의 성공을 통해 지배연합의 외연을 확장하려는 의미를 담고 있는 것이기도 했다. 그러나 이런 시도에도 불구하고 신농정은 농어민들의 구조조정실패로 부채만 늘리는 결과를 가져왔고 정부의존성을 심화시켜 오히려 정부에 대한 불만을 증대시키고 정부를 압박하는 결과를 가져왔다. 결과적으로 김영삼정부는 농민계층(혹은 그 일부)을 지배연합의 외연으로 흡수하는 데 실패하였다.

요컨대 '세계화' 노선은 노동세력과 농민들을 포섭하기는커녕 오히려 그들과 대립과 갈등을 심화함으로써 김영삼정부의 통치기반을 축소시키는 결과를 가져왔다.

3. 경제위기심화와 약탈적 지대 추구

(1) 노동수탈적 경제위기극복 시도

1990년대 중반 이후 재벌들에 의한 과잉중복투자는 한국경제의 구조적 위기를 깊게 심화시켰다. 이때 재벌기업들의 행태를 보면 위기가 위기를 낳는 메커니즘을 전형적으로 보여준다. 1995년 즈음부터 기업들의 수익률이 가파르게 하락하기 시작하였다. 이 시기 제조업의 자기자본 경상이익률 추이를 살펴보면 1995년 14%에서 1996년에는 3.73%로 뚝 떨어지기 시작하여 외환위기 직전인 1997년에 이르면 급기야 -1.38%를 기록하게 된다(〈그림 3-2〉). 그런데 이 같은 기업들의 수익률 저하에도 불구하고 한참동안이나 투자의 축소로 이어지지 않았는데, 이런 현상은 시장의 실패를 단적으로 보여주는 것이었다. 이는 재벌기업들이 수익률이 낮아질수록 이를 수량적으로 보전하기 위해 더욱 공격적 투자를 감행했기 때문이었다.

〈그림 3-2〉 제조업 자기자본 경상이익률 추이 (단위: %)

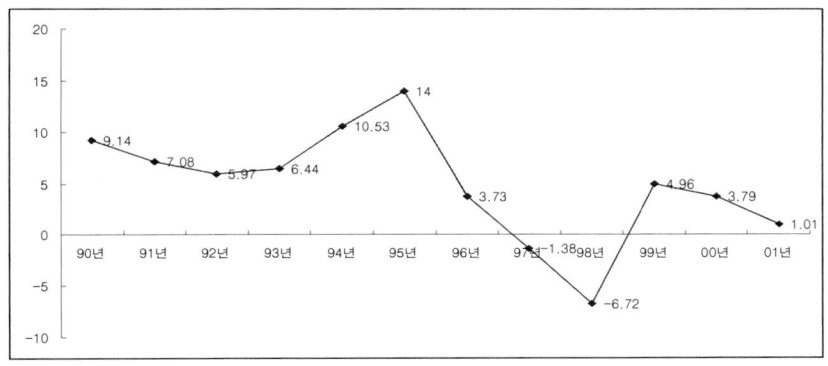

* 자료: 한국은행, 「기업경영분석」, 각 년도

재벌들에 의한 경쟁적 과잉투자는 과잉시설 및 과잉생산을 낳고, 이것이 채산성의 악화와 겹치면서 1996년 하반기부터 경제상황이 급속히 악화되기 시작하였다. 특히 한국의 수출경쟁력을 뒷받침해주던 엔고(円高)의 국제환경이 사라지면서 경제상태는 더욱 급속히 내리막길을 걸었다. 1996년 G7 정상회담을 계기로 엔고환경이 바뀌자 과잉투자의 위험은 급속히 현실화하기 시작하였다. 이는 기업부도의 증가, 금융부실의 급진전으로 이어졌다(정진영, 1999: 21-5).

국제경쟁력이 약화되어 경상수지가 급속히 악화되고 외채가 누진적으로 증대되었다. 경상수지에서의 적자는 '세계화'정책에 따른 외자유입의 증가를 통해 보전되었기 때문에 심각성에 대한 인식에 쉽게 도달할 수가 없었다(〈표 3-6〉). 그러나 그런 구조는 일시적으로만 통할 수 있었다. 1996년 10월 말 경상수지적자가 이미 200억 달러 돌파를 앞두고서야 정부는 겨우 문제의 심각성을 깨닫기 시작하였다.

〈표 3-6〉 국제수지 동향 (단위: 백만 $)

연도	1993	1994	1995	1996	1997	1998	1999	2000
경상수지	821	-4,024	-8,665	-23,120	-8,287	40,371	24,521	12,250
자본수지	2,740	10,295	16,785	23,326	1,314	-3,196	2,040	12,110

* 자료: KOSIS

경상수지적자폭을 줄이기 위해 정부는 관세청과 공정거래위원회를 동원하여 외제수입품에 대한 편법적 제제를 가하기도 하고, 에너지절약운동을 전개하기도 했다. 그러나 그런 방식으로는 너무도 한계가 분명했다. 그래서 1996년 11월경 재정경제원을 중심으로 정부 안에서 환율인상이 추진되었다. 그것은 국가가 개입해서 할 수 있는 아주 전통적인 정책수단이었다. 재경원은 달러당 820원대에 있던 환율을 900원으로 밀어 올리는 극비작전을 수립했다(정규재·김성택, 1998: 52).

그러나 환율인상계획은 반대에 부딪쳤다. 먼저 청와대 경제수석 이석채가 환차손 심화를 우려하여 반대하였다. 뒤이어 취임한 김인호 경제수석 역시 급속한 환율현실화에 반대하였다. 대체로 경제기획원 출신들이 환율인상에 반대하였는데, 환율은 시장에 맡겨 놓아야 한다는 것이 주된 논거였다. 또한 당시 금융 감독 구조의 재편 주도권을 놓고 재경원과 첨예하게 맞서고 있던 한국은행이 환율인상에 강력히 반대하였다. 그런데 재경원과 한은의 대립은 1997년 5월에 가면 정반대의 구도로 뒤집히는데, 한은이 환율의 급속한 현실화를 주장하고, 재경원은 점진적 현실화를 주장하게 된 것이다. 이들의 논쟁은 이해관계의 다툼과 겹쳐 더욱 치열해졌다. 외환위기가 코앞에 닥치는 상황에서도 정책결정당국자들은 '환율인상논쟁'을 지루하게 끌면서 신속한 결정을 내리지 못하고 있었다. 정책논쟁을 조정해 줘야 할 주체는 어디에도 없었고 사태는 끝 간 데 없이 표류하고 있었다.

경제가 크게 악화되자 정부는 "고비용 저효율성"이라는 논리를 폈다. 고임금, 고금리, 고물류비용과 저효율이 위기의 본질이라는 것이었다. 이는 요소가격을 낮춰 환율상승압력을 흡수하려는 의도이기도 했다. 그래서 정치인, 관료, 경제학자, 언론 등이 한 박자로 이 위기론을 부르짖기 시작하였다. 그 중에서도 공격의 주 대상은 '고임금'이었다. 그러나 고임금이 경제위기의 주범이라는 주장은 허구적인 이데올로기에 지나지 않았다. 이에 대해 강철규(1997)는 객관적 수치를 통해 잘 반증하고 있다. 강철규에 의하면 고임금인가, 아닌가에 대해서는 부가가치 구조를 함께 고려하여 판단해야 한다. 그래야 그 책임소재와 구조조정의 방향을 올바르게 도출할 수 있다. 즉 책임소재 면에서 고비용만을 강조하면 노동자나 정부

에 전적으로 책임이 있는 것처럼 오도되지만 저부가가치 고비용
구조로 설명하면 고부가가치로 발전시키지 못한 기업과 경영자의
책임이 부각되기 때문이다. 〈표 3-7〉에서 보듯이 1994년 현재 한
국 제조업의 시간당 부가가치는 21달러 수준이지만 일본 제조업의
부가가치는 그 3배에 이르는 60달러 수준이다. 제조업이 부진한
미국의 경우는 한국에 비해 2.3배 수준이고, 시간당 임금수준은 한
국이 6.25달러, 일본이 21.28달러, 미국이 17.1달러였다. 부가가치에
대한 임금수준으로 환산하면 한국이 0.29, 일본이 0.36, 미국이 0.39
였다. 이 비율로 보면 한국의 고비용 구조는 결코 고임금 때문이
아닌 것으로 판명된다. 그럼에도 불구하고 정부 등은 고임금을 공
격하면서 경제위기의 비용을 노동자들에게 전가시키고자 하였다.

〈표 3-7〉 미국, 일본, 한국의 임금과 부가가치(단위: 시간당 달러)

	1986		1990		1994	
	임금	부가가치	임금	부가가치	임금	부가가치
미 국	11.4	28.69	12.68	35.61	14.84	44.01
일 본	9.31	25.36	12.43	37.62	21.28	59.05
한 국	1.28	4.87	3.61	13.08	5.59	21.07

* 자료: 강철규, 1997에서 재인용.

경제위기가 더욱 분명해지고 있었다. 그러자 정부는 위기의 책
임을 노동에 전가하여 경제위기에 대처하고자 시도하였는데, 그
결과로 나온 처방이 바로 "경쟁력 10% 높이기", "30분 일 더하
기" 운동이었다. 이는 즉각적으로 노동자들의 거센 반발에 부딪쳤
다. 그 방식이 너무 조야하고 적나라한 수탈에 다름 아니었기 때

문에 별반 설득력을 가질 수 없었다. 노동세력의 거센 반대에 부딪치자 재계도 이를 비판하게 되었고 결국 경쟁력 정책은 유야무야되었다.

그러자 정부는 이번에는 "노동시장의 유연성 제고"라는 명목 아래 노동법개정을 시도하였다. 원래 노동법개정에는 권위주의시대의 노사관계를 새로운 시대에 맞게 개정해야 할 필요성, 위기전가의 메커니즘으로서 노동자들을 압박하려는 의도, 집권세력의 정치적 의도 등이 복합적으로 얽혀 있었다. 이런 속에서 1996년 5월 노·사·공익위원으로 발족된 "노사관계개혁위원회(이하 노개위)"가 노동법개정방향에 대한 토론 끝에 1996년 11월 몇 가지 핵심 쟁점에 대한 미합의 사항과 함께 어느 정도 절충점에 이른 사항에 대한 '수정공익안'을 대통령에게 보고하였다. 그런데 이 수정공익안은 행정부의 반대에 부딪쳤고, 정부안으로 국회에 제출되는 과정에서 상당부분의 내용이 훼절되게 된다. 이에 대해 노동계의 반발이 거세게 일어나고 있는 가운데 정부안이 국회에 상정되었는데, 야당이 그 법안처리를 반대하게 된다. 그러자 집권당인 신한국당은 개악된 행정부안을 더욱 개악시켜 야당의 극력반대를 뚫고 노동법개정안을 날치기처리하기에 이른다. 집권당이 이처럼 노동법을 수정공익안은 물론이고 정부안보다 더 개악시킨 것은 매우 의도적인 행동으로서 당시 이완된 보수층을 결집시키려는 정치 전략에서 비롯된 것이었다. 이런 전략은 1995년 지방자치제선거를 앞두고 보수층의 결집을 위해 한국통신노조의 파업을 의도적으로 강경진압하면서 "국가대란"으로 규정했던 상황과 유사한 것이었다.

그러나 정부의 노동법개정 시도는 노동의 격렬한 저항을 불러일으켰다. 사상 초유의 전국적 정치총파업이 벌어졌고 이는 국민여론의 호응을 얻으면서 급속히 확산되었다. 노동법개정 시도가 좌초하면서 김영삼정부는 위기관리능력을 급속히 상실하기 시작하였다. 거기에다 한보그룹이 거액의 비자금을 조성하여 정치권과 금융계에 로비를 사건에 김영삼 대통령의 아들이 연루되는 사건이 발생함으로써 김영삼정부는 식물정권이나 다름없는 상태로 빠져들어 가고 있었다.

(2) 국가의 무기력과 위임민주주의의 한계

김영삼정부에서 경제정책을 주도했던 관료집단은 무능력했을 뿐만 아니라 그들 스스로가 이익집단화 되고 있었다. 당시 어느 경제학자의 개탄은 이러한 관료집단의 상태를 단적으로 표현하고 있다.

> 관료군 중 대표적으로 경제부처를 보자. 거대세력인 정치권과 기업군을 상대해 견제와 균형 역할을 하기엔 너무 왜소해지고 무력해졌다. 5공이래 외압이 너무 거셌기 때문에 사명의식과 자긍심 등 좋은 전통은 많이 무너졌다. 때문에 전문성, 직업적 정열, 유대감이 약화된 대신 세입자정신이 강화됐다. 어려운 문제를 내 일 같이 하는 것이 아니라 세든 사람처럼 남의 일 보듯이 한다는 뜻이다. 이번 한보사건 처리에서 보듯이 프로다운 직관력, 치열한 공공정신, 협동하는 팀워크 대신 아마추어적 원칙론과 책임회피, 눈치 보기가 성행하고 있다(최우석, 1997).

과거 공적 능력의 상징이었던 관료집단은 이익집단의 성격을 띠기 시작하였다. 김영삼정부는 "작은 정부"라는 구호 아래 각 경제부처들을 통합하여 재정경제원(재경원)이라는 거대부처를 출범시켰다. 그런데 이 재경원은 강화된 권한을 이용하여 타 부처를 통제하는 데 이용하려 했다. 금융감독기구의 개편을 놓고 재경원과 한국은행이 환율인상논쟁을 벌인 것이나 재경원이 한국은행을 장악하려 한다며 한국은행 노조가 집단행위를 한 것이 그 예였다.

그러나 정작 경제개혁을 좌초시키고 경제위기를 초래한 보다 근본적 원인은 단순히 관료집단 수준의 문제가 아니라 왜곡된 정치체제와 지배구조에 있었다. 김영삼정부의 탄생과정에서 이념적 자원을 제공하는 등 중요한 역할을 한 것으로 알려진 이명현교수의 말은 시사적이다.

> 개혁의 성공을 위해서는 일시적 경제침체 정도에 개의치 않고 기득권 세력의 저항을 배제하면서 대중들의 무분별한 요구도 통제할 수 있는 개혁원칙을 밑으로부터 확고하게 지지하는 정치기반이 필요하다. 그러기 위해서는 대중적인 중산층의 지지기반만으로는 부족하고 중산층을 중심으로 저변대중과도 연합해야 한다. 저변대중에 대한 고통분담의 호소만으로는 부족하다(동아일보, 1993. 8. 23).

경제개혁은 단순히 가치중립적인 영역이 아니라 어디까지나 가치와 이익이 날카롭게 대립하는 사회적 갈등과 정치투쟁의 장이었다. 이런 상황에서는 '적절한' 세력균형의 확립이야말로 국가가 사회의 조직화된 이익집단들로부터 자율성을 확보하고 경제개혁을 추진해 나갈 수 있는 관건이었다. 특히 경제개혁의 핵심대상이 권위주의시대 이래 사회경제적 지배계급인 재벌체제의 문제점의 해결, 즉 과도한 경제력 집중해소, 문어발식 확장방지, 건전한 금융질서의 확립, 권위주의적 노무관리의 개선과 자율적 노사관행의 확립과 같은 데에 있다면 재벌집단과 재벌체제를 옹호해왔던 구시대 집단들에 의한 반발을 막아낼 수 있는 사회적 세력균형을 확보하는 것이 긴요하였다. 설사 김영삼정부가 궁극적으로는 신자유주의 세계화를 추구하는 세력이라고 할지라도 이것은 모든 개혁의 최소 필요조건에 해당하는 것이었다.

그러나 김영삼정부는 개혁의 제도적 기반을 국가영역 내로 제한하였고 시민사회에서 새로운 제도적 기반을 구축하려는 시도를 하지 않았다. 비록 개혁적 지식인 등 시민사회적 요소를 동원하고 조직하려 했지만, 그것은 대표(representation)의 방식이 아니라 호선-포섭(co-optation)의 방식에 머물렀다(강명구 외, 1997). 김영삼정부 집권초기의 개혁정치는 이 같은 호선-포섭방식의 한계를 그대로 반영하는 것으로서 매우 취약한 상태였다. 노동세력에 대해서는 때로 유화적 기조를 드러내기도 했으나 그것은 어디까지나 국가에 대한 권위에 복종하는 테두리 안에서만 그런 것이었다. 다수 대중과 정권은 관객민주주의의 틀 속에서 대중주의(populism)적 통치기술에 의해서 매개되었다.

그렇다고 노동세력의 포섭과 동원이 김영삼정부의 헤게모니를 위협하는 요인이 될 수도 없었다. 왜냐하면 노동조합운동이 크게 성장하여 전국적 세력으로 조직화되고는 있었으나 반체제적 요소는 김영삼정부 출범 이전에 제거되어 있었기 때문이다. 김영삼정부는 '신노사정책', '신농정'을 추진함으로써 지배연합의 외연을 확장하려는 시도를 하였다. 그러나 앞서도 살펴보았듯이 그런 시도는 모두 실패로 끝나고 말았다. 물론 여기에는 시민사회의 영역에서 개혁의 동력을 충전해 줄 수 있는 세력들 역시 김영삼정부에게 연합의 유인을 줄 만큼 성숙되어 있지 못했다는 사실도 대단히 중요한 요소가 아닐 수 없을 것이다. 아무튼 김영삼정부의 내외적 조건은 경제개혁의 동력을 지속할 수 있기에는 지나치게 결핍되어 있었다.

이와 같은 한계는 '위임민주주의'라는 김영삼정부의 정치체제의 성격과 깊이 관련되어 있었다. 첫째, 김영삼정부는 대통령에게 권력을 집중시켰으며 정당과 의회의 협의기능을 자주 무시하였다. 특히 야당과의 협조를 철저히 배제하였는데, 이는 지배연합 내 반개혁적 보수연합과 힘의 균형을 맞출 자유주의 블록을 강화하는 데에 장애가 되었다.41) 둘째, 정책결정은 거의 기술관료 집단에게 의존하였으며, 이 과정에서 시민사회의 각종 이익집단의 참여와 비판을 차단하였다. 이는 이익투입의 제도적 기반을 갖고 있는 기 득권세력과 그렇지 못한 집단 간의 사회적 불균형을 심화시키는 원인이 되었다. 셋째, 김영삼정부는 권력이 대통령에게 집중되어 있는 것처럼 보여도 실제로는 지역적으로 분할된 보스(boss)들 사 이의 수평적 정치담합의 성격을 갖고 있었다. 다만 여기에 '개혁' 이라는 담론을 통해 무정형한 대중의 지지를 동원하여 헤게모니 분파가 다른 지배분파를 통제하는 불안정한 접합을 이루고 있을 뿐이었다. 그러나 이런 통치기술은 시간이 흐름에 따라 조직화된 시민사회의 반발에 부딪치게 되면서 효과가 상쇄되었고, 보수세력 을 통제할 수 있는 힘은 급속히 감소하게 되었다. 사회경제적 지 배계급인 재벌집단에 대해서도 정부가 제재를 가할 수 있는 재량 은 극히 한정되어 있었다. 이 점이 바로 위임민주주의가 일인 독 재자 중심의 권위주의 체제와 구별되는 요소였다. 이것은 궁극적 으로 김영삼정부에 의해 정치적으로 지도되는 지배연합이 근본적 으로 공고하지 못할 뿐만 아니라 개혁의 추진력 또한 매우 취약 하다는 것을 의미하는 것이었다.

따라서 이런 한계들을 극복하기 위해서는 위임민주주의적 정치체 제를 개조하는 정치개혁이 필연적으로 요구되었다. 다시 말해서 야

---

41) 이것은 대만의 경우와 대비된다. 대만의 경우 개혁과정에서 제임스 숭 (James Soong)을 중심으로 한 국민당 내 보수파들의 거센 저항에 부 딪치게 되었을 때, 이등휘 총통은 야당인 민진당(民進黨)과 연합하면서 까지 당내 보수파들을 숙청하였다. 장경국이 선택한 이등휘 총통은 1991년 국민대회 선거와 1992년 입법원 선거를 실시하면서 국민당 지 도부를 신속하게 교체해 나갔다. 이등휘는 민주화를 자신의 권력을 공 고화할 수 있는 기회로 삼았고, 1992년 최초의 직선 총통이 되었다. 야 당인 민진당의 대만 독립요구에 자극 받은 국민당 보수파들은 '하나의 중국'을 고수하면서 모호한 태도를 취하는 이등휘에 맞서 강력한 파벌 을 구성하였고, 신당을 창당하기까지 했다. 1997년에는 본토 출신 국민 당 지도자인 제임스 숭과 권력투쟁이 분출하였고, 이등휘는 민진당과 제휴하여 본토출신들을 숙청하였다(김병국·임혁백, 2000: 57-63).

당에게 권력을 배분하고 시민세력의 정책결정과정에의 참여를 확대 시키는, 이른바 수직적 책임성(vertical accountability)과 수평적 책임성(horizontal accountability)의 기제를 강화하고 제도화하는 조치들이 취해져야 했다(임경훈, 1999). 그러나 김영삼정부는 애초 정치개혁을 자신의 권력 확장이라는 관점에서만 추진하였고, 정당구조의 근본적 혁신을 추진하지 않았다. 그는 1995년 말 '5.18특별법' 제정, 신재벌개혁 등 개혁정책으로 선회하는 듯 하면서도 이를 통치기조의 전환이 아니라 개인의 인기와 영향력을 확장하는 수단으로 삼았을 뿐이었다. 그런데 김영삼정부의 이 같은 시도들은 자신의 권력기반을 강화하기보다는 오히려 보수적 정치집단들과 재벌집단 그리고 비호남지역 유권자들의 반감만을 초래함으로써 그의 권력기반을 약화시키는 방향으로 작용하였다.

(3) 보수주의적 전략의 강화와 지배연합의 균열징후

앞서 살펴본 바와 같이 경제개혁과 정치개혁을 통해 지배연합의 외연을 확대하려는 노력이 실패로 돌아가자 김영삼정부는 이제는 정반대로 보수주의적 방향으로 급선회하였다. 지역과 계층을 넘어 권력기반을 확대하려던 시도를 포기하고, 보수주의적 기득권세력의 이익을 대변하는 정당으로서의 지위를 독점적으로 구축하고 자신의 주위에 보수세력을 강력하게 결속시킴으로써 권력을 유지해 나가는 방향으로 전환하였다. 그들은 경제위기를 노동자들에게 전가시키는 각종 경쟁력정책의 추진과 노동법개정 날치기 시도, 그리고 1996년 총선 직전 이른바 '북풍사건'을 계기로 전개한 반공이데올로기 공세에서 볼 수 있듯이 이를 통해 지배연합의 갈등을 봉합하고 권력을 유지하려 했다.

이런 속에서 재벌의 문어발식 확장과 경제력 집중을 제어할 수 있는 수단은 실종될 수밖에 없었다. 재벌들에게는 막대한 지대이

전이 정권을 지지하는 대가로 주어졌고, 이는 노동에 대한 배제를 더욱 강화하는 방향으로 나아갔다. 그리고 이 같은 노동정책은 재벌들로 하여금 단순히 저임금에 의존한 이윤창출을 지속하게 만드는 원인이 되었고, 구조조정을 소홀히 하게 함으로써 국제사회에서 채산성을 악화시키는 결과를 초래하게 되었다. 그리고 이는 채산성을 맞추기 위해 다시 노동억압적 조치를 강화하는 악순환을 반복하였다.

그런데 지배연합의 갈등은 봉합되지 않았다. 정치적으로 3당합당체제가 균열된 것은 이미 오래 전의 일이었다. 지배연합이 균열되어 있다는 증거는 노동법개정의 날치기 시도가 보수세력의 단결을 유도하지 못하고 오히려 역효과를 가져온 데서도 여실히 확인되었다. 그래서 김영삼정부는 기존의 정치구조 위에서 정치경제적 이익의 선택적 배분을 통해서 권력을 극대화해 나가는 전략으로 나아갔다. 주요 관직인사의 지역적 편중을 심화시켰고, 보수세력의 정서에 호소하여 자신에 대한 밑으로부터의 불만과 도전을 제압해 나갔다. 일례로 재정경제원은 통합 1년 만에 PK(부산·경남)출신이 요직을 독점하였다.42) 또 특정재벌들과 권력과 자금제공 및 지지를 매개로 유착거래를 강화해 나갔다. 이처럼 김영삼정부의 말기는 "민주적 절차성의 취약, 정격유착의 지속, 대기업의 영향력에 대한 상쇄요인의 결여와 같은 특징들"이 급속히 강화되었다(Tat, 2000a: 371).

---

42) 재정경제원 통합 1년 만에 3개 요직실장이 모두 PK출신 인사들로 바뀌었다. 김정구 예산실장, 윤증현 세제실장, 김영섭 금융정책실장 등 재경원 3대 조직의 사령탑이 모두 PK(부산·경남) 출신이다. 금융정책실의 주류도 PK로 교체됐다(조선일보, 1996. 4. 27).

제4절 외환위기의 발생과 전개과정

1. 외환위기의 원인에 대한 여러 시각

1960년대 이후 급속한 고도성장으로 세계의 주목을 받으며 OECD에 가입까지 한 한국의 경제는 1997년 말 급격히 불어 닥친 동남아발 외환위기에 휩쓸려 IMF 구제금융을 받지 않을 수 없는 상황에 이르렀다. 그러자 세계는 한국의 성장방식에 심각한 의문을 제기하기 시작하였으며, 지금까지 성장의 동력으로 평가받던 요소들이 집중적인 개혁의 대상으로 전락하였다.

한국에서 1997년 말에 발생한 외환위기의 원인에 관해서는 수많은 논쟁이 이루어졌다. 그 중에서도 외환위기의 원인에 대한 가장 일반적인 접근법은 외인론과 내인론의 대립이다. 외인론에는 날벼락론, 전염론, 일본책임론, 금융공황론, 세계적 범위의 과잉축적론 등 다양한 주장들이 포함된다. 이 중 주류경제학의 관점에서 외적 요인을 강조하는 견해는 대체로 동아시아에 과도하게 투자했던 해외투자자들이 일시에 자금을 회수함으로써 한국에도 외환위기가 발생했다고 본다. 스티글리츠에 따르면 경제위기는 신용의 급격한 철수에 따른 자본유출에서 비롯되었는데, 이것은 민간부문의 금융결정에 의한 것이며 정부가 너무 개입해서 그런 것이 아니라, 정부의 규제가 너무 부족해서 나타난 문제라고 본다(김용복, 2001: 262). 이와 달리 진보진영의 몇몇 마르크스주의자들은 세계적 차원에서 발생하는 자본의 과잉축적이 외환위기의 원인이라고 주장한다(김세균, 1998; 채만수, 1997). 동아시아가 가장 먼저 공황국면을 맞이하게 된 원인은 상대적으로 높은 수준의 과잉축적이 그동안 이 지역에서 이루어진 데에서 기인하였다는 것이다.

반면에 내인론의 시각은 외환위기의 원인을 주로 한국의 경제구조가 갖는 정실자본주의, 정경유착 등의 속성에서 찾는다. 주로 이들은 한국경제가 지닌 도덕적 해이의 문제를 강조한다. 이들은 대체로 한국의 경제위기가 정부주도의 경제발전구조에서 비롯되었다는 데 인식의 뿌리를 같이 하면서, 특히 금융산업이 정부의 지배에 종속됨으로써 시장원리에 따라 움직이는 경쟁력 있는 산업으로 성장하지 못하였다는 점을 강조한다. 즉 이 과정에서 금융기관은 정부의 묵시적 혹은 명시적 지급 보증 하에 있었기 때문에 부실여부를 따지지 않고 기업들에 무분별한 대출을 감행하게 되었는데, 이는 과잉중복투자로 나타나게 되었다는 것이다(Krugman, 1998; Roubini, 1998). 또 이와 유사한 맥락에서 경제위기의 원인을 경제모델 간의 충돌이라는 관점에서 파악하는 시각이 있다. 세계화가 지배적인 흐름으로 자리 잡은 속에서 동아시아모델은 세계화현상을 활용하는 데 필요한 세련되고 정교한 금융제도를 갖추지 못하여 더 이상의 성장에 한계를 드러냈다는 것이다(윤영관, 1998). 이외에 내인론을 강조하는 입장에는 한국의 전근대적이고 비효율적인 족벌지배의 재벌구조를 강조하는 견해, 국가위기관리능력의 결여를 강조하는 견해, 천민자본주의적 지배연합의 구조를 강조하는 견해 등이 포함된다(김용복, 2001: 265-9). 한국의 외환위기 원인을 규명하는 데에 그다지 주목을 받고 있지는 못하지만, 개발국가의 실패인가, 아니면 신자유주의의 실패인가에 대한 논쟁도 대단히 중요한 문제이다. 대다수의 학자들이 한국의 외환위기를 개발국가 혹은 동아시아모델의 실패라는 관점에서 찾고 있지만, 일부의 학자들은 외환위기가 동아시아모델의 실패 때문이 아니라 시장만능주의에 대한 몰입 때문에 나타났다고 파악한다. 즉 시장만능주의에 대한 무분별한 추종은 독점력을 활용하는 투기적 행위와 사회윤리의 퇴폐, 사치낭비를 조장하였고, 이런 사회적 구조를 더욱 강화하기 위해 학벌, 혼벌, 지연이 동원되는 거대한 부패의 사슬로 전화하였다는 것이다(백종국, 1998).

먼저 외환위기의 원인을 외인론과 내인론으로 구분하는 인식 방법은 경제위기의 본질에 대한 정확한 인식을 오도할 우려가 있다. 이 같은 인식 방법에 의한 각각의 범주 속에는 근본적으로 성격이 다른 여러 가지 관점들이 혼재해 있어 보다 근본적인 차이점들이 사상될 수 있기 때문이다. 외인론과 내인론은 외환위기를 구성하는 각각의 측면들을 특화시켜 분석한 것일 뿐 근본적으로 대립하는 관계에 있지는 않다. 따라서 여기에서는 '구조-전략'이라는 퍼스펙티브(perspective)를 가지고 접근할 것을 제안한다. 외환위기의 원인들을 분석하는 제반 논의들은 외환위기의 원인을 구조적 요소들로 환원시키거나 국가의 정책이나 위기관리와 같은 미시적 요소들로 국한시켜 분석하고 있다.

외환위기 발발의 배경은 거시·역사적인 관점에서 세 가지 국면으로 나누어 고찰될 수 있다. 첫째는 기존 개발국가의 축적전략이 근본적인 결함을 드러내게 되는 국면이고, 두 번째는 이를 극복하기 위해 신자유주의적 경제정책들이 도입되는 국면이며, 세 번째는 경제위기가 급속히 촉발되는 속에서 이에 대한 위기관리 조치들이 이루어지는 국면이다. 이 세 가지 국면들은 연관되어 있지만 기계적·순차적으로 결정되는 구조는 아니었다. 그런데 정부주도와 금융지배를 강조하는 대다수 주류 이론의 진단은 첫째 국면의 구조적 모순들에서 외환위기의 원인을 찾는다. 그러나 이 관점은 1990년대 이후 수많은 규제완화들이 이루어져 적어도 양적으로나마 개발국가의 속성들이 약화되어 왔음에도 불구하고, 왜 외환위기가 발생했는가 하는 의문에 적절한 설명을 주지 못한다. 이 관점은 두 번째 국면의 문제, 즉 경제개혁전략의 문제점을 간과하고 있다. 부실기업, 부실금융, 국제수지적자, 외채누적의 문제가 해결되지 않고 지속된 데에는 오히려 경제개혁전략의 문제가 치명적이었다. 그런 점에서 우리는 개발국가의 문제점을 극복하기 위해 이루어진 신자유주의에 입각한 제반 경제정책적 조치들의 내적 구조와 성격들에 주목해야 한다. 그리고 부실기업, 부실금융, 외채누적과 같은 거시경제적 지표들이 국제신인도의 일시 추락과 연이은 외환위기로의 빅뱅과 어떤 필연적인 인과관계가 있는지도 의문이다. 그 같은 거시지표 자체로만 보면, 반드시 1997년의 시기만이 유독 심각한 것은 아니었다. 단적으로 돈부시(Dornbush) 교수 등이 지적하고 있는 외환위기의 원인으로서 은행의 부실화에 대해 살펴보면, 〈표 3-8〉에서 보듯이 1990~92년의 부실자산규모는 1997년의 수준에 비해 결코 못지않은 상황이었다(김동원, 1998: 242). 그런데도 경제위기의 폭발은 1997년에만 현실화되었다. 따라서 경제구조적인 문제만으로 경제위기의 실현을 규명하려는 시도는 한계를 갖는다.

〈표 3-8〉 일반은행의 여신건전성 추이(단위: 억 원, %)

	1990	1992	1995	1997
부실여신	19,122(2.0)	24,374(1.6)	22,944(0.9)	100,900(2.7)
무수익여신	72,463(7.5)	103,472(6.7)	124,839(5.2)	226,521(6.0)

* 자료: 은행감독원, 『은행경영통계』, 1996, 1997(김동원, 1998에서 재인용).

그런데 다른 한편으로 외환위기의 원인을 신자유주의의 제도적·이데올로기적 속성으로 돌리는 것도 동아시아 축적모델에서 경제위기의 원인을 구하는 것과 마찬가지로 구조적 결정론의 편향을 갖는다. 외환위기의 발생이 신자유주의 메커니즘과 결부되

었다 하더라도 신자유주의 도입 그 자체가 필연적으로 독점적 이
윤추구와 부패구조를 만연시키게 되었다고 보는 것은 논리적 비
약을 내포하기 때문이다. 그 외에 한국의 독특한 재벌구조에서
위기의 원인을 구하는 관점, 지배연합의 성격을 강조하는 관점
역시 동일한 한계성을 갖는다. 이상에서 서술한 관점들은 대체로
제도나 구조로부터 경제위기의 원인을 이끌어 낸다는 점에서 공
통적이다. 그러나 이 같은 관점들은 경제위기의 원인을 규명하는
데에서 반쪽만의 설명을 제공해 준다. 왜냐하면 그것은 어떤 제
도나 구조가 다른 때에는 비교적 잘 작동하다가 1997년이라는
특정시점에서 몰락하게 되었는지에 대한 동학적 설명을 해줄 수
없기 때문이다.

 마지막으로 국가위기관리능력의 결핍에서 경제위기의 원인을
찾는 관점에 대해 간략히 언급하기로 하자. 이 관점에서 말하는
위기관리능력이란 아마도 "국가가 위기의 신호를 수집하고 분석할
수 있는 능력, 개입불능 상황으로 비화하기 전에 선제적으로 경
제에 개입할 수 있는 능력, 장기적 전망을 수립하고 이에 필요한
자원을 동원하여 지속적으로 수행해 나가는 능력"(김명수, 1999:
199; 유석춘, 1998)이라고 정의해도 무리는 없을 것이다. 그리
고 여기에는 1997년 위기상황 속에서 직면한 미시적 정책결정의
문제, 즉 외환시장에 대한 개입을 중단할 것인가, IMF에 구제금
융을 신청할 것인가의 여부 등이 포함될 수 있다. 주류적 관점에
의해서도 위기관리능력의 결핍은 개발국가의 구조적 모순요인에
의한 외환위기의 개연성을 현실화시켜주는 매개 기능을 수행한
것으로 파악된다(정진영, 1999: 36). 그러나 이것은 절충적 결
합에 지나지 않는다. 우선 이 관점은 국가의 위기관리능력이 왜
허약해졌는가에 대한 인과적 설명이 없다. 그리고 이 시기에는
미시적인 위기관리능력으로는 사태의 급박한 진전을 막기 어려운

상황이었다. 그것의 단적인 예가 바로 정부가 1997년 8월 25일 발표한 이른바 특단의 "금융시장 안정대책" 선언이었다. 이 선언은 국내 금융기관들의 대외채무를 정부가 지급 보증하겠다는 강력한 대책이었다. 그러나 이 선언은 금융기관들의 해외차입과 만기연장을 위해 기여하기보다는 오히려 민간부문의 신용위기가 국가의 신용위기로 확산되는 공식적인 길을 터 줌으로써 한국정부의 신용을 떨어뜨리는 계기로 작용했다(정진영, 1999: 37). 만약 미시적인 위기관리대책으로 구조적 위기의 실현을 억제할 수 있는 것이었다면 정부의 8.25 대책은 특단의 초강수였기 때문에 국제자본시장에서의 동요를 잠재우기에는 충분한 것이었다. 또한 한국정부가 취약하기는 했으나 급박한 경제위기에 직면하여 취한 위기관리대책이 꼭 잘못된 것만도 아니었다. 가령 1997년 10월 환율상승압력에 직면하여 정부는 10월 말 305억 달러에 이르던 외환보유액이 11월 말에는 244억 달러나 감소할 만큼 강력한 개입을 단행하였다(〈표 3-9〉). 이에 대해 혹자는 환율방어정책의 실패였다고 보고 있으나 이는 대단히 결과론적 평가에 불과하다. 사실 동남아 외환위기의 여파로 발생한 외국자본의 탈출과 환율상승압력에 대해 1997년 8~9월 사이에 취한 정부의 개입정책이 어느 정도 성공을 거두었던 점과 급격한 환율상승으로 유발될 금융기관과 기업의 심각한 외화부도를 방치할 수 없었던 사정 등을 감안하면 단기적 위기관리대책으로서 정부의 외환보유고 방출이 반드시 잘못되었다고 볼 수도 없는 것이었다. 그럼에도 불구하고 이런 초강수 대책들을 일거에 무력화시키고 오히려 위기를 더욱 급진전시킨 것은 경제위기의 근원이 대단히 근본적이고 구조적이며 총체적이라는 직관, 즉 한국사회와 정부의 전면적 실패에 대한 대내외 자본들의 극심한 두려움 때문이었다.

〈표 3-9〉 외환보유고 추이(단위: 억 달러)

연/월	1996	1997. 1월	2월	3월	4월	5월	6월
총외환보유고	332.4	309.7	297.6	291.5	298.3	319.0	333.2
해외점포예치금	38.2	38.2	80.1	80.1	80.1	80.1	80.1
가용외환보유고	294.2	271.5	218.2	211.4	218.2	238.9	253.1
연/월	7월	8월	9월	10월	11월	12월	
총외환보유고	336.7	311.4	304.3	305.1	244.0	204.1	
해외점포예치금	80.1	80.1	80.1	80.1	169.4	113.3	
가용외환보유고	256.6	256.6	224.2	223.0	72.6	88.7	

* 자료: 한국은행, 『조사통계월보』(1998년 1월호).

　　1997년 외환금융위기의 원인에 대해서는 거시지표와 위기관리
능력의 이면에서 그것을 관리하는 사회적 조절능력－사회세력관
계와 지배의 헤게모니에 대한 분석으로 확장되어야 한다. 그런
점에서 우리는 외환위기 직전에 사회세력 간에 벌어진 총체적 배
반게임에 주목하고, 그 구조와 원인을 분석하는 것이 중요하다.
기아자동차 처리를 둘러싼 정부, 기업, 노조, 시민단체 사이에 벌
어진 대립이나 금융감독기구의 개편을 둘러싸고 벌어진 한국은행
과 재정경제원 간의 갈등은 그것을 전형적으로 보여주는 축소판
이었다. 그것은 한국사회가 단순히 경제위기의 차원을 넘어 총체
적인 헤게모니의 위기에 직면해 있다는 것을 극명하게 확인시켜
준 일종의 시그널이었다. 특히 그 핵심은 국가의 사회적 조절능력
이 총체적으로 마비된 데 있었다.

2. 기아차 사태와 국가자율성의 위기

1997년 외환위기의 단초는 노동법파동과 한보사태였지만 본격적인 신호탄은 기아차그룹 사태였다. 1996년 말에서 1997년 초에 일어난 노동법 개정을 둘러싼 사회정치적 갈등과 한보사태의 정치적 파장이 김영삼정부의 권위를 크게 약화시키기는 했지만, 이때까지만 해도 외국인 투자자들의 한국경제에 대한 신뢰는 크게 약화되지 않았다. 국제신용평가기관들은 개별 금융기관들이나 재벌기업들의 평가등급을 하향조정하면서도 한국정부의 신용등급은 높게 유지하였다. 무디스(Moody's)는 여전히 "과거 한국정부가 위기관리를 효과적으로 해 온 점으로 미루어 보아 이번에도 정부가 외채누적을 막기 위해 적절한 경제정책을 시행할 것으로 기대한다."고 발표했다.

그러나 기아차 사태를 계기로 한국경제에 대한 신뢰도는 급격히 추락하였다. 기아차 사태를 계기로 외국인 투자자들은 한국정부의 위기관리능력에 심각한 결함이 있음을 확신하게 되었고 이로부터 외환위기를 향한 빅뱅이 본격적으로 시작되었다. 한국경제에 대한 신뢰도의 추락은 한국의 국가능력에 대한 불신으로 집약되었다. 이 와중에서 금융기관의 대외채무를 정부가 지급 보증하겠다는 특단의 선언이 발표되었지만 오히려 결과는 역효과로 나타났다. 이는 1997년 위기가 다름 아닌 경제위기, 사회위기, 국가권력의 위기임을 극명하게 보여준 것이었다.

재계 서열 8위인 기아차그룹의 부도사태는 1996년 말 9조 8천억 원에 달하는 해외채무의 상환불능사태로부터 시작되었다. 기아차의 부도위기에 직면하여 정부는 1997년 5월부터 7월 15일까지 3,600억 원에 달하는 은행권의 극비 협조융자를 집행하였다. 그러나 그것은 밑 빠진 독에 물 붓기에 지나지 않았고, 결국

1997년 7월 정부가 선택한 해법은 '화의'였다. 이때 부도처리는 정치적 파장을 우려한 청와대의 반대로 기각되었다. 그런데 이번에는 화의방안에 따른 5천억 원의 협조융자를 놓고 은행들이 반발하였다. 협조융자에 대한 사후책임을 지지 않으려 했기 때문이었다. 결국 기아차의 부도는 현실로 다가왔다.

그러자 기아차 경영진과 기아차 노동조합의 반발이 거세게 일어났다. '국민기업 기아차 살리기'를 내건 일부 시민단체들까지 가세해 연일 데모가 벌어졌다. 기아차 처리를 둘러싼 이해당사자들의 투쟁은 음모론을 매개로 한 정치투쟁의 형국으로 발전하였다. "호남기업 죽여서 부산기업(삼성자동차)에 주려고 한다."는 주장이 제기되었다. 음모론자들은 강경식 부총리와 삼성그룹이 사전에 치밀하게 짠 각본에 따라 기아차를 조종해 나가고 있다고 믿었다. 1997년 8월경 "기아자동차를 인수하는 것이 긴요하며 이를 위해 정부와의 공조노력이 더욱 강화되어야 한다."는 내용을 담은 삼성그룹의 보고서와 "기아그룹을 법정관리로 넘긴 다음 3자에 인수시키는 것"을 골자로 한 재경원 내부 문서가 잇달아 유출되면서 기아차 처리는 완전히 미궁에 빠지고 말았다. 여기에서 음모론의 주장자들은 삼성자동차 부산유치위원장을 맡은 바 있는 강경식 부총리의 전력을 적절히 활용하였다. 기아그룹의 경영진은 이 같은 음모론을 이용하여 어떤 형태의 자구노력이나 경영권 포기를 거부하고 이 문제를 정치문제로 끌고 갔다. 기아차의 처리는 계속 지연되었다. 정부는 채권은행단의 자율결정에 맡긴다는 원칙을 되풀이하면서 적극적인 개입도 못하고 진퇴양난의 지경에 빠져 있었다.

연말에 예정된 대통령선거는 정치권으로 하여금 기아차의 처리에 방관적인 태도를 취하게 만들었다. 선거정치는 오히려 기아차의 처리방향을 왜곡시켰다. 기아차 처리를 둘러싸고 벌어진 여야

대통령후보 간의 경쟁은 기아차 경영진이 퇴진을 거부하는 빌미가 되었다.43)

이처럼 기아사태는 총체적 불신으로 가득한 사회집단들의 관계가 정치적으로 구조화된 균열을 통해 어떤 형태의 경제적 해법도 거부하게 만들고 있었다. 기아차 처리는 10월 22일에 가서야 법정관리를 결정함으로써 겨우 매듭지어졌다. 일개 기업이 그것도 100일 동안이나 정부와 정치권을 상대로 대등한 파워게임을 펼칠 정도로 국가의 자율성은 취약해질 대로 취약해져 있었다.

기아차 사태에서 백일하에 드러난 한국의 국가능력의 허약상은 국제적 신인도에 곧장 반영되어 나타났다. 8월 4일, 8월 6일에는 국제적 신용평가기관인 무디스와 S&P가 우리나라의 신용등급을 요주의(credit watch)로 분류하였다. 또 9월 30일에는 S&P가 "한국에서 이상 징후가 발견되고 있다"는 요지의 보고서를 발표하였다. 기아사건이 진행 중인 동안 국제금융기관들은 한국의 금융기관들로부터 70억 달러를 회수해 갔다(정규재·김성택, 1998: 61-87).

3. 국가 경제관리능력의 마비: 재정경제원과 한국은행의 갈등

기아차 처리를 둘러싸고 온 나라가 몸살을 앓고 있는 사이에 정부의 핵심적인 경제기관인 재경원과 한국은행은 금융개혁법안을 둘러싸고 치열한 투쟁을 전개하였다. 외환위기가 시시각각 엄습해 오고 있는 상황에서 벌어진 이 사건은 한국의 국가능력의

---

43) 1997년 7월 13일 정부와 기아차 사이에는 기아차 김선홍 회장의 퇴진에 합의를 보았으나 그 다음 날 당시 신한국당 대통령후보였던 이회창이 야당후보였던 김대중 후보보다 선수 치기 위해 급히 기아차 소하리 공장을 방문한 직후 기아차 경영진은 퇴진약속을 전면 백지화해버린다 (정규재·김성택, 1998: 72).

마비상태를 드러냄과 동시에 사회로부터의 국가능력이 심각하게 제약되어 있음을 보여준 단적인 지표이기도 했다.

금융개혁법안의 추진은 1997년 1월 7일 김영삼 대통령이 전면적인 금융개혁의지를 천 명함으로써 시작되었다. 그리하여 민간인들로 구성된 금융개혁위원회가 발족되어 금융개혁의제를 도출하는 작업에 착수하였고, 이는 그 해 6월 4일 2차 보고서로 결실을 맺는다. 그리고 재경원은 이를 토대로 금융개혁법안을 만들어 국회에 제출하게 된다.

재경원이 제출한 금융개혁법안의 골자는 '한국은행법'개정과 '통합금융감독기구의 설립'에 관한 내용이었다. 즉 중앙은행제도를 개선하여 금융통화위원회가 한국은행의 최고 의사결정기구가 되고, 각 금융업종별로 나누어져 있는 감독기능을 종합 금융화 추세에 맞게 통합하여 단일 감독기구를 만든다는 것이었다(삼성경제연구소, 1998: 43). 재경원의 복안은 이 법안을 통과시킴으로써 국제금융사회의 신뢰를 일거에 회복한다는 것이기도 했다. 그래서 재경원 전체가 병적 집착으로 보일 만큼 다른 일은 제쳐두고 이 법안의 통과에 매달렸다.

그런데 이 개혁안이 한국은행의 독립성을 해칠 수 있다는 한국은행 직원들의 거센 반발을 불러일으켰다. 이 조항대로 될 경우 한국은행이 금융통화위원회의 하부기관이 되어 중앙은행의 위상이 저하되는 결과를 가져온다는 이유였다(삼성경제연구소, 1998: 44). 또한 통합감독원을 '어느 기관 산하에 설치하느냐'하는 문제도 논란이 되었다. 처음에 법안의 국회제출단계에서는 통합감독원이 총리실 산하로 규정되었다. 그러나 국회심의과정에서 재경원 산하로 소속이 바뀌었고 이것이 논란을 빚자 국회재경위 산하로 바뀌는 등 좌충우돌하였다(정규재·김성택 1998, 115-118). 이런 와중에서 한국은행의 사람들은 은행감독원을 한은으로부터 분리한 데 대한 섭섭함과 함께 재경원의 통제 밑으로 떨어질지 모른다는 불안감이 겹치면서 극한적인 투쟁으로 나서게 된다. 재경원과 한국은행의 감독권을 둘러싼 싸움은 1997년 봄부터 시작되어 그 해 11월 말까지 계속되었다. 그야말로 외환위기가 한국경제를 기습하는 와중에서도 정부 관료집단들은 치열한 밥그릇싸움을 계속하고 있었던 것이다.

여기에서 정치권은 관료들의 밥그릇싸움을 제어하기는커녕 덩달아 휘말리고 있었다. 집권당인 한나라당은 연말로 예정되어 있는 대통령선거를 의식하여 인기가 추락한 김영삼 대통령과의 차별화전략을 위해 정부와 거리를 두고 협조를 꺼려했다. 야당인 새정치국민회의도 당시 집권세력을 견제하는 차원에서 한국은행의 편을 드는 경향이 있었다.

금융개혁법안·한은법안을 둘러싼 정부기관 간의 심각한 갈등은 시장주의자들의 무책임한 급진성과 관료집단의 조직적 속성을 동시에 보여주는 것이기도 했다. 김재익, 김기환 등과 함께 1980년대 초반 한국에 등장한 시장주의자 관료그룹의 핵심멤버였던 강경식부총리는 시장개혁의 전도사를 자처하고 있었다. 강경식부총리는 금융시장의 구조·제도개혁으로 경제를 치유하고 신뢰도를 회복하겠다는 시장주의자 특유의 급진성을 가지고 있었다. 그는 금융개혁법안의 국회통과를 요구하면서 "세계금융계가 이 법안들의 통과를 지켜보고 있다. 이 법이 통과되면 해외금융기관들도 한국에 대한 대출을 재개할 것"이라고 주장했다. 또 국제사회를 향해서도 "내가 한국 금융개혁법을 모두 통과시킬 테니 지켜봐 달라."고 호언장담을 하기도 했다(정규재·김성택, 1998: 110). 급진적 시장주의자들이 일반적으로 그렇듯이 그도 개정법안이 이해당사자들의 첨예한 이익충돌을 야기한다는 것에 대한 지각이나 고려는 없었다. 이는 시장주의자의 일반적 한계인 동시에 개발독재시대에 일방적인 정책입안과 집행에 익숙해져 온 관료집단의 속성이 덧붙여진 것이기도 했다.

4. 경제위기관리의 실패와 IMF 구제금융 지원요청

정부가 기아차라는 일개 재벌기업과 난투를 벌이고 정부기관 간에 이전투구를 계속하고 있는 사이에 동남아시아로부터 발원한 외환위기는 1997년 10월 23일 홍콩을 강타한 데 이어 한국에 본격적으로 상륙하기 시작하였다. 이미 10월 3일 한일, 외환, 신한은행의 신용등급 하락 이후 한 달 동안 네 차례에 걸친 국내은 행 신용등급 하락이 이어지고 있었다. 10월 말부터는 환율과 주가 에 급격한 변동이 오기 시작하였다(〈그림 3-3〉, 〈표 3-10〉).

〈그림 3-3〉 원/달러환율 및 주가변동의 추이(단위: 원)

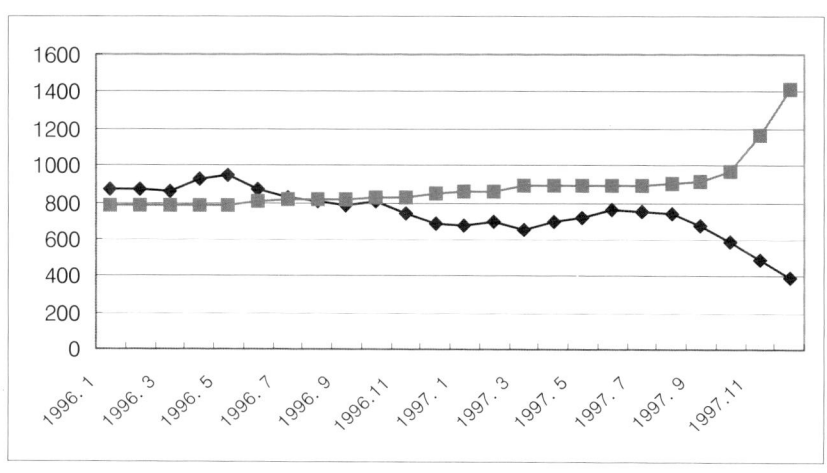

* 주: ■(환율), ◆(주가)
* 자료: KOSIS에서 재구성

〈표 3-10〉원/달러 환율 및 주가변동 추이(단위: 원)

	9월 말	10. 24	10. 29	10. 31	11. 5	11. 18	11. 21
환율	914	930	962	965	969	1,012	1,080
주가	647	571	506	471	555	494	506

* 자료: 삼성경제연구소, 1998: 62 재인용

　이에 정부는 외환위기의 위험성을 감지하고 대책마련에 착수하였다. 그러나 이때까지도 정부는 한국은 기초경제여건이 튼튼하기 때문에 동남아시아국가들과는 다르다는 공식입장을 발표하면서 특별한 대책을 내놓지 못하였다. 금리를 높이고 환율 변동폭을 확대하는 등 적극적 시장개입을 주장하는 한국은행과 당국의 시장개입은 외환위기를 외부에 공표하여 시장질서만 교란시킬 뿐이므로 시장기능을 작동시켜 불안심리를 해소해야 한다는 재경원 간에 논쟁만이 지루하게 계속되었다(삼성경제연구소, 1998: 58).

　바로 이런 상황에서 10월 28일에는 미국의 대형 증권회사인 모건스탠리가 "긴급: 아시아지역에 투자된 자금을 회수하라. 현 단계에서 손해를 보더라도 즉시 팔아 치우고 빠져 나오라."는 분석보고서를 내었고, 11월 4일에는 홍콩 페레그린증권이 "한국을 탈출하라. 지금 즉시!"라는 분석보고서를 내었다. 이에 정부는 10월 30일부터 외환시장에의 적극개입으로 전환하였다. 한국은행이 11월 7일 청와대에 보고한 '외환유동성 사정과 대응방안'이라는 자료에 의하면 정부당국은 10월 30일부터 11월 6일 사이에 23억 달러의 외환보유고를 외환시장에 투입하였다. 그러나 외환시장은 진정되지 않았다. 11월 6일 달러당 환율은 973.65를 기록하였고 11월 17일에는 1,000원대가 붕괴되었다. 11월 8일 주가는 500선이 붕괴되면서 외국인 투자자들이 7천만 주를 매각하며 탈주하는 사태가 벌어졌다.

이때 재경원과 한국은행 사이에 또 다시 외환시장정책을 둘러싸고 논전이 벌어졌다. 한국은행은 1,000원 방어선에서 철수하여 달러를 아끼자면서 달러방출에 소극적이었던 데 반해 외환방출을 통해 환율을 방어하려 한 재경원은 이를 한국은행이 한은법개정 때문에 생긴 앙금 때문에 복수하는 것이라는 불신을 감추지 않았다. 이처럼 정부기관들 사이에는 철저한 불신과 정책적 불협화음으로 얼룩지면서 위기가 더욱 증폭되고 있었다.

외환시장 방어선 1,000원대가 무너지면서 정부 일각에서 IMF에 구제금융을 요청해야 한다는 의견이 제시되었지만 재정경제원은 "국내에서 할 수 있는 조치를 다 해보고 안 되면 요청한다."는 방침을 제시하면서 IMF행을 유보시켰다. 정부가 IMF행 이전에 강구한 최후의 조치는 크게 일본에 긴급자금을 요청하는 것, 금융개혁법안의 통과에 의한 정부정책신뢰도의 회복, 금융시장안정 및 금융산업 구조조정을 위한 종합대책발표 등으로 압축될 수 있었다. 그 중에서도 정부가 긴급하게 기대했던 방책은 일본정부의 도움이었다. 이 문제를 협의하기 위해 일본에 정부의 밀사가 파견되었다. 그러나 일본정부측은 미국 로버트 루빈 재무장관이 보낸 압력 편지를 이유로 한국정부의 요청을 간단히 거절해 버렸다. 미국식 국제경제 질서를 강화하고, 동아시아에서 일본을 축으로 한 독자적 경제블록이 형성되는 것을 우려하고 있던 미국이 일본정부에게 압력을 가한 것이었다. 결국 11월 21일 한국정부는 IMF 구제금융 지원요청을 발표하였다.

제5절 소 결

경제개혁은 1990년대 초반 김영삼정부의 등장과 함께 본격적으로 추진되었다. 김영삼정부는 초기에 보수주의적 기조 위에 자유주의적 요소를 상당부분 가미하여 상호대립과 균형을 이루면서 경제개혁을 추진하였다. 김영삼정부는 행정, 금융, 기업 활동의 규제완화 및 대외개방과 관련한 제도개혁에 착수하는 한편, 동시에 금융실명제와 경제력집중완화, 소유분산촉진, 업종전문화, 조세개혁과 같은 재벌규제정책을 강화하였다. 이는 신자유주의정책의 기조 위에 경제민주화정책을 양립시키는 조치로서 사회세력 간 세력균형을 추구하는 것이었다. 그리고 정치개혁 드라이브를 통해 획득한 대중으로부터의 열광적 지지와 도덕적 정당성을 기반으로 이상과 같은 경제개혁조치들을 국가주도로 추진해 나갔다.

그러나 김영삼정부의 경제개혁전략은 금방 변질되고 말았다. 업종전문화정책과 소유분산정책은 재벌들의 주장에 가깝게 후퇴하였고, 세제개혁은 유명무실해지고 말았다. 또 인위적인 경기부양으로 기업들은 구조조정을 회피할 수 있게 되었다. 이처럼 경제개혁이 점차 변질되는 가운데 김영삼정부는 신자유주의를 전면화하는 '세계화' 노선으로 전격 선회하게 된다. 세계화로 선회하면서 대대적인 탈규제가 진행되었고, 탈규제는 재벌을 규율할 국가의 정치적·정책적 수단을 무력화시켰다. 이런 속에서 규제완화, 민영화 등 각종 신자유주의 정책들을 이용하여 지대를 획득하려는 재벌들의 경쟁이 가속화되었다. 재벌들은 경쟁적으로 몸집을 불려 나갔고 대마불사의 게임을 통해 국민경제를 인질로 잡아 국가를 압박해 나갔다. 그래서 이에 위기를 느낀 김영삼정부는 신재벌정책, 신노사정책을 추진하여 개혁지지기반을 강화하려 했으나 곧바로 좌초되고 말았다.

이에 국가-재벌연합은 노동수탈적인 위기극복으로 방향을 급선회하였고, 이는 노동의 강력한 저항을 불러일으켰다. 국가자율성의 약화, 재벌의 지대 추구적 기업 확장, 노동의 저항이 어우러져 한국사회는 철저하게 파편화되어 나갔다. 기업들의 외형은 급성장하였으나 수익률은 1995년을 기점으로 급속하게 추락하였다. 그럼에도 불구하고 기업들은 외환위기 직전까지 공격적 투자를 멈추지 않았는데, 이는 과거 부실기업 정리과정에서 형성된 '대마불사'라는 학습효과에서 기인한 것이었다. 결국 1997년에 이르면 국가의 위기관리능력이 급속히 마비되고 대외신인도가 급격히 추락하면서 외환위기로 이어지게 되었다.

김영삼정부가 경제개혁에 실패한 핵심 원인은 '국가'전략에 내재한 구조적 한계에 있었다. 김영삼정부의 지배연합은 참여와 협상을 통해 사회적 세력균형을 확립하려 하기보다는 시민사회를 국가과정 바깥에 두고 지지를 동원해 나가는 관객민주주의의 성격을 지니고 있었다. 나아가 김영삼정부는 개혁정치를 군부독재=무질서와 혼란, 문민정부=질서와 기강이라는 등식 위에서 민주화 이후 나타난 이익집단의 욕구분출을 다스리는 것으로 규정하였다. 이는 김영삼정부가 시민사회를 참여와 협상의 주체가 아니라 규율의 대상으로 규정하고 있었음을 의미한다. 이 때문에 사회적 세력균형은 매우 불안정하고 일시적인 것에 불과했고 개혁지지기반은 취약하고 제도화되지 못했다. 그리고 이와 같은 특성들은 제왕적 대통령에로의 권력집중, 기술관료의 정책결정 독점, 정당 및 의회 기능의 무시, 이익집단운동의 억압이라는 위임민주주의의 구조와 연관되는 것이었다. 국가는 시민사회의 힘을 배제한 채 국가기구를 통한 여러 규제를 발전시킴으로써 경제개혁을 추진해 나갔다. 그러나 이미 민주화·다원화되고 강력하게 조직되기 시작한 사회를 국가기구로 규제하기에는 근본적 한계가 있었다. 국가 스스로가 세계화를 추진하면서 종종 자기모순적인 질곡에 빠지기도 하였다. 정치개혁의 열풍이 사라지고 나자 위임적 국가권력은 자율성을 상실해 갔고, 재벌세력과 노동세력의 세력균형을 빠르게 붕괴시켜 나갔다. 이런 속에서 김영삼정부는 경제개혁의 동력을 상실한 채 국가－재벌연합의 수동적 파트너로 전락해 갔다.

제4장 김대중정부의 경제개혁

제1절 문제의식

김대중정부 출범 이후 한국경제는 전례 없는 구조조정으로 많은 변화를 경험하였다(Haggard, 2000: 12). 신자유주의 경제개혁은 1997년까지만 해도 기득권집단들의 강력한 저항 때문에 거의 진척을 보지 못하였다. 경제개혁을 본격적으로 진행시킨 계기는 1997년 말 외환위기였다. 외환위기의 와중에서 정권교체를 통해 등장한 김대중정부는 구제금융을 지원받는 대가로 IMF의 구조개혁 프로그램을 대폭 수용하여 개발국가의 경제구조들을 타파하거나 약화시키고 그 자리에 신자유주의적 시장원리에 입각한 새로운 제도들을 대대적으로 도입하였다. 그 결과 한국에는 점차 새로운 정치경제구조의 모습이 발견되었다.

그런데 이런 변화들에도 불구하고 개발국가의 잔재는 여전히 강하게 지속되었다. 경제개혁을 통해 도입된 새로운 시스템은 안정적으로 확립되지 못한 채 과거와 유사한 혼란들을 반복적으로 표출하였다. 특히 경제구조조정 과정에서 보편적인 시장규율이 정착되지 못하고 훼손당하는 사태가 빈번하게 발생해 왔다. 이 때문에 막대한 구조조정의 비용이 추가적으로 발생하여 심각한 사회적 논란이 되기도 하였다. 또한 개발국가의 경제적 골간을 이루어 온 재벌체제는 여전히 건재할 뿐만 아니라 훨씬 강화된 측면도 생겨났다(최장집, 2002: 167).

이런 현상의 원인과 처방을 두고 논자들의 진단은 매우 상이하게 나타나고 있다. 외환위기 이후 정치경제구조의 변화를 놓고 어떤 논자(이연호, 1999; 유석춘·장상철, 1999; Chu, 2001)는 한국이 여전히 개발국가체제의 원형에 가깝다고 평가하는가 하면, 다른 논자들(재정경제부 2002c; 윤상우 2002; 이연호 외, 2002)은 규제국가 내지는 시장경제(=신자유주의 시장경제)로 기본틀이 전환해 왔다고 평가했다. 또한 이런 문제점을 극복하기 위한 방안으로서 어떤 논자들(좌승희, 1998; 안충영, 1998)은 국가의 시장개입 축소와 경제개혁패자들에 대한 엄격한 법집행을 강조하고, 다른 논자들(최장집, 1998; 김용철, 2001)은 국가의 적절한 개입과 사회적 합의를 강조하는 등 크게 엇갈리는 태도를 보여주었다.

이처럼 상이한 평가가 나오게 된 이유는 김대중정부에서 진행된 경제개혁이 갖는 복합적 구조와 양상들 때문이었다. 다시 말해서 외환위기 직후 IMF의 구제금융을 지원 받으면서 그 반대급부로 신자유주의적인 내용의 거시경제정책과 구조조정정책을 전폭적으로 수용하였지만, 다른 한편에서는 정통적 신자유주의로부터의 일탈이라고 보일 수 있는 강력한 국가개입의 복원현상과 생산적 복지의 확대, 노사정위원회와 같은 집단적 시장개입기구가 등장했기 때문이다. 이 같은 현상은 김대중정부가 양립할 수 없는 개혁정책의 목표를 설정해 놓음으로써 개혁의 혼선이라는 결과에 직면하게 되었다는 비판을 받게도 하였다(이연호, 2001: 104). 그리고 이런 양면성 속에서 김대중정부는 노·사와 좌·우의 사회집단들로부터 협공을 당하기도 하였다. 예를 들어 노사정위원회에 대해서 한쪽에서는 신자유주의 구조조정의 들러리 기구라는 비판을 가하고, 다른 한쪽으로부터는 시장경제에 역행하는 집단주의적 시장개입기구라는 비판을 가하기도 하였다. 또 정부가 노동조합의 눈치를 보느라 구조조정을 억제했다고도 하고, 구조조정이 다운사이징 중심으로 진행되어 노동에 대한 일방적 고통전가에 불과했다고도 하였다(최영기, 2002: 2).

그렇다면 무엇이 올바른 주장인가? 김대중정부의 경제개혁은 신조합주의도, 신자유주의도, 그 무엇도 아닌 것인가? 바로 이 같은 딜레마에 직면하여 김대중정부가 어떻게 반응하였고, 사회집단들의 상이한 이해관계를 특정한 축적전략 속에 어떻게 통합하고자 하였는가는 경제개혁의 동력과 유형, 성과를 규정하는 핵심적 요인이다.

그런데 이런 문제들을 탐구함에 있어서 기존의 연구들은 많은 이론적 결함을 노출해 왔다. 먼저 개발국가 체제의 해체과정이 정치, 경제, 사회의 총체적 위기구조와 연관되어 있음에도 불구하고 경제개혁 과정에 대한 분석들은 포괄적인 분석틀이 없이 어떤 한 가지 단편적인 측면에만 주목하여 평가가 이루어져 왔다. 또 기존 연구들은 대개 구체적 분석보다는 각자의 이론적 취향에 따라 규범적 평가를 앞세우게 되어 생산적 토론보다는 공허한 논쟁으로 그치는 경우가 태반이었다. 바로 이런 문제점들로 인해 기존 연구들은 한국이 지향해야 할 바람직한 경제발전모델과 제도화 전략을 제시하는 데에도 커다란 한계를 드러내었다.

여기에서는 이러한 문제의식을 바탕으로 외환위기 이후 김대중정부의 경제개혁의 특성은 무엇이고 그 특성을 규정하는 정치경제적 메커니즘은 무엇인가, 특히 경제개혁 과정에서 나타난 노사정위원회와 같은 기제의 출현을 어떻게 볼 것인가, 나아가 이들 경제개혁이 한국의 정치경제구조에 어떤 변화를 가져왔는가, 또 경제개혁을 통한 상당한 구조적 변화에도 불구하고 개발국가의 잔재가 광범위하게 온존하는 현상을 어떻게 볼 것인가, 경제개혁 과정에서 경제구조의 불안정성이 심화된 이유는 무엇인가, 그것이 경제개혁의 공고화를 위해 시사하는 바는 무엇인지를 고찰하고자 한다.

제2절 사회세력관계의 변화와 경제개혁전략

1. 경제위기와 사회세력관계의 조건

(1) 국제적 시장규율체계의 압력 증대

1997년 경제위기와 IMF 구제금융의 수용은 한국의 정치, 경제, 사회 전반에 걸쳐 엄청난 변화를 몰고 온 기폭제가 되었다. 세계사에 유례가 없을 정도의 장기 고성장에 익숙해 있던 노동과 자본, 그리고 국가는 완전히 새로운 환경에 직면하게 되었다. 경제위기는 국내자본의 지배양식을 파편화시키고 무력화시켰다. 그러자 이런 공백을 대체한 것은 바로 다름 아닌 IMF를 필두로 하는 국제적 자본의 시장규율체계였다. 경제위기로 인해 한국사회는 대외적 자율성의 측면에서 크게 약화되었다. 그러나 한국의 대외적 자율성 약화는 단지 사회경제적 조건의 변화에서 기인한 것만은 아니었다. 한국사회의 정치적 취약성은 경제위기에 독자적으로 대응할 수 있는 힘을 상실하게 만들었다. 경제위기로 인한 교착적 세력구조와 정치체제의 불안정성은 IMF를 중심으로 한 외국자본의 압력에 대항할 수 있는 힘을 결여하게 하였다. 외환위기의 영향을 받은 동아시아국가들 중 정치적 불안정을 심하게 겪고 있던 태국, 인도네시아 등의 국가들이 예외 없이 IMF 관리체제에 편입된 것도 같은 맥락이었다. 반면에 말레이시아, 대만 등은 이들과 비슷한 경제위기를 겪으면서도 정치체제의 안정성을 유지하고 있었기 때문에 IMF 등의 외부압력에 저항해 나갈 수 있었다.

김대중 대통령이 당선 전 선거캠페인 기간에 제기한 'IMF와의 재협상론'과 이에 대한 국제자본의 민감한 반응은 한국이 견지할 수 있는 자율성의 한계를 극명하게 보여준 사건이었다. 김대중 후보가 제기한 재협상론은 노동자, 서민에 토대를 둔 지지기반의 성격상 국제사회가 요구하는 경제개혁을 사보타지 할 것이라는 불신을 심어주기에 충분하였으며, 국제사회의 불신에 직면하여 김대중은 재협상론을 즉각 철회하지 않을 수 없었다.

바로 이와 같은 새로운 환경의 도래는 사회 내 각 주체들의 전략적 선택의 구조를 크게 변화시켰다. 이상과 같은 조건 속에서 한국은 IMF가 요구하는 신자유주의 개혁 방향 이외에 다른 대안을 추구하는 데 있어서 근본적인 제약에 직면할 수밖에 없었고, 이후 김대중정부로서도 적극적으로 신자유주의 경제정책을 수용하는 방향으로 선회하게 되었다.

(2) '보수주의적' 지배연합의 분열과 약화

1997년을 전후한 시기에 한국의 경제위기는 사회적 세력관계와 정치체제에 커다란 변화를 가져왔다. 즉 경제위기를 전후하여 기성 지배연합의 약화와 균열이 광범위하게 진행되었다.

정치권에서는 김종필을 필두로 하는 충청도에 지지기반을 둔 정치세력이 지배연합으로부터 이탈함으로써 1990년 이후 3당 합당에 의한 보수대연합체제가 분열되었다. 이에 대해 김영삼정부는 취약해진 지지기반을 보완하기 위하여 '역사바로세우기'와 '신재벌개혁'을 추진함으로써 대중을 동원하고자 하였다. 그러나 대중동원의 효과는 그다지 강력하지 못했고, 오히려 지배연합 내 보수파들의 반발만을 초래함으로써 통치기반이 더욱 협소해지는 결과를 낳았다.

보수주의적 지배연합의 분열은 국가권력의 약화를 초래하였고, 국가권력의 약화는 사회이익집단(특히 재벌집단)에 대한 국가자율성의 약화를 가져왔다.44) 국가의 자율성 약화는 지배연합의 파편화를 심화시켰다. 한보스캔들, 기아사태 등에서 보듯이 국가권력과 재벌들은 공공연히 이전투구를 전개하였는데, 이는 지배연합이 심각한 수준으로 파편화되었음을 보여주는 지표였다.

이런 속에서 1996년 이후 경제위기가 가속화되었고, 김영삼정부는 경제위기 이데올로기에 편승하여 보수화로의 행보를 가속화하였다. 그리고 1996년 말에는 '노동법 날치기 통과'를 의도적으로 강행함으로써 보수세력의 결집과 지지를 이끌어 내고자 하였다. 그러나 그러한 목표는 전혀 달성되지 못했다. 오히려 노동세력의 강력한 반발에 부딪쳐 김영삼정부는 커다란 타격을 받게 되었다.

이런 속에서 터진 1997년 외환위기는 보수주의적 지배연합을 결정적으로 약화시켰다. 특히 3당합당 이후 지배연합 내에서 막강한 영향력을 행사해 왔던 재벌집단의 영향력이 크게 약화되었다. 재벌집단들은 경제 환란의 가장 핵심적 주범으로 지목되어 사회적 지탄의 대상이 되었다. IMF와 정부, 그리고 각계의 여론이 하나같이 재벌집단을 겨냥하여 '재벌해체'의 목소리를 높이기 시작했다.

> 새 정부는 (재벌기업)그룹을 해체해 개별단위로 전문성을 길러나갈 수 있는 정책을 도입해야 한다.(중략) 이를 위해서는 먼저 계열기업간 상호 빚보증제도를 완전히 폐지하고 총수가 전 그룹을 독단적으로 장악하기 위해 둔 비서실이나 기획조정실 같은 조직을 해체하여야 한다(최정표, 1997).

이 때 재벌집단들이 얼마나 뜨거운 사회적 비판에 직면했는지는 심지어 매우 보수적인 언론들까지 재벌집단에게 원색적인 비판을 가하기를 주저하지 않았다는 데서 알 수 있다.

---

44) 윤영관은 97년 경제위기의 핵심을 국가자율성의 위기로 파악하고 있는데, 이는 매우 정당한 지적이라고 볼 수 있다(윤영관, 1999: 97).

우리는 오늘의 IMF관리 시대를 불러온 가장 원초적이고 직
접적인 발단의 근원인 한국적 기업풍토와, 그 뿌리를 확고하게
형성하고 있는 재벌의 문제에 대해 가장 냉엄하게 문제의 근원
부터 재성찰하고 IMF이후와 세계 경쟁시대에 재적응하기 위한
대대적인 구조조정의 청사진을 만드는 일에 착수할 때가 바로
지금이라고 판단한다(조선일보, 1997. 12. 25자 사설).

1997년 말 대통령선거에서 김영삼정부는 자기 당의 후보인 이
회창의 당선을 돕기 위해 상대후보인 김대중에 대해 소위 '색깔론'
공세를 펼쳤지만 그 효과는 미미하였다. 보수세력은 제대로 결집하
지 못하였다. 결국 보수주의적 지배연합은 자유주의적 성향이 강한
야당후보인 김대중의 당선을 저지하지 못하였다. "한국에서 보수층
은 위기감을 느낄수록 더욱 결집"할 것이라는 기성의 믿음은 현실
화되지 않았다. 이에 당시 한나라당 대통령후보였던 이회창은 훗날
"우리사회를 지배해 온 합리적 메인스트림(main stream)들이 정권
을 교체할 필요성을 강하게 느꼈던 것 아닌가 한다."라고 회고했다
(한겨레21, 2001. 2. 21). 그러나 그것은 구(舊)주류세력들이 스스로
정권교체의 필요성을 느껴서라기보다는 기성 지배연합의 분열과
약화로 인해 나타난 현상이었다.

(3) 노동운동의 사회적 위기

재벌세력을 비롯한 국내의 지배세력 전체가 분열되고 약화되었
지만 피지배세력 또한 구조적 쇠퇴의 길을 걷고 있었다. 1987년
민주화 이후 노동운동은 폭발적 성장을 지속해 왔다. 이 시기 한국
의 노동운동은 비록 정치적 세력으로까지는 성장하지 못했지만 아
주 위협적인 반대세력(negative power)으로 등장하였다. 그러나
1990년대 초반 각 사업장에서 진행된 자본의 소위 '신경영전략'이

154

대두하면서 노동운동은 혼선에 빠지기 시작했다. 은행, 보험 등 사무금융부문을 중심으로 급속히 확산된 성과주의 연봉제 도입은 노동자들을 개별화시켜 경쟁을 가속화하고 노조활동을 약화시키는 요인이 되었다(한겨레21, 2001. 2. 8). 노동조합으로의 조직상태 또한 경제위기의 전개과정에서 꾸준히 약화되는 추세를 보여 왔다. 노동조합 가입률은 1989년 19.8%에 달한 것을 정점으로 꾸준히 하락하여 2000년에는 12.0%를 기록하였다(〈그림 4-1〉). 1990년대 이후로 꾸준히 진행되어 온 노동시장의 유연화 추세 속에서 고용이 불안정한 중소기업 노동자나 계약직 및 실업자 등이 늘어나 그만큼 조직화에 어려움을 겪었기 때문이었다.

〈그림 4-1〉 노동조합 조직률 추이(단위: %)

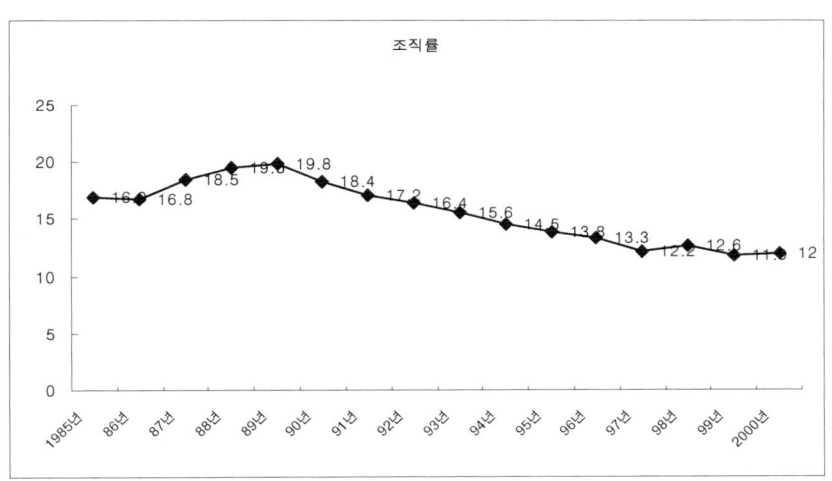

주: 1987년 이전은 조합원수/(상시고－공무원－사립학교원) * 100
　　1988년 이후는 조합원수/(임금근로자－공무원－사립학교교원) * 100
　　1999년 이후는 조합원수/(임금근로자－공무원(기능직과 국공립교원 제외)) * 100
* 자료: 노동부, 통계청

그런데 자본의 새로운 공세전략, 노동조합 가입률의 하락 등 여러 가지 악조건에도 불구하고 외환위기 이전까지 노동운동은 여전히 강력한 네거티브 파워집단이었다. 노동운동이 효과적인 반대세력으로 기능할 수 있었던 이유는 무엇보다 정당성이 결핍된 개발주의적 제도와 관행이 강력하게 지속되는 조건하에서 전투적 노조운동을 어느 정도 정당화시켜 주고 있었기 때문이다. 그러나 노동운동의 이 같은 힘은 1997년 경제위기가 폭발하면서 그 위력이 현저히 감소하였다. 보수적 정치세력과 재벌의 성장주의연합은 약화되었지만, 이를 대신해 들어선 자본의 국제적 규율체계로서의 IMF 처방을 적극 수용하면서 각 사업장에서는 기업의 정리나 도산, 구조조정 과정에서의 정리해고나 명예퇴직 또는 희망퇴직 등 다양한 형태의 고용조정이 진행되었고, 이에 따라 과거 40여년의 경제성장과정에서 거의 완전한 고용을 확보하고 있던 대기업 사업장, 사무직노동자들을 주력부문으로 하고 있던 노동운동은 커다란 타격을 입게 되었다(최영기 외, 1999: 206).

개방적 시장경제로의 빠른 전환 속에서 노동세력은 정치적으로 스스로를 조직화하지 못하였고, 새로운 정치경제모델의 형성과정에서 배제되었다(최영기, 2001: 31-39). 이에 따라 노동운동의 기반은 급속히 협소해져갔다. 노동운동은 새로운 게임구조에 직면하게 되었는데, 신자유주의적 구조조정은 이제 선택의 문제로부터 필연적인 문제로 전화되었으며 그 속에서 노동의 이익을 확장시키는 것이 당면한 과제로 되어졌다.

(4) 파국적 위기의 사회세력구조

1997년 말에 발생한 경제위기는 김영삼정부에서 고조되어 온 파국적 갈등구조의 산물임과 동시에 파국에 대한 사회적 공포감을 확산시켰다. 이 시기 국내적 사회세력균형의 특징은 파편화된 보

수세력 및 자본세력과 위기상황에 빠진 노동 및 민중세력 간의 '약
－약 균형'이었다.45) 이들 사회세력들은 서로의 약점을 물고 물리
는 가운데 타협적인 균형점을 형성하지 못한 채 악순환을 지속하
고 있었다.

사회적 합의를 도출해내지 않으면 사회 전체가 공멸하고 말 것
이라는 공포심이 사회를 지배하였다. 그럼에도 불구하고 사회집
단 간에 경제위기를 극복하는 방향은 서로 상충하고 있었다. 재
계는 경제위기를 내세워 대량해고와 인력재배치 등 극약처방을
내놓는가 하면 노동자 보호를 위한 근로기준법의 폐지까지 요구
하고 있었던 데 반해, 노동계는 경제위기가 관치금융, 재벌위주의
과잉중복투자, 차입위주 경영, 총수 1인 지배체제에서 비롯됐다
고 보고 노동시간 단축을 통한 임금삭감 없는 고용보장, 고용안
정특별법제정, 노·사·정·시민단체 대표로 구성되는 범국민대책
기구 구성 등을 촉구하고 나섰다(한겨레신문, 1997. 11. 27). 노동
계는 정부와 국제통화기금이 '노동시장 유연성 확보'를 합의하고
대기업들이 잇따라 인원감축과 임금동결 또는 삭감을 선언하고
나서면서 기업들이 정리해고를 강행할 경우 총파업도 불사하겠다
고 위협하였다(한겨레신문, 1997. 12. 6). 첨예한 대치상황이 지속
될 경우 파국은 불가피했다. 따라서 경제위기로부터 탈출하기 위
해서는 교착적 갈등을 신속히 돌파하고 새로운 사회통합을 실현
할 수 있는 정치적 변형능력이 요구되었다.

---

45) 쉐보르스키는 사회적 세력균형의 유형을 ①허약한 반대세력과 대립하
는 강력한 부르주아지, ②강력한 부르주아지와 그에 대립하는 강력한
프로레타리아, ③허약한 부르주아지와 허약한 프롤레타리아, ④강격한
플레타리아와 허약한 부르주아지와 같은 네 가지로 분류하는데, 그에
따르면 세 번째 유형, 즉 모든 계급이 허약할 때 국가는 많은 저항과
억압 없이도 자율적이 될 수 있다고 말한다. 이 때 국가자율성은 맑스
주의에서 말하는 '보나파르티즘', '세자리즘(ceasarism)', '민중주의
(populism)'과 같이 국가가 사회에 비해 과대역할을 수행하는 그런 자
율성을 의미하는 것이라고 본다(Prezeworski, 1999: 92-98).

2. 경제개혁의 이념과 전략

(1) '경제위기(economic crisis)'의 정치 전략

거비치(Gourevitch, 1986: 222)의 말처럼 경제위기는 사회의 행위자 간의 관계, 즉 협력과 갈등의 패턴에 심대한 변화를 발생시킨다. 1997년 경제위기를 계기로 형성된 제반 사회세력관계의 조건은 김대중정부의 등장과 상당한 상관성을 가질 뿐만 아니라, 김대중정부의 지배연합, 정치체제, 경제개혁전략의 방향과 내용을 규정하는 것이었다. 그 중에서도 경제위기는 김대중정부의 경제개혁전략 수립에 가장 강력한 배경요인이 되었다.

경제위기가 경제개혁에 미치는 영향을 설명하는 대표적인 분석모형의 하나는 '구제가설'이다(Weyland, 1998; 박훈탁, 1999). 이 모형은 인간은 이득을 얻을 기회가 오면 매우 조심스럽게 행동하지만 손실을 입을 위험에 처했을 때에는 상당한 위험을 감수하는 심리적 성향을 갖고 있다는 가정에 입각하여, 신자유주의가 대중적 지지를 창출할 수 있는 이유는 경제위기가 초래한 막대한 손실과 미래의 손실을 피할 수 있기 때문이라고 본다. 바로 이런 맥락에서 1998년 한국에서 김대중정부가 국민적 지지를 동원해낼 수 있었던 핵심조건도 외환위기 때문이었다는 것이다(박훈탁, 1999: 13).

그러나 경제위기가 경제개혁에 끼친 영향을 보다 정확히 분석하기 위해서는 다음과 같은 몇 가지 조건들을 검토해야 한다. 첫째, 어느 나라를 막론하고 경제위기에 대한 일반적인 정부의 대응패턴은 규제를 강화하는 것이었다. 가령 1970년대 피노체트정부하에서 이미 시장을 개방했던 칠레정부도 위기에 처했을 때에 수입관세를 인상하는 등 규제를 강화하는 정책을 선택하였다(김동엽·최원익, 1998: 236). 둘째, 경제개혁을 추진한 나라 간에도 경제자유화개혁과 경제위기의 강도 간에 비례적 상관성은 별로 발견되지 않는데, 1980년대 초 동아시아국가들에서 그다지 심각한 경제위기로까지 나아가지 않았음에도 불구하고 경제개혁정책을 실시할 수 있었던 원인을 연구한 알레지나와 드라젠의 연구(Alesina and Drazen, 1991: 1170-1188)는 이런 문제의식의 일단이다. 셋째, 경제위기가 경제자유화에 커다란 영향을 미쳤다 할지라도 그 효과는 지속적이지 못하였다. 중남미 국가들의 사례를 통해서 볼 수 있듯이 경제위기하에서 거시안정화정책이 일시적으로 성공한 경우에도 경제구조개혁으로 심화시키는 데에는 실패하고만 경우를 많이 볼 수 있다. 넷째, 넬슨(Nelson, 1990: 326)이 경험적 비교연구의 결과를 토대로 지적하듯이, 경제개혁에 영향을 미치는 것은 경제위기 자체라기보다는 경제위기를 그 사회가 어떻게 해석하는가 하는 데에 달려있다.

따라서 경제개혁에서 경제위기의 역할은 '위기의식'이라는 사회적 주관성의 문제가 중요하다. 그런데 위기의식은 현실의 단선적 반영이 아니라 특수한 사회세력관계의 성격과 정치리더십에 의해 크게 변형된다. 사회세력관계의 조건과 이를 둘러싼 상호 작용의 다양한 양태는 사회경제적 조건에 대한 각 국가의 대응패턴을 상이하게 발현시킨다.46) 따라서 경제위기의 영향을 정밀하게 분석해 들어갈 때에는 그 기능을 일정한 방향으로 작용하게 만든 매개변수의 역할을 고려할 때에만 보다 정확한 고찰이 가능하다고 할 것이다.

한국에서 1997년 경제위기가 사회에 미친 영향의 강도는 대단

---

46) 1930년대 세계적인 대공황이 발생했을 때, 동일한 경제위기에 대해 주요 국가들의 대응패턴이 다양하게 나타났는데, 이것은 연합(coalition) 질서의 다양한 형성과 밀접하게 관련된다. 거비치는 사회민주적 패턴과 파시즘적 패턴으로 구분한다(Gourevitch, 1986: 33, 124-180).

히 강력했다. 여기에는 외환위기 직전까지 전개된 한국에서의 일
련의 정치상황이 작용했다. 앞서 살펴본 바처럼 한국사회의 총체
적 파편화의 위기는 파국에 대한 두려움을 극대화시켰다. 바로 이
런 조건에서 사회집단들의 공멸의 공포심은 김대중정부가 사회적
저항을 극복하는 데 가장 효과적으로 활용할 수 있는 수단이었다.
특히 선거를 통한 권력 장악에도 불구하고 〈표 4-1〉에서 보듯이
여전히 절대적인 소수의석만을 점하고 있던 김대중정부로서는 경
제위기를 적극적으로 활용하는 것이 경제개혁의 추진력을 확보할
뿐만 아니라 자신의 취약한 권력기반을 강화하기 위해서도 매우
유용한 정치적 자원이 아닐 수밖에 없었다.

〈표 4-1〉 김대중정부 출범당시 국회의석분포 (단위: 석)

정당	한나라당	새정치국민회의	자유민주연합	비교섭단체
의석수	161	79	43	11

　그것을 위한 가장 기초적인 작업은 경제위기를 재해석하여 그것
을 사회담론으로 생산·유포하는 일이었다. 재계의 경제위기에 대
한 시각은 "고임금 저효율론"이라는 전통적 진단을 벗어나지 못하였
다. 이에 따라 경제위기의 극복대안으로 주로 임금인상억제, 근로기
준법의 근로계약법으로의 대체 등을 주장하였다(유범상, 2000:
219). 노동계의 진단은 이와는 정반대였는데, "재벌에 대한 특혜금
융과 상호지급보증, 다국적 기업세력들의 음모"(한겨레신문, 1997.
12. 11)라고 규정했다. 그리고 경제위기의 극복대안으로 재벌총수
의 재산공개와 부채상환, IMF 합의사항 재협상, 경제민주화와 사
회복지제도 개선 등을 주장하였다(유범상, 2000: 220). 이와는

좀 다르게 김대중정부는 경제위기의 원인을 과도한 차입경영을 일삼아 온 재벌체제, 기업에 대한 감시기능을 상실한 관치금융, 정부의 금융감독 실패에 있다고 보고, 이를 한마디로 민주주의와 시장경제의 원리가 취약한 것이라고 압축하였다. 그에 따라 경제위기를 극복하기 위한 대안으로서 정부는 공정하고 경쟁적인 시장경제의 구축과 이를 위한 정부의 적극적 역할을 제시하였다(대한민국정부, 1998). 여기에서 정부의 적극적인 역할에는 경제주체 간의 대등한 자유경쟁기반을 창출하기 위한 자유와 공정의 민주적 덕목이 강조되었다(대통령자문정책기획위원회, 1998: 23-25; 유범상, 2000: 221). 이와 같은 정부의 경제담론은 IMF의 요구사항에 부응하면서 재계나 노동계의 주장과는 일정하게 선을 긋고 정부의 자율성을 확보하려는 것이었다.

(2) 외국자본의 압력 활용

김대중정부가 자신의 취약한 정치기반을 극복하고 경제개혁을 추진하기 위해 채택한 경제위기 활용전략은 외국자본의 압력을 이용하는 것과 밀접하게 연관되었다. 먼저 외환자산이 절대 부족할 뿐만 아니라 대외신인도의 회복이 절박한 과제였던 당시의 객관적 상황 속에서 외국자본의 압력 수용은 그 자체로 불가피하고 반드시 필요하다고 인식되었다.

> 대외의존도가 높은 우리나라의 경우 변화하는 세계경제 질서에 능동적으로 적응하는 일이 선택사항이 아니라 이미 주어진 시대적 과제이다.(중략) 경제의 개방은 무한경쟁을 촉진하여 1997년 말 외환위기 발생의 근본적 원인이 되었던 부정부패·정경유착·관치금융 등 우리 경제의 구조적 문제점들이 자라날 수 있는 토양을 근본적으로 바꿀 수 있다. 우리가 개방경제체제로 서둘러 전환해야 하는 이유가 여기에 있다(대한민국정부,

1998: 211).

나아가 외국자본의 압력은 경제위기 극복을 위해 필요한 구조 개혁의 추진에 구원자의 역할을 할 수 있는 것처럼 평가되었다. 이에 따라 김대중정부는 단순히 외국자본의 압력을 수동적으로 받아들이는 데에서 한 걸음 더 나아가 이를 능동적으로 수용하고, 심지어는 이데올로기적 수준으로까지 격상시켰다. 외국자본이 요구하는 시장개혁은 단순히 위기극복의 차원이 아니라 한국경제가 선진경제로 도약하기 위한 지름길이라는 신념으로까지 선전되었다(전주성, 2001: 79). 김대중 대통령은 "이제 세계는 식민지 시대가 아니기 때문에 외국자본은 많이 들여올수록 좋다."고도 말하였다.

> 경제의 개방은 무한경쟁을 촉진하여 1997년 말 외환위기 발생의 근본원인이 되었던 부정부패·정경유착·관치금융 등 우리경제의 구조적 문제점들이 자라날 수 있는 토양을 근본적으로 바꿀 수 있다(대한민국정부, 1998: 211).

또한 외국자본의 압력을 수용하는 것은 경제위기의 효과적 활용을 가능케 하고 김대중정부에게 주어지는 사회적 저항을 회피할 수 있는 수단이기도 했다. 그래서 김대중정부는 외국자본에 마치 시장의 힘 그 자체와 동일한 지위를 부여하였으며, 외환위기의 긴박한 상황을 벗어난 후에도 "대외신인도의 추락은 곧 제2의 경제위기"라는 등식의 담론을 재생산하여 지속적으로 설파하였다. 한국의 재벌체제를 비효율과 도덕적 해이의 표상으로 규정하였고, 노동세력의 집단행동에 대해서는 대외신인도를 추락시켜 외환위기를 심화시키는 집단이기주의로 매도하였다.

(3) 국가－시장관계의 재구성과 국가기구의 정비

김대중정부의 경제개혁에서 핵심적인 요점은 경제적 측면에서 세계적인 신자유주의의 흐름들을 전면적으로 수용하여 자유시장 경제의 작용 및 기업과 개인의 사유재산권을 대폭 허용하면서도, 다른 한편으로는 국가의 적극적인 역할을 복원했다는 점에 있었다. 국가의 적극적인 역할은 경제 감독 기능의 강화, 노사관계에서 국가의 주도적 역할, 사회안전망구축, 중소·벤처기업 지원, 재정·금리정책을 통한 경제조절 등에서 중점적으로 드러났다(이연호, 2001a: 113).

김대중정부는 국가와 시장의 관계에 대한 이 같은 결합양식을 '민주주의'와 '시장경제'라는 이념적 담론으로 제시하였다. 외환위기의 원인이 정경유착, 관치금융, 연고주의와 같은 불공정한 시장질서로 인한 도덕적 해이에서 비롯되었다고 보고, 따라서 정부가 이런 요소들을 신속히 제거해 나감으로써 진정한 민주적 시장질서를 정착시킬 수 있다는 것이었다.

> 시장경쟁은 개별 경제주체들이 각자의 지식과 정보의 한계를 넘어 자신도 모르는 사이에 서로 협조하도록 유도함으로써 사회적 효율을 극대화한다. (중략) 시장기능은 두 가지 힘에 의해 손상될 수 있다. 하나는 정치권이나 관료의 부당한 영향력이며, 다른 하나는 시장 내부에서 생성될 수 있는 독과점과 각종 경쟁제한 행위이다. (중략) 시장기능을 왜곡시키는 정치권과 관료의 힘을 제어하는 것은 정치적 민주주의를 통하여 이룩할 수 있다(대한민국정부, 1998: 57-60).

여기서 나아가 김대중정부는 국가(정부)의 적극적 역할 수행을 제시하고, 다음과 같은 정식화를 시도하기도 하였다.

시장경제체제를 확립한다는 것이 정부가 방관자 역할을 한다는 것을 의미하지는 않는다. 규제철폐 등을 통하여 정부의 역할을 축소해야 하는 부분도 있으나 진정한 시장경제의 실현을 위하여 오히려 확대해야 하는 부분도 있다. 즉 민주주의와 시장경제를 동시에 발전시키기 위해서 정부의 역할을 새롭게 정립할 필요가 있는 것이다. (중략) 질서 있는 경쟁체제는 자동적으로 이루어지는 것이 아니기 때문에 정부는 시장에서 자유롭고 공정한 경쟁이 이루어지도록 경기규칙을 정비하고 이 규칙이 준수될 수 있도록 감시하는 역할을 해야 한다. (중략) 경제구조개혁을 성공적으로 이끌기 위해서도 정부의 선도적 역할이 중요하다. 도덕적 해이의 만연, 이익집단의 저항, 재원의 부족 등 개혁의 장애요인을 선도적으로 극복할 주체는 정부이다. (중략) 경제적 약자를 배려하기 위한 정부의 역할도 중요하다. 정부는 사회안전망이 가진 자가 못 가진 자를 위해 제공하는 시혜성 배려가 아니라 사회구성원 모두를 대상으로 하는 호혜성 보험이라는 생각을 확산시키는 데 주력할 것이다(대한민국정부, 1998: 72-78).

"앞으로는 시장경제체제를 통한 경제적 풍요와 고전적 자유주의에서 간과되어 왔던 사회적 형평을 추구하는 신자유주의의 이념이 필요한 시기이다. 신자유주의는 고전적 자유주의처럼 개체원리 내지는 개인주의를 일방적으로 강조하지 않는다. (중략) 시장이 성장하는 만큼 정부의 역할은 소극화되나 그것이 새 정부가 지향하는 정부가 자유방임적 정부라는 것을 의미하지는 않는다. 규제완화와 시장개입철폐가 진행되는 과정에서도 공정한 경쟁의 창달과 시장경제의 안정성 제고, 공공재의 공급 등 정부의 핵심적 기능은 오히려 대폭 강화되어야 할 것이다. 또한 현 수준에서 민간부문이나 시장의 기능과 역할이 취약한 부문이 존재할 경우 정부는 적극적인 역할을 담당하여야 한다."(정부조직개편심의위원회, 1998: 5)

그런데 시장질서의 재구축에 국가의 적극적 역할을 복원하기 위해서는 약화된 국가기구를 재정비하고 강화해야 했다. 김대중 정부가 국가를 강화시킨 방향은 다소 모순적이었다. 한편에서는 (특히 초기에) 참여민주주의를 강조하고, 그에 따라 국가기구의 투명성을 높이기 위한 각종 조치들을 실행에 옮겼다. 정부 정책 결정과정에 민간단체와 전문가를 참여시키는 방안들을 추진하였고, 행정정보공개제도의 확대, 지방으로의 권한이양, 규제개혁 등 제반 민주주의적 제도를 도입하였다. 바로 실행에 옮겨지지는 않았지만 공직사회의 투명성을 제고하는 부패방지법과 자금세탁방지법, 인사청문회 도입 등을 추진하였다. 하지만 다른 한편으로는 정치권력의 배타적 지배권을 강화하는 여러 가지 조치들을 꾀하기도 하였는데, 과거 자신의 정적들이 사용했던 방법을 차용하여 상대 정당의 국회의원을 영입함으로써 국회에서 다수파를 조작하였다(임경훈, 2000: 91). 또 대통령을 정점으로 하는 정당, 의회, 행정부에 대한 지배와 통제를 강화하기도 하였다.

김대중정부는 취임 후 대대적인 정부조직개편을 단행하였다(정부조직개편심의위원회, 1998). 정부조직개편은 정부조직과 운영에 있어서 비효율성을 제거하는 의미도 있었지만 국가기구 전반에 대한 대통령의 우월적 지위를 확립하게 위해 관료기구를 정비하고 강화하는 의미를 지닌 것이었다. 정부조직개편의 핵심내용은 대통령의 국정리더십 역량을 강화하는 데에 두어졌다(정부조직개편심의위원회, 1998: 10-11). 이런 맥락에서 김대중정부는 먼저 대통령과 내각의 관계를 보다 긴밀히 하였다. 김대중정부는 과거 경제구조개혁의 실패가 부분적으로는 관료집단의 저항에서 비롯되었다는 판단을 하고 있었다(정부조직개편심의위원회, 1998: 22). 그래서 김대중정부는 전임자의 정부에서 드러난 특정 부처에 의한 독주와 이익집단화를 방지하기 위해 공룡부처 재정경제원을 해체하여 그 권한과 기능을 재정경제부, 기획예산처, 금융감독위원회, 공정거래위원회, 한국은행 등으로 권한을 분산하고 견제와 균형을 제도화하였다. 기획예산처의 기능을 대통령이 직접 통제할 수 있게 하였고, 금융감독의 기능을 재정경제부로부터 떼어내어 독립시켜 경제구조조정에 대한 강력한 감독과 집행기능을 부여하였다. 그리고 이같은 각 부처 간 견제와 균형을 확립한 바탕 위에서 대통령이 이를 조율함으로써 경제관료팀의 팀워크를 확보하고자 했다.

(4) 금융부문의 강화

이와 함께 김대중정부는 금융－기업관계에서 금융자본의 주도성을 강화하고자 하였다. 그런데 이를 위해서는 먼저 금융기관들의 부실을 해소하고 자기자본을 충실히 하는 것이 선결되어야 했다. 그래서 1998년 5월 20일 6차 경제대책조정회의를 열고 구조조정 종합대책을 확정하였는데, 이 자리에서 금융구조조정을 위한 소요재원 조달을 위해 64조 원의 공적자금을 조성하기로 하였다. 이를 통해서 정부는 기업구조조정에서 직접 전면에 나서기도 하였지만 채권금융기관이 이를 주도하도록 하는 방식을 취하였다. 그리고 정부는 금융기관의 도덕적 해이를 감시하기 위해 강력한 금융감독 장치를 설치하였다. 바로 이와 같은 방식은 관치의 논란을 피하는 데에도 유용하였다.

(5) 사회적 갈등의 제도화와 개혁지지기반의 강화

김대중정부는 사회적 갈등구조를 새로운 방향으로 제도화함으로써 이를 통해 국가의 정당성과 조정능력을 높이고자 하였다. 이는 국가의 자율성을 강화하고자 하는 조치였다. 김대중정부는 경제위기와 외국자본의 경제개혁 압력을 지렛대로 삼아 재벌세력과 노동세력 양자에 대해 구조조정의 압박을 가하는 한편, 이와 함께 재벌과 노동세력 사이의 견제관계를 제도화하여 사회집단들에 대한 조정능력을 높임으로써 개혁노선에 대한 사회적 합의를 도출하고자 하였다.

> 국민 참여에 기초한 민주적 합의는 체제를 안정시킴으로써 지속적인 경제성장의 토대를 제공한다. (중략) 이러한 과정을 거치면서 형성된 공감대와 이에 따른 '여론'의 힘은 소수의 기득권층과 이익집단이 자신들의 특정이익을 추구하는 것을 어렵게 함으로써 개혁이 원활하게 추진될 수 있도록 한다(대한민국 정부, 1998: 55).

이와 같은 작업들은 사회적 조합주의(social corporatism)와는 다르게 주로 국가의 필요성에 의해 제기되고 국가가 주도하여 이루어졌으며, 이때 국가는 강제력을 행사하기도 하고 유인책을 제시하기도 하면서 사회집단들을 사회적 합의의 틀 속으로 끌어들였다.

노사정위원회는 그 같은 시도의 대표적 사례였다. 이를 위해 김대중정부는 정리해고제, 근로자파견제와 같은 노동시장 유연화 정책들을 경제위기 극복이라는 명분 하에 강력하게 추진하는 한편, 그동안 법외조직으로 남아 있던 민주노동조합총연맹(민노총), 전국교직원노동조합(전교조) 등을 합법화하고 노동기본권을 확대하는 것과 함께 기업투명성제고, 사회보장확대와 같은 유인책을 제공하였다.

그 외에도 김대중정부는 중간세력들을 개혁지지의 구심으로 묶고 개혁지지기반의 외연을 강화하기 위해 시민운동단체 및 진보적 지식인들을 망라한 포괄적 민·관 협력의 정치연합을 구축하고자 시도하였다. '제2건국범국민추진위원회'나 '민족화해와 협력을 위한 범국민협의회(민화협)'는 그 같은 시도의 일례였다. 또 정부의 각종 정책결정과정에 학계, 시민단체 등 민간전문가의 참여를 확대함으로써 정책결정의 정당성과 추진력을 제고하였다(홍익표, 2000: 16).

제3절 경제개혁의 전개과정

1. 정통적 신자유주의 처방과 사회적 합의 시도

(1) 정부-IMF 협상과 정통적 신자유주의 처방

1997년 말 외환위기는 한국경제가 세계경제의 개방 압력에 전면적으로 노출되도록 패러다임의 변화를 강제당하는 대전환의 계기였다. 외환위기 초기에 경제위기의 극복 노력은 IMF가 제시한 '고금리'와 '긴축'을 골자로 하는 고전적 처방을 전면적으로 수용하는 방식으로 진행되었다. 달리 말하면 정부가 인위적으로 시장에 개입하여 기업을 구제하는 정책을 자제하고, 시장의 흐름에 따라 부실기업이나 금융기관을 도태시켜 나가는 정통적 처방이었다.

외환부족 사태에 직면하여 정부는 1997년 11월 21일 IMF에 구제금융을 신청하여 협상에 들어갔고 그 해 12월 3일 IMF의 지원이 결정되었다. 협상과정에서 나타난 주요 쟁점은 원칙론 대 현실론이었다. IMF는 부실한 금융기관이 폐쇄되어야 한다는 원칙론을 제기하였고, 한국정부는 어음할인 관행이나 기업금융에서 종금사가 차지하는 비중 등을 들어 무조건 폐쇄할 경우 충격이 크다는 점을 강조했다(정규제·김성택, 1998: 208-9). 협상 직전 한국정부는 IMF와의 협상을 유리하게 이끌기 위해 임창열 재경원 부총리를 일본에 파견하여 자금을 빌려오려고 시도하였다. 그러나 일본은 미국이 지원금융의 창구를 IMF로 단일화하여 일본도 이에 협력할 수밖에 없다는 구실로 한국정부의 요청을 거절했다.

한국정부와 IMF 간의 협상은 처음에는 순조롭게 진행되는 듯하였으나, 12개 종금사와 제일, 서울은행 등을 12월 3일까지 폐쇄하라는 새로운 요구가 추가되면서 협상은 난항에 빠졌다. 한국정부는 자산이 수조 원에 달하는 종금사들은 동남아의 부실 금융기관들과 다르다는 논리를 폈지만 IMF는 완강하게 자신의 요구사항 관철을 주장하였다. 결국 9개의 종금사를 폐쇄하고 2개 부실은행은 6개월의 여유를 갖고 처리하자는 데 합의하였다. 그러나 IMF의 요구는 여기에서 그치지 않았다. 12월 3일 캉드쉬 IMF총재는 청와대를 방문하여 다음 정권에서도 IMF와의 협약이 지켜질 수 있도록 대통령 후보들이 IMF 협상결과를 받아들인다는 각서를 제출하라는 새로운 요구를 제시하였다. 이에 따라 여야의 대통령 후보들이 각서에 서명하였다.

그런데 12월 6일 당시 야당인 새정치국민회의의 대통령후보였던 김대중은 IMF와의 재협상을 요구하고 나섰다. 그는 집권하면 즉시 협상관계자들을 문책하고 IMF와의 합의를 재검토하여 우리의 경제현실을 반영한 내용으로 재협상하겠다고 밝혔다. 이에 당시 여당은 야당이 정부와 IMF 간의 약속을 부정함으로써 국가 신인도를 추락시켜 외환위기를 가중시키고 있다고 비난했다. IMF와의 재협상 문제가 첨예한 정치적 쟁점으로 떠오르자 외국의 한국에 대한 시각은 더욱 부정적으로 변했고, 한국의 외환확보는 악영향을 받게 되었다. 한국에 대하여 관대한 태도를 보여왔던 독일 도이체뱅크도 재협상론이 제기되자 한국에의 대출한도를 묶는가 하면, 잠시 안정세를 보였던 코리아펀드 등 한국관련

채권가격이 다시 내림새로 돌아섰다(삼성경제연구소, 1998: 103).

결국 김대중 후보는 재협상론을 철회하게 되었고, 12월 22일 대통령 당선자가 되어서는 립튼(David Lipton) 미국 재무부 차관에게 IMF 협약을 준수하겠다는 메시지를 전달하였다. 게다가 김대중 대통령 당선자는 여기서 한 발 더 나아가 립튼 재무차관과의 면담에서 이른바 'IMF+α'라는 것을 제시하였다. IMF+α란 한국이 IMF와 맺은 협약 사항에 덧붙여 ①정리해고제 수용, ②외환관리법 전면개정, ③적대적 인수합병(M&A) 허용 등 추가조치를 실시하겠다고 약속하는 것이었다. 이는 IMF를 주도하고 있던 미국의 지원을 확실히 얻어내기 위한 조치였다. 이를 통해서 한국은 미국의 적극적인 지원약속을 받아낼 수 있었고, 국제사회의 우려를 불식할 수 있었다(중앙일보, 2002. 1. 2).

이로써 한국경제는 사실상 IMF 관리체제로 편입되었다. IMF를 필두로 하는 국제자본은 한국경제의 기본 골간을 쥐고 흔들 수 있게 되었다. IMF는 한국정부에게 자신들의 주장에 따라 특정한 경제정책을 채택하고 경제구조를 개혁할 것을 요구하였다. 이것은 1차 IMF차관 양해각서(1997. 12. 3)와 1차 수정안(1997. 12. 24)에 잘 집약되어 있다(〈표 4-2〉).

한국정부가 IMF와 합의한 경제정책의 기본 방향은 ①긴축통화정책과 대폭적인 금융구조조정을 통해 대외계정의 적정한 조정과 물가상승압력을 막기 위한 강력한 거시경제의 틀을 만들 수 있도록 하고, ②금융부문의 구조조정과 자본의 재분배, 그리고 좀 더 투명하고 시장중심적이며 정치적인 간섭에서 자유로운 경제의사결정이 가능하여야 하며, ③기업지배구조를 개선할 수 있는 수단이 있어야 하며, ④자본계정 자유화를 가속화하며, ⑤무역자유화 진전과 투명하고 시의적절한 경제자료가 공개되어야 한다는 것이었다(IMF, 1998).

〈표 4-2〉 IMF 경제프로그램: IMF차관 양해각서 요약

구분	세부사항	
	1차(12월 3일)	1차수정 (12월 24일)
거시경제 지표	o 1998년 경제성장률 3% 이내, 물가상승률 5% 이내 o 1998/99년 경상수지적자 GDP 1% 이내 ㅡ외환보유고 확충 위해 경상수지적자 최대한 축소	
재정·통화정책	o 재정 긴축운용: 균형이나 소폭 흑자재정 o 세출예산 축소 o 세수확대 수단검토 ㅡ조세감면 폭과 대상 축소 ㅡ특소세, 교통세 등의 세율인상 o 통화긴축: 일시적 금리인상 용인(18~20%) o 변동환율제 유지	o 금리 30% 이상 감수 o 이자율 상한선 철폐
금융구조 조정	o 금융개혁법안 연내처리 ㅡ한은 독립성보장 및 통합금융감독기관 설립 o 부실금융기관 구조조정 및 퇴출제도 마련 o 국제기준 금융기관건전성 감독회계기준 마련 ㅡ대형금융기관은 국제적 회계법인이 감사	
무역자유화	o WTO협정 일정에 따라 수입선 다변화제도 및 무역관련 보조금 폐지 o 수입증명절차의 투명성 제고	
자본시장 개방	o 외국인 주식취득한도 확대 ㅡ97년 중 50%, 98년중 55% o 98년 중반까지 외국금융기관 국내자회사 설립허용 o 채권시장 조기개방 o 단기금융상품에 대한 외국인투자 단계적 허용 o 외국인 직접투자 제한분야 추가허용 o 상업차관도입 자유화	o 97년 말 55%, 98년 말 투자한도 철폐 o 98년 중반에서 3월로 일정조정 o 국채, 회사채, 특수채에 대한 외국인투자한도 철폐(97년 말) o 단기금융상품에 대한 외국인투자 무제한 허용의 일정작성(98년 1월)
기업경영 투명성 제고	o 국제기준 회계제도 도입(결합재무제표포함) o 계열기업군 상호지급보증제 개선 o 금융실명제 골격 유지	o 정부실업보호시스템 강화 o 일시해고비용축소와 재고용 촉진
고용정책	o 노동시장 유연성 제고 o 고용보험제도 범위확대	
정보공개	o 외환 및 금융정보의 정기적인 공개	

* 출전: 삼성경제연구소, 1998: 100.

그 중에서도 핵심적 사항은 거시안정화정책과 구조개혁정책이
었다.47) 거시안정화정책은 높은 이자율 유지 및 예산적자축소 등
각종 수요억제정책 혹은 내핍정책들로 구성되어 있으며, 구조개
혁정책은 미국식 자본주의를 교과서로 삼아 시장기능을 인위적으
로 강제하거나, 향후에 시장기능을 지속적으로 유지하는 데 기반
이 되는 각종 제도들을 이식하는 데 목표를 두고 있었다. 전자는
금융기관과 기업의 퇴출 및 인수·합병 등과 관련된 구조조정이
고, 후자는 감독강화 및 투명성 제고 등과 관련된 제도개혁이었
다(홍훈, 1998: 350).

이처럼 IMF가 한국에 대해 요구한 거시경제 안정화와 경제구
조개혁의 내용들은 이론상으로는 대체로 신고전파 경제학의 관점
에 입각한 것으로 정통적 신자유주의 정책을 지향하는 것이었다.
긴축적인 통화, 재정정책이나 고금리정책, 무역 및 자본시장 자유
화, 은행차입 비중 축소와 자본시장 육성, 정부간섭 배제, 노동시
장의 유연화 등은 IMF가 외환위기를 겪은 중남미 등의 국가들에
게도 강요했던 것으로 신자유주의 경제정책의 본질을 나타내는
것이었다. 이런 정책들은 적어도 김대중정부 초기에 매우 전형적
인 형태로 실행되었다.

IMF와의 협상타결과 구제금융의 집행으로 한국은 국가부도의
급박한 위기를 일단 모면할 수 있게 되었다. 외환수급상황은 다소
호전되는 듯이 보였다. 1998년 1월 29일에는 뉴욕에서 7개국
13개 외국채권은행 대표들과 외채만기연장 협상이 타결되어 한국
의 대외신인도가 다소 회복되고 외환 및 자금시장의 안정에 크게
기여하였다. 원화 환율이 1월 26일 달러당 1,749.9원에서 2월

---

47) IMF의 요구사항 중에는 일본 등 개별국가들이 자국이익을 도모하기 위
하여 삽입한 수입선 다변화 정책 같은 내용들이 포함되어 있어 그 부당
성이 제기되기도 하지만 전체적인 과정에서 그 중요성은 크지 않다.

10일에는 1,553.3원으로 급속히 안정되었으며, 금리도 같은 기간에 21.2%에서 18.81%로 하락하였고, 주가는 518.64%에서 541.77%로 상승하였다(삼성경제연구소, 1998: 108).

(2) 사회적 합의의 시도와 노사정위원회의 출현

이 시기에 한국의 자금시장이 안정된 것은 단순히 한국정부가 IMF의 요구를 수용했다는 사실에서만 기인하지는 않았다. 김대중 정부가 사회적 저항을 비교적 잘 관리할 수 있었던 점도 커다란 기여요인이었다. 국가부도의 위기에 직면하여 재벌, 노동, 야당(신한 국당)세력 등 한국의 주요 사회정치세력들은 외환위기로 현저하게 약화되어 있었으며, 외부세력의 압력에 저항하여 자신의 이익을 지켜나갈 능력이 없었기 때문이었다. 바로 이런 조건에서 김대중정부는 절대적인 소수파정부였음에도 불구하고 경제위기를 적절히 활용하여 기득권세력에 대해 그 이전 어느 정부도 누려보지 못한 강한 국가자율성을 구가할 수 있었다(최장집, 2002: 176). 특히 이 시기에 경제개혁 이슈에 관한 한 김대중정부는 보수주의적 야당, 재벌, 노동세력 어느 쪽으로부터도 심각한 도전을 받지 않았다. 그래서 심지어는 매우 보수적인 논조의 신문인 동아일보도 사설을 통해 한나라당이 국회 다수 의석을 점하고 있는 상황에서 "국회는 앞으로도 경제구조개혁을 앞당기기 위해 서둘러 입법에 너서야 할 것을 뒤로 미루거나 무산시킴으로써 개혁의 발목을 잡아서는 안 된다."고 강조하였다(동아일보, 1997. 12. 22).

경제위기타개를 위한 사회적 합의형성기구로서 노사정위원회의 출범(1998. 1. 5)과 노·사·정 공동협약의 타결(1998. 2. 6)은 경제위기극복을 위해서뿐만 아니라 정치사적으로도 획기적인 사건이었다. 노사정위원회의 구성과 공동협약의 타결은 직접적으로는 IMF가 요구한 정리해고제의 관철을 위한 의도에서 추진되었다. 정치권은 이미 정리해고제의 도입에 합의를 한 상태였다. 김대중 대통령당선자는 1997년 12월 한국노총 및 민주노총의 지도부들과 간담회를 갖고 정리해고제 도입에 협조해 줄 것과 노사정협의체의 구성을 요청했다. 이에 대해 양대 노총은 강력히 반발했지만 경제위기를 우려하는 사회여론에 밀려 1998년 1월 14일 노사정위원회의 구성에 전격 합의하였다. 이때 노사정위원회는 과거 김영삼정부에서 노사관계개혁위원회와는 달리 공익위원 대신에 정부 대표와 정치권 인사가 참여하였다(유범상, 2000: 228). 이것은 위원회의 운영과정에서 중재역할과 중앙교섭의 실효성을 보장하는 차원에서 진일보한 것이었다.

그렇다면 김대중정부가 노사정위원회의 구성과 공동협약을 추진한 메커니즘은 무엇인가? 첫째, 노동세력에 대한 일방적 배제와 전투성 게임을 통한 정리해고제 등의 도입이 초래하게 될 위험도(risk)와 사회적 비용 때문이었다. 노동운동의 위기와 약화에도 불구하고 노동세력은 정부의 일방적 배제정책에 대해서 네거티브 게임을 벌일 수 있는 힘을 보유하고 있었으며, 따라서 정부가 정리해고제 등을 물리적으로 관철할 수 있다할지라도 거기에서 초래되는 사회적 비용은 엄청날 수밖에 없었기 때문이다. 둘째, 정리해고제 등이 노동세력에게 현저하게 불리한 게임임에도 불구하고 노동운동이 현저히 약화된 상황에서 당시의 긴박한 경제위기에 의한 사회여론을 동원하면 노동세력을 사회적 토론의 장 속으로 끌어들일 가능성이 존재했기 때문이다. 셋째, 노동세력을 사회적 토론의 장 속에 끌어들임으로써 경제적 기득권세력인 재벌을 견제하는 데 활용할 수 있고, 나아가 보수적 정치세력이 여전히 절대다수를 점하고 있는 상황에서 정치권의 합의를 강제하는 데 유용한 측면이 있었기 때문이다.

바로 이와 같은 전략·권력관계 속에서 사회적 합의의 추진은 국가주도 아래 맞교환형식의 방향으로 진행되었다. 이에 따라 1998년 1월 20일 '경제위기극복을 위한 노·사·정 간 공정한 고통분담에 관한 선언문'이 채택되었다. 뒤이어 노·사·정은 본격적인 세부논의로 나아갔다. 그 과정에서 노동측은 정부와 사용자가 정리해고제, 근로자파견제 도입 등 노동자에게 일방적 고통전담을 강요하는 여론몰이에 급급하다고 비판하면서 반발하기도 하였지만, 팽팽한 줄다리기가 계속된 끝에 마침내 1998년 2월 6일 노·사·정 공동협약이 타결되었다. 그 주요 골자를 살펴보면, 정리해고제를 긴박한 경영상의 사유라는 조건을 달아 통과시키고, 근로자 파견제를 즉각 시행하는 대신에 노동기본권보장, 노조정치활동보장, 공무원·교원의 노동기본권을 허용하는 등의 내용으로 이루어져 있었다(노사정위원회, 1998).

이때의 노·사·정 합의문은 선언적 차원에서 볼 때, 기업경영의 투명성 확보 및 구조조정촉진, 물가안정, 고용안정 및 실업대책, 사회보장제도확충, 노동기본권보장, 노동시장유연성제고 등 90개항에 이르는 합의를 담고 있었는데, 향후 경제개혁의 기본방향을 담는 것이었다. 그러나 고통분담이라는 포괄적 원칙에도 불구하고 합의문의 당면과제는 정리해고, 근로자파견제의 법제화 등 노동시장의 유연성을 강조하는 데 주안이 두어졌다. 재벌개혁, 고용안정 및 실업대책, 사회보장제도확충, 민주적 노사관계확립 등의 과제는 주로 선언적으로만 명시되고 2차 과제로 넘겨졌다(노사정위원회, 1998). 그런 점에서 이 때의 사회협약은 전체적으로 볼 때 노동세력에게 불평등한 것이었다. 게다가 이것은 경제 환란의 가장 직접적인 책임 요인이 재벌세력에게 있다는 점이 명백하게 공감대를 이루고 있는 조건 속에서 정부가 오히려 거꾸로 노동세력과 대립 전선을 형성함으로써 정부는 마치 재벌의 보호자인 것처럼 곡해되고 구조개혁의 동력을 훼손하는 결과를 가져왔다. 사실 정리해고의 법제화와 고용조정은 재벌개혁의 우선성을 파기할 만큼 시급한 사안은 아니었다. IMF의 실질적 대주주인 미국의 립튼(David Lipton) 재무차관도 "한국은 고용조정이 필요하지만 사회 여건상 고용 유지가 필요하다면 임금동결 또는 삭감을 노조가 수용해야 할 것"이라는 수준에서 언급한 정도였다(한겨레신문, 1997. 12. 29). 그럼에도 불구하고 김대중정부는 정리해고 도입 등을 가장 우선순위에 놓고 추진함으로써 위기극복을 위한 정책결정의 합리적 절차를 인위적으로 왜곡하였던 것이다.

바로 이 때문에 1998년 2월 6일 노·사·정 공동협약은 2월 9일 민주노총 임시대의원대회에서 조합원들의 강력한 반발에 부딪쳐 비준에 실패하였다. 민주노총 지도부가 협상결과에 책임을 지고 총사퇴했고 비상대책위원회를 발족하여 재교섭을 요구하였다. 민주노총은 "2·6사회협약안은 재벌총수퇴진 및 사재헌납, 노동자경영참가법 제정 등 노동자의 요구를 저버리고 형식적인 재벌개혁안만을 담고 있고, 또 대량실업을 야기하는 정리해고를 법제화하고 있을 뿐 아니라 1996년 말 날치기 노동법과 다를 바 없는 '인수·합병·양도'시까지 정리해고를 무제한 허용하고 있다."고 비판했다(매일노동뉴스, 1998. 2. 11). 그러나 이런 민주노총의 반발에도 불구하고 민주노총의 주장은 사회적 설득력을 얻지 못하였으며 강경파와 온건파 간의 내부갈등만을 부각시켜 커다란 상처를 입게 되었다.

반면 정부는 이 시기 노사정위원회 구성과 공동협약 추진을 통해 노동의 저항을 무난히 헤쳐 나갈 수 있었으며, 경제위기의 파국을 피해 나가는 데 상당정도 성과를 거두었다. 이런 모습들은 외국의 투자자들에게도 김대중정부의 위기관리능력에 대한 높은 평가를 가능케 하였다.[48] 그러나 이때의 성과는 노동의 불만과 저

---

48) 이때 S&P 등 외국 신용평가기관들도 노동자들의 이해와 폭넓은 지지

176

항을 관리하는 소극적 목적만을 달성하는 데 지나지 않았다. 오히려 장기적인 목표의 관점에서는 국가와 노동의 연계 고리를 약화시켜 사회적 합의를 달성하는 데 커다란 장애를 조성하게 되었다. 그럼으로써 이것은 노사정위원회를 재벌개혁, 노사관계의 선진화, 사회보장의 확충이라는 보다 높은 수준의 목표를 달성하는 사회협약의 수준으로 발전시켜 나가지 못하고 말게 되는 중요한 원인이 되었다.

게다가 사회적 합의정책의 실패와 노동과의 대결관계 형성은 단기적으로도 대단히 중요한 영향을 끼쳤는데, 경제구조조정의 진행 과정에서 양산되는 기업 부도와 대량 실업으로 인해 노동자들의 불만이 급속히 팽창함에 따라 정부는 노동의 협조가 없는 속에서 그 같은 압력을 감당하는 데에 한계에 직면하게 되었으며, 결국에는 지금까지의 고금리·긴축정책에 의한 구조개혁의 방향을 급선회하여 경기확대정책으로 전환하지 않을 수 없었다. 이는 고금리·긴축정책에 의한 IMF식 경제개혁의 타당성 여부를 떠나 경기확대정책 속에서 재벌기업의 개혁 작업이 상당부분 수포로 돌아가는 결과가 되었다.

(3) 경제기반의 붕괴 가속화

정부-IMF협상에 따른 IMF 정책팩키지를 전면적으로 수용하고 노동세력의 저항을 효과적으로 관리해 넘으로써 한국은 국제사회로부터 상당부분 신뢰를 회복하고 자금시장을 안정시킬 수 있었다. 그럼에도 불구하고 기업의 부도사태가 걷잡을 수 없이 심화되고 금융시장의 불안이 여전히 지속되었다.

1998년 1월에만 보성, 극동건설, 나산 등 대기업들을 비롯한 부

등을 지적하면서 한국의 노동시장개혁 노력을 긍정적으로 평가하였다 (재정경제부, 1998c: 25).

도업체 수가 3,300개를 상회하였다. 1998년 4월까지 전국 부도업체 수는 총 11,920개사로 월 평균 3천여 개의 업체가 쓰러졌다. 고금리와 신용경색으로 인해 기업의 설비투자가 급격히 감소하였다. 설비투자는 1998년 1/4분기에 전년 동기 대비 40.7%나 감소하여 사상 최대의 감소 폭을 기록하였다. 1998년 4월에는 전년 동월보다 48.6%가 감소하였는데, 이는 1/4분기에 비해 8% 포인트 낮아진 것이었다(삼성경제연구소, 1998: 119). 설비투자 감소와 함께 내수도 위축되었다. 외환위기 이후 임금하락에 따라 구매력이 감소되었고, 실업을 우려한 불안심리가 확산되면서 소비가 크게 위축되었다. 1998년 1/4분기에는 내수가 전년 동기보다 약 10~50% 감소하였는데, 특히 자동차, 섬유, 가전 등 소비재 산업의 감소세가 두드러졌다. 또 심각한 내수부진은 제조업 전반으로 확산되어 제조업 평균가동률은 98년 1/4분기 67.3%로 둔화되었고, 6월까지도 60%대에 머물렀다(삼성경제연구소, 1998: 120). 고용사정도 급격히 악화되었는데, 실업률은 1998년 4월 6.7%로 증가하였고, 5월에는 6.9%로 150만 명을 넘어섰다(〈표 4-3〉).

〈표 4-3〉 실업률 추이(단위: %)

1997. 11월	12월	1998. 1월	2월	3월	4월	5월	6월
2.5	3.1	4.5	5.9	6.5	6.7	6.9	7.0

* 자료 통계청

이처럼 경제상태가 급속히 악화된 데에는 IMF 프로그램에 따라 정부가 통화긴축과 고금리정책을 시행하였던 것이 직접적인 요인이었다. IMF가 외환위기 초기에 한국에 요구한 내용은 정통적 신자유주의 처방이었다. 이는 IMF가 구제금융을 지원받는 모든 국가들에게 거의 천편일률적으로 요구해 온 것으로, 전반적으로 총수요를 억제하여 각종 가격들을 안정시키고 부실기업과 한계기업을 퇴출시켜 경제전반의 거품을 제거하는 이른바 신자유주의적 구조조정을 의미하는 것이었다. 그러나 IMF의 이론적 기대는 실제 결과와는 전혀 달랐다. 고금리와 긴축에 의존하는 거시안정화정책은 옥석 구별 없이 뒤섞여 있는 기업 및 은행들을 '살아남을 자'와 '죽을 자'로 양분하였다(홍훈, 1998: 352). 긴축과 고금리를 통한 구조조정은 기업의 자금동원능력에 좌우되었으며, 효율성 여부에 좌우되지 않았다. 실제로 퇴출된 기업 대부분은 금융여건이 열악한 중소기업이었으며, 구조조정의 주 대상이던 재벌기업이 퇴출된 것은 극소수에 불과했다. 결국 IMF의 긴축정책은 이론적 기대와는 정반대로 작동하였으며 구조조정의 수단으로 적절하지 못했다(김균·박순성, 1998: 380). 사회적으로도 임금삭감과 소득감소 및 부동산, 주택가격 하락을 촉진시켜 노동자층을 비롯한 국민 대다수의 생활수준을 급격하게 하락시키고 중산층 몰락을 가속화시켰다. 그러나 다른 한편으로 현금을 소지한 일부 부유층에게는 막대한 이자소득을 올릴 수 있는 기회를 제공하였다. 이로 인해 빈부격차와 소득불평등 및 사회양극화 과정이 크게 촉진되었다(김세균, 1999). 이 시기 계층 간 소득불균형 정도를 나타내는 지니계수의 추이를 살펴보면 외환위기 이전인 1997년 0.283에서 외환위기 이후 구조조정 속에서 1998년 0.316, 1999년 0.320으로 소득불평등이 크게 높아지면서 고착화되어 갔다(〈표 4-4〉).

　바로 IMF 정통적 개혁프로그램은 지대 추구를 제거한다는 이론적 명분과는 전혀 다르게 소수 특정계층에 막대한 지대이익을 이전시키는 효과를 유발하며, 이는 경제위기를 겪은 국가들의 대규모 실업사태와 맞물려 사회정치적 불안을 급격하게 증폭시켰다. 그리하여 고금리와 긴축정책에 의한 경제기반 침하, 실업률

증대, 사회정치적 불안이 급증하게 되자 결국 IMF의 정통적 개혁프로그램은 더 이상 원형대로 유지하기가 어렵게 되었다.

〈표 4-4〉 도시근로자소득의 지니계수변화(1996~2002)

연도	1997	1998	1999	2000	2001	2002
소득	0.283	0.316	0.320	0.317	0.319	0.312

* 출전: KOSIS

2. 경제개혁전략의 수정

(1) 정통 신자유주의 처방에 대한 비판과 정부—IMF의 재협상

고금리와 긴축을 통한 구조조정정책의 폐해가 커지자 한국경제의 근간이 와해될 수 있다는 목소리가 커지기 시작하였다. 무엇보다 실업자의 폭증으로 인해 사회적 불안이 고조되었는데, 마치 한국사회는 금세 폭발할 것 같은 뇌관처럼 인식되었다. IMF가 요구한 거시안정화 정책수단으로서 긴축적 통화·재정정책, 고금리정책이 최단기 외환시장의 안정을 회복하는 데 적지 않은 기여를 하였음에도 불구하고, 우량기업의 대량 도산과 대량 실업 등 안정화정책의 대가가 너무 혹독하다는 국내외의 비판들이 도처에서 제기되었다.49) 이에 대해 처음에 IMF는 금리를 인하할 경우

---

49) 가령 삭스(Jefferey Sachs)같은 이는 한국의 재정이 건실하였음에도 불구하고 IMF가 예산삭감, 고금리, 금융긴축 등 표준적인 처방을 내린 것은 한국적인 현실을 고려하지 않은 것이며, 긴축적 거시정책은 민간부문의 부실을 가속화하여 오히려 사태를 악화시킬 가능성이 있음을 지적하였다. 또 스티글리츠(Joseph E. Stiglitz)도 경상수지가 개선되는 상황에서 환율안정을 위한 과도한 긴축은 바람직하지 못하다고 비판하였다.

외환시장이 다시 불안해 질 가능성이 있으며, 부실기업 퇴출 등 구조조정도 지연될 것이라는 입장을 보였다. 그러나 사태가 급속히 악화되자 이런 상황에서 IMF로서도 정책수정의 압력을 더 이상 방치할 수만은 없었다.

IMF와 한국정부는 1998년 4월 15일부터 4월 29일까지 분기별 협의를 진행하였다. 그 내용은 거시경제지표, 고금리문제, 실업문제, 금융부문 구조조정 일정 등의 검토였다. 4차 합의의향서의 초점은 이전의 외환위기 극복에서 금리인하와 재정적자 확대용인 등 실물부문 애로의 해소로 전환되었다. 당시 경제상황을 반영하여 거시경제지표를 현실화하고, 기업의 자금경색을 완화시키기 위해 통화긴축정책을 사실상 포기하였다. 또한 재정적자 폭을 대폭 확대하여 경기확대정책으로 방향을 선회하였다(삼성경제연구소, 1998: 127).

이에 따라 1998년 2/4분기 이후부터는 한국정부의 정책적 재량권이 상당히 인정되기 시작하였다. 외환시장 안정을 바탕으로 IMF와의 합의를 통해 긴축기조를 완화하기 시작하였다(재정경제부, 1998c). 1998년 5월 양자 간의 합의에 의해 통합재정수지를 GDP의 1.7%까지 적자를 허용하기로 하였고, 콜금리를 1998년 3월 말 기준 22.2%에서 1998년 6월 말에는 14.4%로 인하 유도하였다.50) 또한 신용경색 완화를 위해 중소기업·수출·주택건설 등 부문별 신용보증 및 자금지원을 강화하고, 실업대책비를 8.5조 원으로 증액하고 본격 집행하였다. 1998년 3/4분기부터는 재정의 역할 강화를 통한 내수진작을 도모하였다(재정경제부, 1998c). 또 재정의 구조조정지원과 경기대응역할을 강화하기 위해 제2회 추경예산을 편성하여 1998년 재정적자를 GDP의 5% 수준으로 확대하고 1999년에도 5% 수준을

---

50) 1998년 2월 IMF와의 5차 의향서에 "환율안정에 따라 조심스럽게 콜금리를 인하하도록 허용될 것"이라고 명기되었다.

유지해 나갔다. 1998년 7월 IMF와의 협의에서는 금리와 환율의 명시적인 연계에서 벗어나고, 1998년 11월에는 본원통화한도를 삭제하는 등 정책의 자율성을 확대하였다.

(2) 정부주도성의 강화

IMF 초기 처방으로 인한 경제기반의 급속한 붕괴와 노동자 및 서민들의 불만 폭발의 위험이 증대하는 가운데 김대중정부는 IMF와의 재협상을 통해 고금리·긴축정책으로부터 후퇴하여 경기확대정책으로 선회하게 되었다. 그런데 이런 궤도선회가 한국경제가 안고 있는 문제를 해결해 주지는 못했다. 한국경제는 IMF의 고금리·긴축정책을 완화하면서도 동시에 경제구조조정을 달성해야 하는 다소 모순적이고 이중적인 과제를 안고 있었다.

IMF와 국제자본은 한국이 경기확대로 정책방향을 수정하는 데 동의하면서도 조속한 구조조정을 독촉하였다. IMF는 1998년 5월 29일 열린 이사회에서 이례적으로 한국경제 검토보고서를 공개하면서 은행권에 대한 개혁조치와 기업구조조정이 지연될 경우 한국에 대한 대외신인도가 나빠질 것이라고 강조하고 구조조정의 추진을 독려하였다. 이 보고서는 다음과 같이 쓰고 있다.

> 한국은 즉각적인 외환위기를 극복하는 데 필요한 실질적 진전은 이루었으며 원화가치는 정상적인 평가를 받기 시작하여 안정권에 들어섰다. (중략) 최근 한국증시에서 약세가 지속되는 것은 한국경제에 대한 신뢰가 아직 취약하고 어려운 도전들이 앞에 가로놓여 있다는 신호이며 엔화는 한국경제의 회복을 저해할 것이다. (중략) 한국은 이제 금융체제를 강화하기 위해 은행들에 대한 단호한 조치를 취하고 다음에는 기업의 구조조정 조치를 강력히 시행해야 한다.

　무디스, S&P 등 신용평가기관들도 한국의 구조조정 속도에 대해 비판적이었으며 이에 실망한 외국인 투자자들이 국내시장을 이탈하는 조짐을 보이기도 하였다. 1/4분기에 대폭 늘었던 외국인들은 순매도로 투자행태를 바꾸었다. 그 결과 3월 27일 574포인트까지 상승했던 주가지수가 5월 말에는 다시 332포인트까지 하락하였다. 수출이 마이너스 성장을 나타내고 제조업 가동률이 감소하는 등 경기침체가 심화되는 가운데, 실업이 급증하면서 실직에 대한 불안감이 확산되었다(삼성경제연구소, 1998: 138).

　그러나 정부는 이에 대한 정책결정을 내리지 못하고 있었다. 특히 부실 금융기관의 퇴출 및 합병 등 금융부문의 구조조정이 제대로 진전되지 못하고 있었다. 국가부도라는 최악의 상황이 지나가자 경제주체들의 위기의식이 이완되기 시작한 것도 구조조정이 지연되는 커다란 요인 중의 하나였다.

　이제 한국경제는 실질적인 경제구조개혁이 당면한 초점이 되었다. 그러나 문제는 '어떤 수단을 선택할 것인가'에 있었다. IMF의 고금리·긴축정책의 포기와 함께 금융기관의 구조조정 일정을 앞당겨 시행하는 문제 등이 합의된 것은 큰 틀에서 볼 때는 다소 모순적인 조치라 할 수 있었다. IMF의 정통적 처방은 고금리·긴축을 통한 구조조정임에도 불구하고, 그 같은 핵심수단을 포기하면서 구조조정 일정을 앞당겨 시행한다고 한 것은 모순적이지 않을 수 없었다. 따라서 구조조정을 추진하는 수단은 과연 무엇인지에 대한 물음이 제기되는 것은 당연했다.

　바로 여기에서 도출되어 나온 방안이 '정부개입 강화'와 '금융부문 정상화'라는 두 개의 전략 축이었다. 이때 정부는 경제구조조정에서 직접 전면에 나서기도 하였지만, 관치의 논란을 최소화하기 위해 법적, 제도적 장치를 강화함을 통하거나 채권금융기관을 내세우는 방식을 취하였다. 특히 채권금융기관을 내세우는 방식은 금융기관이 대출심사를 통해 기업의 과잉중복투자를 견제하지 못하고 부실채권을 양산했다는 평가의 연장선에 있는 것이었다. 바로 이 같은 선상에서 정부는 금융기관과 재벌기업의 역학관계 속에서 금융자본을 강화하고, 이 과정을 정부가 강력한 감독권을 통해 지탱해주는 개혁추진전략의 방식을 채택하였다. 이는 김대중정부의 경제개혁추진의 기본방향이 '경제위기의 상황적 압력과 국제사회의 압력, 국가기구의 강화, 금융자본의 정상화를 통한 재벌집단의 규율'이라는 일종의 지배블록 내부의 역학관계를 재조정하는 쪽으로 잡혀 있음을 보여주는 것이었다.

이 같은 정부의 경제구조조정의 방식은 1998년 4월 14일 청와대에서 열린 4차 경제대책조정회의에서부터 윤곽을 드러내기 시작하였다. 정부는 경제위기의 근본원인이 금융기관과 기업의 부실이 서로 얽히면서 증폭되는 구조적 특성에 기인한다고 보았다(재정경제부, 1998b). 이 시기 정부의 경제구조조정에 대한 태도는 상당히 적극적인 것이었다. 정부는 신속하고 과감한 구조조정이 개혁추진의 비용을 오히려 최소화할 수 있다는 판단 하에 분야별 우선순위를 정하여 단계적으로 추진하는 것보다는 상호 관련되어 있는 사회시스템 전체에 대한 구조조정을 동시에 추진하는 전략을 채택하였다(재정경제부, 1998b). 그런데 그 중에서도 경제 악순환의 고리를 끊기 위해서 정부가 가장 역점을 둔 전략적인 고리는 바로 금융의 자율적 기능을 회복시키는 것이었는데, 이를 위해서는 먼저 금융기관들의 부실을 해소하고 자기자본을 충실히 하는 것이 선결되어야 했다(삼성경제연구소, 1998: 131). 그리하여 정부는 1998년 5월 20일 6차 경제대책조정회의를 열고 구조조정 종합대책을 확정하였으며, 여기에서 금융구조조정을 위한 소요재원 조달을 위해 64조 원의 공적자금을 조성하기로 하였다.

그러나 금융기관들을 앞세운 구조조정은 이론과 현실 사이에 상당한 딜레마를 겪고 있었다. 수십 년 동안 관치에 길들여져 온 금융기관들이 당장의 급박한 구조조정 작업들을 제대로 수행해 나갈 수 있는 능력을 갖추기란 불가능한 일이었다. 그래서 정부는 이 같은 딜레마 속에서 때로 직접 개입으로 나올 수밖에 없었다. 구조조정의 지연으로 대내외의 부정적 시각이 증가하고, 경제에 부정적으로 영향을 미칠 조짐이 보이자 정부는 구조조정에 직접 개입하는 방향으로 선회하였다. 김대중 대통령은 1998년 6월 초 미국에서 열린 ASEM회의에 참석하고 돌아와 그 같은 의지를 분명히 하였다. 김대중 대통령은 미국방문에서 돌아와 가진 기자회견에서 "은행 등 금융기관이 기업구조조정을 잘못할 경우 정부는 은행 감독권을 발동하여 기업의 구조조정을 제대로 하도록 할 권리와 의무가 있다"라고 천명하였다(삼성경제연구소, 1998: 142). 김대통령은 방미기간 중 미국 경제전문가들과 기업인들로부터 한국경제의 회복을 위해서는 구조조정이 시급하며 그럴 경우에는 투자를 하겠다는 의사를 전달받았다.[51] 이상과 같은 경제구조조정 체계를 도표로 나타내면 〈그림 4-2〉과 같다.

---

51) 미국 상공회의소 도너휴 회장은 "김대통령은 말한 내용(구조조정시행 등)을 이행해야 하며 이를 실천할 경우 한국은 미국인들이 투자하는 시장이 될 것이다. 먼저 보여주면 우리가 행동에 나설 것이다."라고 말했고, 미국의 대형 금융기관인 노스웨스트사의 수석경제전문가는 "김대통령은 미국기업들이 대통령의 투자약속보다도 한국의 구조개혁속도를 주시하고 있다는 점을 알아야 한다"고 말했다(삼성경제연구소, 1998: 142).

〈그림 4-2〉김대중정부의 경제개혁 추진체계도

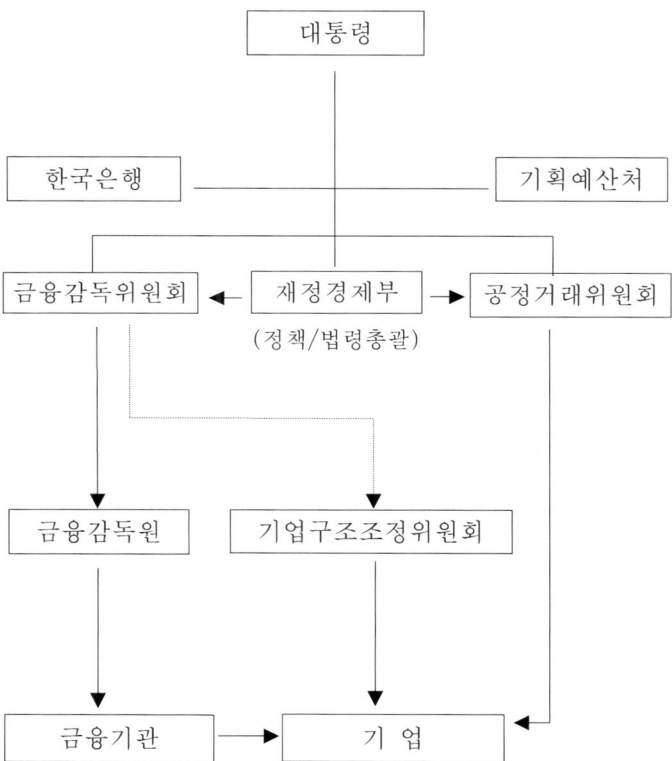

(3) 경제회복과 경제구조의 변화

　1998년 6월부터 정부주도로 경제구조조정이 본격화되었다. 구조조정은 1998년 6월 18일 채권은행단이 5대 그룹 계열사 20개를 포함한 55개 퇴출대상 기업의 명단을 발표하면서 신호탄이 올라갔다. 퇴출대상 기업에 대해서는 은행들이 신규대출을 전면 중단하되 정리계획이 확정될 때까지 만기도래 대출금의 회수를 연기하는 조치가 취해졌다. 55개 기업의 퇴출조치는 기업구조조정의 첫 단추를 끼웠다는 점에서 중요한 의미를 갖는 것이었다(삼성경제연구소, 1998: 142). 당시 이헌재 금융감독위원장은 '부실기업 판정에 즈음한 발표문'에서 "부실기업 판정은 우리가 추진해 나갈 본격적인 구조조정 작업의 출발"이라는 점을 강조하였다.

또한 이와 별도로 5대 재벌그룹에 대한 구조조정은 소위 '빅딜'을 중심으로 진행되었다. 빅딜은 대기업간 대규모 사업교환으로서 대략적인 구도는 삼성의 자동차를 현대로 넘기고, 현대의 석유화학을 LG로, LG의 반도체를 삼성에 넘기는 식의 이른바 3각 빅딜론이 거론되었다(한겨레신문, 1998. 6. 21). 또한 정부는 6~64대 재벌그룹에 대해서는 채권은행단이 보다 자율적으로 주도하는 워크아웃방식을 통해서 구조조정을 추진하였다. 또 정부는 기업퇴출 및 대기업 빅딜과 함께 은행권 구조조정을 추진하였다. 이 속에서 BIS 비율 8% 미만인 12개 은행에 대한 경영평가를 실시하여 1998년 6월 29일 최종적으로 대동, 동남, 동화, 경기, 충청 등 "5개 은행 퇴출조치"로 발표되었다. 이는 한국에서 정부가 은행퇴출을 대규모로 시도한 유례없는 사건으로 기록되었다. 노동시장에서의 정리해고도 본격 추진되었는데, 이는 은행퇴출조치와 함께 자연적으로 진행되는 한편 공기업 구조조정방침의 발표, 현대자동차의 정리해고 추진으로 나타났다.

이와 같은 구조조정 작업들은 여러 가지 우여곡절에도 불구하고 한국에서 지금까지 전례가 없던 조치라는 점에서 그 자체로 획기적인 현상들이었다. 정부는 이에 대해 구조조정이 성공적이었다는 자체평가를 내렸으며, 외국의 시각도 대체로 긍정적인 편이었다.52) 이같은 구조조정의 결과로 한국경제는 금융과 외환시장이 안정세를 회복하고, 실물경제가 회복세로 돌아서게 되었다. 경제성장률은

---

52) 클린턴 미국 대통령은 "한국과 태국은 경제위기를 훌륭하게 극복하고 있다"고 평가했고, 버그스텐 국제경제연구소장도 "한국의 개혁정책은 성공적이며 특히 일본보다 잘 추진되고 있다"고 평가했다(삼성경제연구소, 1998: 169).

1998년 -6.7%에서 99년 10.9%, 2000년 8.8%로 급속한 V자형 회복을 나타냈고, 실업률도 1998년 6.8%에서 99년 6.3%, 2000년 4.1%로 감소되었다(재정경제부, 2001b: 28).

한국의 이런 경제회복에 대해서 외국의 평가는 가히 찬사에 가까운 것이었다. IMF(2000. 12)는 "한국의 괄목할만한 경제회복 및 대외적 취약성의 현저한 감소는 한국정부가 시행한 정책들이 옳았고 효과가 있었음을 증명"했다고 말했고, 「Asia Week」(1999. 4. 1)는 "일본이 10년에 걸쳐 추진한 은행권 정비를 2년도 안 되는 기간에 처리"했다고 하였으며, 「The Times」(2001. 8. 23)는 "IMF 구제금융을 2년 8개월 앞당겨 상환한 한국은 이를 자랑할만한 이유가 충분하며 다른 아시아 국가들이 본받아야 할 표본"이라고 극찬하였다.

비단 효과는 경제회복에만 있지 않았다. 개발주의 경제구조에 여러 가지 의미 있는 변화들이 나타나기 시작하였다(Haggard, 2000: 12). 부실금융기관들이 전례 없이 퇴출당하는 사건을 겪고, 예금부분보장제도와 같은 제도들이 도입되면서 소비자들은 보다 높은 안정성과 양질의 서비스를 제공하는 우량금융기관을 선호하게 되었다. 그리고 정부가 금융기관들을 간섭하는 현상들이 발견되기도 하지만, 전체적으로는 과거에 비해 금융기관의 자율성이 크게 증대되었다. 이는 투명성을 강화하는 여러 조치, BIS 비율 등 국제기준의 충족, 시장에서의 경쟁강화, 수익중심의 경영 및 위험관리 등으로 금융기관 역시 시장의 반응에 따라 생존여부가 결정되는 구조가 강화되면서 나타난 결과였다. 기업부문에서도 외국자본이 대량 유입되면서 그들의 요구에 따라 기업경영의 투명성, 주주의 이익보호, 위험관리 등이 많이 개선되었다. 과거 매출 위주의 경영관행이 수익성 위주의 경영으로 바뀌어 나갔다. 재무건전성과 현금흐름을 중시하게 되고, 인사·조직문화에서도 성과주의 및 능력주의가 확산되는 변화가 나타났다. 노동시장에서도 정리해고, 명예퇴직 등을 통한 인력감축이 진행되는 등 과거의 고용관행에 커다란 변화가 생기게 되었다. 이를 위해 일찍이 정부는 사외이사제도입, 결합재무제표작성, 소수주주권강화, 기업회계기준개정 등 제도적 기반을 광범위하게 정비하였다. 무엇보다도 한국의 경제구조가 변화했다는 증거는 이 시기를 통하여 '대마불사'의 신화가 크게 약화되었다는 점이다. 이 시기에 대우그룹을 포함하여 16개 재벌그룹이 30대 기업집단에서 밀려나거나 해체되었다 (재정경제부, 2001b). 그 중에서도 대우그룹의 해체는 대내외적으로 한국의 경제구조에 커다란 변화가 일어나고 있다는 신호로서 해석되어졌다.

이 시기에 '국가'의 변화도 괄목할만한 것이었다. 과거 개발국가에서는 국가가 생산과정에 직접 개입하여 신용할당이나 정책금융과 같은 수단을 통해 자원과 자금을 특정산업이나 특정기업에 선택적으로 배분함으로써 급속한 자본축적을 달성하였다. 그러나 외환위기 이후에 IMF의 요구로 시행된 광범위한 경제자유화는 그 자체로 이런 정책수단들을 무력화시켰다. 정책금융의 비중은 1990년대 후반 들어 급격히 축소되었고, 그 나마의 운용목적도 산업정책적 목적에서 경제개혁 과정에서 나타나는 부작용을 치유, 보완하려는 재분배적 목적으로 전환되어 갔다. 정부는 대기업을 지원하는 기존 정책수단들 대신에 법률과 제도의 도입을 통한 시장의 감독·규제를 강화하는 방향으로 나아갔다. 금융감독기구를 통합하고 감독권을 강화한 것이나, 경쟁제한적 법령과 제도를 정비하여 공정거래위원회로 하여금 대기업집단에 의한 부당내부거래행위, 과도한 경제력 집중, 경쟁제한적 기업결합을 감시하도록 한 것은 그 일환이었다. 부실기업의 정리에서도 과거에는 정부가 직접 개입하여 행정적 지시를 통해 부실기업을 제3자에게 인수시키는 방식을 취하였으나, 이제는 기업의 워크아웃을 통한 기업개선 작업을 채권단과 해당 기업이 결정하는 방식으로 변화하였다. 이는 정부의 개입이 소유권에 대한 결정보다는 경영에 대한 규제로 변화하고 있을 나타내는 것이다. 그리고 이 과정에서 나타나는 기업과 정부의 관계도 과거와는 달리 간접적이고 협상의 방식이 주가 되었다(김윤태, 2003: 312-321).

이상과 같이 김대중정부 초기에 경제회복과 경제구조조정이 그 어느 시기보다 상대적으로 빠르게 진척된 가장 중요한 일차적 이유는 무엇보다 경제위기의 작용이었다. 정부는 경제위기를 기화로 쇠잔해진 자본과 노동의 양대 집단을 통제하여 사회적 저항을 피할 수 있었고, 동시에 국가기구를 강화함으로써 이를 통해 구조조정을 강력하게 강제할 수 있었다. 또한 외국자본의 신뢰도를 제고하고 자금을 유치함으로써 외화부족사태를 해결하였다. 강화된 국가능력을 바탕으로 부실채권처리와 금융기관 자본 확충을 위해 신속하게 공적자금을 투입하였고, 세계시장의 환경변화에 부응하여 통화·재정·금리정책에 탄력적으로 대응할 수 있었다.

(4) 경제력 집중의 심화

경제회복이 빠르게 달성되고 경제구조조정이 전례 없이 강도 높게 진행되는 속에서도 한국경제에는 여러 가지 치명적 결함이 표면으로 떠오르고 있었다. 이 시기에 경제회복은 정부의 금리인하·재정확대에 의한 경기부양, 부실기업 및 부실금융기관 정리와 공적자금 투입을 통한 금융클린화와 같은 구조조정, 시장규율의 확립을 위한 경제구조의 개혁 등 여러 가지 조치가 복합적으로 작용한 결과였다. 그러나 엄밀히 말하자면 이 시기의 경제회복은 경기확대정책의 영향이 가장 직접적으로 기여하였으며, 과잉투자를 해소하는 구조조정 작업의 영향이 그 다음으로 컸다고 볼 수 있다. 그에 반해 재벌지배구조와 노사관계를 개선하고 자본-금융-국가의 새로운 관계를 설정하는 등 궁극적으로 시장규율을 높이는 경제구조의 개혁 작업은 상대적으로 미미하였다. 바로 이런 경제정책의 한계는 뚜렷한 경제회복과 경제체질의 개선에도 불구하고 수많은 부작용을 산출하였다.

먼저 무엇보다 경기확대정책으로의 선회는 원래 대량 실업으로 인한 노동자 및 서민들의 폭발 위험이 직접적인 동기였으나 결과적으로는 외국자본들과 재벌기업들이 증시활황을 이용하여 막대한 이익을 누리고 구조개혁을 회피하는 수단이 되게 하였다. 재벌들은 고금리 충격 속에서는 채권시장을 독식하였고, 저금리 속에서는 증시활황의 혜택을 가장 크게 누렸다(임경훈, 2000: 81). 증시활황을 이용하여 재벌기업들은 부실기업매각 대신 증자에 치중하였다. 기업들이 이때 부채비율을 낮출 수 있었던 데에는 정부의 주식시장 활성화53)와 경기확대정책의 결과 외부로부터 자금이 유입되고, 기업은 영업이익금을 투입하여 재무구조를 가시적으로 개선한 데 힘입은 바 컸으며, 자산매각, 사업구조조정 등 실질적인 구조개혁이 미친 영향은 상대적으로 미미했다. 이는 이후 과정에서 기업들이 부채비율을 낮추는 데에는 어느 정도 가시적 성과를 거두지만 이윤율을 개선하는 데는 별로 성공하지 못하는 구조적인 원인이 되었다. 그러면서 이때 재벌기업들의 증자로 1999년 30대 재벌의 계열사 지분이 증가하여 소유주와 일족의 지분이 지속적으로 하락하였음에도 불구하고 내부지분율이 1998년 44.5%에서 1999년 4월 50.5%로 크게 증대되었다(OECD, 2001: 172). 그 방법은 계열사간 순환출자라는 방법을 통해 이루어졌다.54) 재벌기업의 '대마불사'는

---

53) 정부는 1998년 2월 16일 유상증자요건, 전환사채 및 해외증권 발행요건을 폐지하고 자유화하였다.

54) 바로 이 때문에 정부는 외환위기 이후 폐지되었던 출자총액제를 2000년 4월 다시 부활시켜 재벌 계열사의 타 회사 지분소유 한도 25% 한

크게 약화되었지만 재벌체제는 여전히 강력하게 살아남았으며, 오히려 경제력 집중과 독점화는 급격히 심화되었다(한국일보, 1999. 12. 6). 경제위기를 초래한 핵심적인 주체인 재벌총수와 그 친족들에 의한 기업지배가 약화되기는커녕 지배력이 오히려 강화되는 기현상이 한편에서 나타난 것이다. 이로써 한국의 경제개혁 작업은 재벌집단들에 의한 도덕적 해이를 처벌할 선례를 남기지 못하게 되었다.

그런데 이때부터 정부의 재벌개혁정책을 향해 관치경제의 부활이라는 비판이 제기되기 시작하였다. 이는 주로 보수주의적이고 친재벌적 관점을 지닌 사람들로부터 제기되었는데, 외환위기로 강력한 위임을 부여받은 김대중정부의 권위에 대한 공공연한 도전이 나타나기 시작하였다. 요컨대 정부주도에 의한 구조조정은 집권 초기의 강력한 권한 위임에도 불구하고 재벌개혁에 근본적인 한계를 드러내고 있었다. 단지 경제구조조정이 지연되어 경제위기라는 외적 상황이 악화되면 다시 구조조정의 추진력이 붙다가 시간이 지나면 동력이 떨어지고, 그러다가 또 다시 경제위기가 가중되면 구조조정이 추진되는 패턴을 반복하게 되었다.

(5) 국가-노동관계의 파행

노동시장의 구조조정도 왜곡과 파행으로 흐르고 있었다. 김대중정부의 경제개혁은 애초부터 계층간 손실분담에서 다분히 불공정성을 내포하고 있었다. '고통분담'의 논리는 선언의 수준을 크게 벗어나지 못하였다. 게다가 노사정위원회에서 합의한 사항마저 제대로 지켜지지 않았는데, 이 때문에 노동운동 내부에 불만이 팽배하였다. 김대중정부의 이런 태도는 재벌개혁의 상대적 부진

도규정을 다시 적용하였다.

과 결합되어 노동자들의 불만을 증폭시켰다.

이때 진보적 노동운동을 대표하는 민주노총 내부는 노사정위원회 참여를 둘러싸고 심한 혼란과 갈등을 겪고 있었다. 극심한 고용불안에 쌓여있던 대기업·정규직 중심의 현장단위 노동운동세력들은 노사정위원회에 극도의 불신을 갖고 있었다. 특히 노사정위원회가 정리해고 등에 잠정합의했다는 사실은 '고용안정＝해고반대'에 사활을 건 이들의 이해관계에 치명적인 것으로 받아들여졌다. 1998년 2월 6일 잠정 합의된 노사정위원회 협약안이 민주노총 대의원들에 의해 거부되면서 지도부가 전면 사퇴하고 비상대책위원회체계로 바뀐 것도 이들의 요구가 반영된 것이었다(은수미, 2005: 214). 정규직·대기업 노조의 요구는 경제위기가 지속되면서 민주노총 내부에서 더욱 강력한 흐름으로 되어 갔다. 반면에 경제위기 속에서 해고된 노동자나 미조직·비정규 노동자의 불안정한 삶의 조건은 투쟁 이슈에서 거의 배제되다시피 했다. 오히려 현대자동차노조 같은 경우는 정리해고 반대투쟁에 함께 했던 식당 여성조합원들의 해고를 양보교섭 대상으로 내놓기까지 했다(은수미, 2005: 215).

이에 대해 민주노총 중앙지도부는 문제의 심각성을 느끼고 있었다. 1998년 5～6월 고용안정을 내건 정규직 노동자의 총파업이 실패로 돌아가고 나서 민주노총 지도부는 투쟁방향을 '고용안정'에서 '사회개혁·사회보장'의 방향으로 전략전환을 꾀하였다. 이런 사회적 의제에 개입하기 위해서는 민주노총이 여러 가지 제약에도 불구하고 노사정위원회에 참여하는 것이 필요하였다. 그러나 민주노총 지도부는 정규직 노조의 분파적 행동을 막는 데 지도력을 발휘하지 못하였고, 그 결과 2000년대에 접어들면 정규직－비정규직 간의 갈등이 전면화 하게 되었다(은수미, 2005: 262). 이렇게 민주노총 지도부는 노사정위원회에 참여를 거부했을 때 초래할 사회적 고립과 현장단위조직의 불신감 사이에서 딜레마에 빠져 있었다(한겨레21, 2001. 2. 8).

그런데 민주노총 지도부의 입지를 더욱 곤란하게 만든 것은 다름 아닌 정부의 태도였다. 만약 정부가 노사정위원회를 실효성 있는 합의기구로 만들어 가려고 했다면, 노동운동 지도부가 현장단위 및 노동대중의 신뢰를 제고하고 지도력을 강화하여 확고한 대표성과 협상력을 발휘할 수 있도록 도와주어야 했다.55) 그러나 오히려 정부는 노동운동의 위기를 구조조정 돌파의 수단으로 활용하려 한 측면이 다분했다. 결국 노동운동 지도부의 무력화는 초기의 제한적 노-정간 협력관계를 대립관계로 발전하게 만드는 데 기여했다. 결국 1999년 초 민주노총의 탈퇴로 노사정위원회는 실질적 기능부전의 상태에 빠지게 되었다. 이는 결론적으로 김대중정부가 노사정위원회를 더욱 높은 차원의 사회협약기구로 발전시켜서 이를 통해 사회적 세력균형의 장치를 만들고 국가자율성을 제고할 수 있는 기회를 상실하였음을 의미하는 것이었다. 또한 나아가 이는 정부가 경제개혁의 중요한 지렛대를 잃게 되었음을 의미했다.

퇴출은행 노조들의 저항이나 대우전자노조의 빅딜 반대 파업에서 보듯이 기득권을 지키려는 자본과 노동의 이해는 결과적으로 일치되어 정부를 협공하기도 했다. 김대중정부는 1998년 9월 3일 만도기계 공권력 투입에서 보듯이, 국제시장의 반응이 악화될 때마다 노사문제에 대해 강경방침으로 대응하였다. 그러나 정부는 조직화된 노동세력의 저항을 극복하는 데 힘의 한계를 드러내었다. 1998년 8월 대기업의 첫 정리해고 사례가 되었던 현대자동차

---

55) 합의기구의 실효성을 제고하기 위한 전제조건은 합의기구가 노사정의 이해를 적절하게 대표할 수 있도록 구성되어야 하며, 특히 합의의 이행도를 높이기 위해서는 실질적인 의사결정권한이 있는 대표들이 참여해야 한다(김순양, 2000: 49).

분규의 결과 정리해고가 소폭에 그치고 만 데서 보듯이 노동시장 구조조정은 이미 기력 부족을 나타내고 있었다.56) 바로 이런 현상을 두고 보수주의적이고 친재벌적인 사람들은 김대중정부의 정책이 대중영합주의(populism)라는 비판을 퍼붓기 시작하였다.

노동시장의 유연성 확보는 주로 미조직 노동자들에게 집중되었다. 기업들은 신규채용을 기피하였고, 대신에 비정규직 노동자가 급증하였는데 비정규직의 비율이 1997년 45.9%에서 2000년에는 52.4%로 크게 증가하였다(재정경제부, 2001b: 46). 이러한 현상은 외견상으로는 노동시장의 유연성이 증대된 것처럼 보이게 하지만 실제로는 새로운 노동시장의 경직성을 증대시키는 것에 다름 아니었다. 이로부터 노동시장의 양극화가 심화되었고, 사회적 보호로부터 소외된 하층계급들의 소득이 감소하면서 사회의 소득격차가 확대되었다.

3. 개혁에 대한 저항의 가속화

(1) 대우·현대그룹사태와 재벌개혁의 후퇴

1999년 6월 중순 자산규모 재계 2위인 대우그룹의 유동성 문제가 불거지기 시작하였다. 대우그룹의 몰락으로 금융채권시장이 급속도로 얼어붙게 되었고, 금융부실이 다시 재발하여 추가적인 공적자금을 조성하지 않으면 안 되었다. 정부는 경제구조조정을 1999년 말까지 마무리하고 2000년부터는 재도약의 길에 들어선다는 점을 누누이 강조해 왔지만, 이런 약속은 공언이 되고 말았다.

---

56) 현대자동차 정리해고의 부진에 대한 외국인들의 반응은 동년 4월 정부가 발행한 외평채 가격의 하락으로 나타났다(삼성경제연구소, 1998: 155). 한편 현대자동차 사태를 계기로 외국 투자자들의 반응이 악화되자 정부는 만도기계에 대규모 공권력을 투입했다.

〈표 4-5〉 대우 국내기업의 부채추이(단위: 10억 원)

	1997말(A)	1998말	1999.6(B)	B-A
총차입금	28,712	43,907	43,389	14,677
은행	8,614	8,231	8,609	△5
제2금융권	8,115	3,989	4,022	△4,093
회사채	8,414	19,702	22,039	13,625
CP	3,569	11,985	8,719	5,150

* 박병윤, 2002: 59에서 재인용

대우그룹사태는 그동안 한국이 추진해 온 경제구조조정에 엄청난 허점이 존재하고 있음을 보여주는 것이었다. 대우그룹사태는 투신사가 외환위기 이후에도 위험관리를 제대로 하지 않았으며, 그에 대한 정부당국의 금융감독도 제대로 이루어지지 않았다는 것을 보여주었다(이제민, 2002: 250). 또 외환위기 이후에도 일부 재벌그룹들에서 무리한 외부차입을 통해 국내외 계열사를 대폭 확대하는 등의 관행이 지속되고 있음을 보여주었다. 무엇보다 이런 문제들이 재벌총수에 의한 중앙집권적 경영통제구조에서 비롯되었고, 이 문제를 개선하는 것이 가장 근본적이고 궁극적인 과제임이 명백해졌다. 당시 대우그룹의 임원을 지낸 사람들의 증언(한겨레신문, 2005. 6. 15)은 이런 문제들을 생생하게 전해주고 있다.

98년 하반기부터 돈이 제대로 돌지 않아 주거래은행에서 계속 점검했다. 99년 들어서는 금융감독위원회에서 대우 전 계열사들의 일일 자금흐름을 점검하며 만기가 돌아온 회사채나 어음의 만기연장을 은행들에 직접 요구하기도 했다. 그래서 사실

대우는 10개월여 정부의 도움으로 연명했다. 그러다가 도저히 안 되어서 99년 8월에 워크아웃에 들어간 것이다(대우그룹 자금부서 임원의 증언).

부실이 급속도로 누적된 97-98년에 연리 30%짜리로 회사채나 기업어음을 발행해 15조 원을 끌어 모았다. 당시 이런 고금리 발행은 누가 보더라도 사기였는데, 주요 계열사 최고경영진들은 아무도 회장 방침에 제동을 걸지 못했다(대우그룹 구조조정담당 임원의 증언).

비단 대우그룹에만 그런 문제가 해당되지는 않았다. 재계서열 1위인 현대그룹도 동일한 전철을 밟고 있었다. 현대그룹은 1998년 한남투신 인수를 시작으로 한화에너지, 인천정유, LG반도체, 기아자동차 등 8개 기업을 인수하였는데, 이때 신규인수기업의 부채가 무려 23조 7천억 원에 달했다. 이렇게 부실기업을 마구잡이로 인수한 결과 현대그룹의 부채규모는 1997년 48조 7천억 원에서 1999년 88조 2천억 원으로 무려 40조 원이나 늘었다. 금리부담만 연 3조에 달했다(박병윤, 2002: 79).

1999년 후반부로 접어들면서 대우그룹의 부도사태로 경제에 대한 심각한 위기감이 다시 고조되고, IMF를 비롯한 국제자본의 시각이 악화되었다. 국민들 사이에는 1997년 외환위기의 악몽이 떠올랐고, 재벌집단들의 도덕적 해이에 대한 경계와 분노의 여론이 치솟았다. 이를 계기로 정부는 재벌개혁에 대한 고삐를 죄기 시작하였다. 1999년 8월 15일 광복절 경축사를 통해 김대중 대통령은 강도 높은 재벌개혁을 선언하였다.

이제는 시장이 재벌구조를 받아들이지 않는 시대입니다. 양의 시대가 아니라 질의 시대입니다. 앞으로 무한경쟁의 세계에서 성공하기 위해서는 재벌의 집단이 아닌 개별기업이 독자적으로 세계 초일류의 경쟁력을 갖추어야 합니다(김대중 대통령 광복절 경축사).

구체적으로 정부는 기존의 재벌개혁 5대 원칙을 보완하여 순환출자 및 부당내부거래억제, 금융지배차단, 변칙상속방지의 3대 원칙을 추가한 소위 '5＋3원칙'이라는 재벌개혁정책을 제시하였다. 그리고 2000년 2월에는 2단계 계획을 통해 수익경영추구, 퇴출제도정비와 책임경영체제 확립과 함께 중소·벤처기업과 대기업 사이의 선순환구조를 구축하는 방안을 추진하였다(김윤태, 2003: 313).

그런데 김대중 대통령의 강도 높은 재벌개혁 선언은 재계와 보수적 정치세력들의 즉각적인 반발을 불러왔다. 반대세력들은 김대중 대통령의 재벌개혁을 '재벌해체'로 해석하면서 색깔론을 동원하여 비난하였다. 재계와 보수정치세력들이 김대중정부에 대해 가한 또 다른 비판은 관치를 강화시켰다는 주장이었다. 전경련은 실패한 경영인 퇴진을 법제화하려는 움직임에 대해서 나라경제만 악화시킬 뿐이라는 논리를 펴면서 "법으로 정할 문제가 아니다"라고 반발하였다. 한나라당은 김대중정부의 재벌개혁에 대해 점령군을 연상시키는 강압과 숙청의 방식이라고 강력히 비판하였다. 당시 한나라당의 정책위의장 정창화의원은 다음과 같이 정부의 재벌개혁을 비판하였다.

첫째, 자본주의 이념과 경제활동 보장을 선언한 헌법정신과 정면으로 배치된다. 민주주의와 시장경제를 논하면서 강압적 방법과 기업인을 숙청하는 방식으로 재벌개혁을 추진하겠다는 발상은 용납될 수 없다. 둘째, 총선을 앞두고 구조조정 기간 중 실직과 감봉으로 하층민으로 떨어진 중산층과 봉급생활자들의 분노와 좌절을 달래고 환심을 사려는 궁여지책으로 대기업을 희생양으로 삼는 것이다. 셋째, 재벌청산은 2차대전 후 일본을 점령한 맥아더 사령부의 포고령을 연상케 한다. 재벌개혁은 법과 제도, 원칙과 기준에 따라 시장경제의 틀 안에서 추진되어야 하고 대통령의 지시 명령으로 강압해서는 안 된다(한국일보, 1999. 8. 20).

이와 같은 보수정치세력과 재벌세력의 저항에 직면하여 김대중정부는 별 대응도 못한 채 극도로 소심한 모습으로 일관하였다. 김대중 대통령은 재계와 한나라당의 반발에 부딪치자 연설 직후인 8월 18일 "재벌해체가 아니라 선단식 기업운영을 종식시키고 업종전문화를 이루자는 것"이라며 발뺌식의 해명을 하였고, 청와대 비서진들 또한 해명에 분주한 모습을 보였다. 강봉균 재정경제부장관도 "정부의 재벌정책은 대그룹들을 국제경쟁력을 갖춘 초우량기업으로 거듭나게 하기 위한 개혁 작업이지 결코 해체를 겨냥한 것은 아니며 실패한 대주주의 퇴진을 법으로 명문화하는 것도 있을 수 없는 일"이라고 발뺌하는 태도를 취했다. 재벌개혁은 선언되자마자 좌초하기 시작하였던 것이다.

(2) 이익갈등의 분출과 국가자율성의 약화

김대중정부의 경제개혁에 내재된 문제점은 한국경제가 외환위기의 터널을 벗어나면서 본격적으로 나타났다. 1999년 중반 경에 정부는 한국에서 외환위기가 끝났다고 선언하였다. 그러자 외환위기 초기의 국민적 위기의식이 이완되면서 사회 각 분야에서 이익갈등이 급격히 분출되기 시작하였다. 2000년 6월경에는 의료분쟁이 폭발하여 오랫동안 사회를 불안하게 만들었으며, 곧이어 농민들이 정부의 잘못된 농정을 비판하면서 거리로 뛰쳐나왔다. 롯데호텔노조파업, 금융노조 2차 파업 등 노사분규도 더욱 빈발하였다.

  바로 이 같은 양상에 직면하여 정부는 종래의 '경제위기론'을 다시 꺼내들고 설파하는 한편, 각종 이익집단들의 행동을 집단이기주의로 몰아붙여 난타하고 공권력을 동원하는 등 구태의연한 방식으로 대처해 나갔다. 그러나 외환위기 종식을 선언한 마당에 위기심리를 이용한 대증요법을 동원할 수도 없었고, 분규에 참여한 집단들은 이미 집단이기주의로 매도당한 터라 자존심 차원에서라도 더욱 강경하게 저항하였다. 오히려 정부가 수많은 정책혼선을 보이는 등 대응능력의 한계를 그대로 드러냈다.

  한편 외환위기의 원인제공자로 낙인찍혀 숨죽여오던 야당세력은 이를 기화로 대정부 공세에 나서기 시작하였다. 경제부문에서는 대형 부실기업의 처리가 지연되어 금융의 동반부실이 재연되는 현상이 나타났다. 관료기구 내부에서도 균열이 발생하기 시작하였다. 안기부 정치사찰의혹 및 기밀누출, 경찰의 인사파동, 검찰의 항명파동, 옷로비사건, 파업유도의혹사건, 언론대책문건파동 등 각종 악재가 발생하여 김대중정부의 리더십에 타격을 가하였다. 이와 함께 김대중정부에 대한 국민의 지지도도 급속히 하락하였다. 〈그림 4-3〉의 김대중 대통령의 국정수행 평가에 대한 여론조사 결과를 보면, 1999년 2월에는 긍정적 평가가 69.4%에 이르렀으나, 1999년 8월에 이르면 35.9%로 하락하였고, 2001년 초에는 '총체적 국정위기론'이 공공연히 유포되었고, 김대중 대통령의 국정수행에 대한 지지율은 22.6%까지 급락하기도 하였다.

  김대중정부의 정치적 취약성은 경제개혁의 진행에 직접적인 영향을 미치기 시작하였다. 김대중정부는 전통적인 소수파 정치세력이었음에도 불구하고 초유의 경제위기를 배경으로 해서 거대 야당과 재벌, 그리고 노동세력들의 저항을 피할 수 있었다. 여기서 나아가 김대중정부는 승자독식의 정치구조, 제왕적 대통령에 의한 권력집중, 대중·정당·의회를 우회하는 정책결정의 기술관

료적 독점구조를 부활시켰다. 그 과정에서 김대중정부는 국회 다
수파를 인위적으로 가공하기도 하였고, 그 후에는 연합정권내의
강한 규율과 극단적 이념정당의 부재 때문에 대통령이 굳이 포고
령에 의존하지 않고도 경제개혁 조치들을 집행할 수 있었다(임경
훈, 2000: 76). 그런 점에서 김대중정부는 김영삼정부와 마찬가
지로 위임민주주의적이었다.

〈그림 4-3〉김대중 대통령 국정수행 지지율(단위: %)

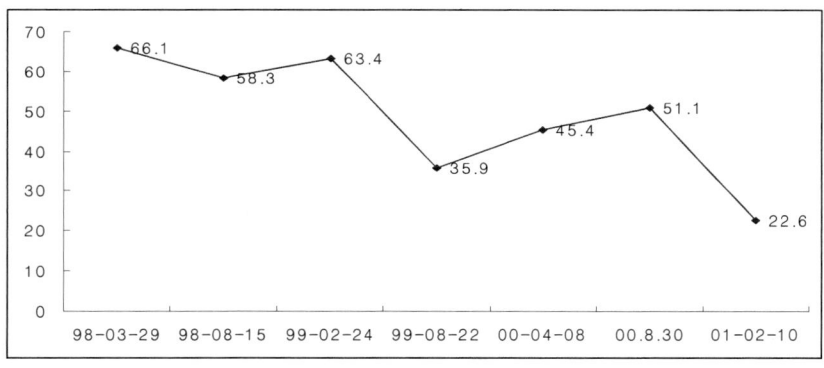

* 한겨레신문 여론조사결과자료를 취합하여 재구성

위임민주주의의 정치체제는 여러 나라들의 사례에서도 입증되듯
이, 일반적으로 초인플레이션 같은 정치경제적으로 파국적인 상황
에서 주로 정당화된다. 그러나 긴박한 위기가 해소되면서 그 체제
는 정당성의 위기에 빠지게 된다(Weyland, 1999). 김대중정부
도 외환위기의 터널을 벗어나면서 권력기반이 취약해지기 시작하
였다. 의회와 정당이 독립성과 자율성을 갖지 못하고 영향력 있는
특정 지도자의 지배도구에 지나지 않았다는 사실은 반대세력들에
게도 마찬가지였다. 이런 대쌍관계적이고 길항적 정치구조는 정치
사회의 경쟁을 네거티브 게임으로 나타나게 하였다. 주요 정당들

은 오로지 정당의 지도자를 중심으로 권력 쟁취를 위한 투쟁 일변
도로만 매진하였다. 이런 정치체제의 결함은 경제개혁의 의제를
지속적으로 왜곡시켰는데, 일례로 2000년 상반기의 총선과 그 이
후에 뒤따른 정치권의 공방으로 인해 금융부문 구조조정에 대한
공적 자금 투입이 지연되었다. 이로 인해 많은 기업들의 부실이 심
화되고 신용상태가 악화되기도 하였다(OECD, 2001: 14). 또한
이런 정치체제의 결함은 각종 이익갈등의 정치적 조정과정을 발육
부진의 상태로 남게 만들었는데, 이는 관료적 재량주의와 결합하
여 국가와 이익집단 사이에 직접적인 대결과 교섭이 우선되는 정
치구조를 발전시켰다. 의회정치와 정당 기능의 부재는 정부가 이
익집단 분쟁에 원칙 없이 개입하고 개입 후 법치와 분규 비용의 당
사자 부담원칙에 위배되는 방법으로 중재하는 관행이 되풀이되게
만들었다(KDI, 2002: 11).

　한편 국민들 사이에 긴박한 경제위기의식이 약화되면서 지역주
의적 정치구도가 부활하기 시작하였다. 민주화 이후 한국에서 정
치적 균열을 규정하는 가장 강력한 정치변수로 작용해 왔던 지역
주의는 정당 사이의 경쟁을 지역적 연고나 인맥과 같은 일차적
정서를 기반으로 해서 성립되게 하였으며, 정책과 이념에 입각한
경쟁을 제약해 왔다. 그러나 외환위기가 한창 진행 중인 상황에서
지역주의는 김대중정부의 통치에 그다지 위협적인 요소가 되지
못하였다. 그런데 외환위기가 수습될 조짐을 보이는 시점에서 지
역주의는 다시 강력하게 부활하기 시작하였다.

　이는 경제개혁의 동력을 약화시키는 데 크게 기여하였는데, 그
전형적인 사례가 바로 1999년 7월경 터지기 시작한 삼성자동차
부산공장의 처리를 둘러싼 파행이었다. 애초 정부는 삼성자동차
부채를 삼성그룹이 해결하고 삼성차 부산공장을 완전히 청산한다
는 방침을 밝혔다.57) 이에 부산지역 주민들은 '삼성차 살리기 시

민대책위원회'를 구성하여 연일 집회를 열고 김대중정부를 강력하게 규탄하였다(매일경제신문, 1999. 7. 26). 심지어는 삼성자동차 청산이 김대중정부의 '영남죽이기' 음모라는 극단적 선동이 공공연히 유포되었다. 여기에 야당인 한나라당은 김대중정부의 정책 실패를 공격하고, 부산지역 규탄 집회에 참석하는 등 부산지역의 격앙된 감정에 편승하여 보조를 맞추었고 이를 2000년 총선을 겨냥한 정국주도권 역전의 계기로 활용하려 하였다(한국일보, 1999. 7. 6). 결국 그것에 밀린 김대중정부는 애초 입장을 바꾸어 삼성 자동차를 계속 재가동한다는 방침으로 급선회하였다. 삼성자동차 문제는 정치적 이해관계의 논리에 의해 표류를 계속하게 되었다. 삼성자동차 사태를 계기로 김대중정부의 개혁지지기반은 급속히 약화되었고, 야당인 한나라당에게 정국 주도권을 역전당하기 시작하였다. 삼성자동차 사태는 한국 정당체제의 결함과 경제개혁 간의 함수관계를 극명하게 보여준 사건이었다.

그럼에도 불구하고 김대중정부는 위임민주주의와 지역주의의 정치구도를 개선하는 정치개혁의 추진에 매우 소극적으로 임하였다. 물론 정치관계 개혁입법을 추진하는 등 노력이 전혀 없었던 것은 아니었다. 그러나 그것은 국회 의석수를 약간 축소하고 선거구제를 조정하는 등의 지엽적인 논의에 머물렀으며, 그 조차도 끝에 가서는 흐지부지되고 말았다. 특히 정치개혁에서 가장 핵심적인 정당의 지배구조개혁은 의제로 상정조차 되지 못하였다.[58] 또

---

57) 당시 자동차시장의 전 세계적 공급과잉으로 인해 삼성차를 계속 가동할 경우 월 1천억여 원의 적자가 발생하는 것으로 알려졌다(중앙일보, 1999. 7. 7).

58) 정당지배구조에 대한 논의는 2001년 말 김대중 대통령이 부패스캔들에 휘말리고 집권여당인 민주당의 총재직을 사퇴하는 것을 계기로 민주당 내 쇄신파 국회의원들을 중심으로 제기되어 '당정분리', '국민참여경선 제도입', '원내정당강화' 등으로 구체화되었다. 이런 움직임은 정치개혁을 완성하는 데까지 이르지는 못했지만 여론의 폭발적 지지를 얻었을 뿐만 아니라, 그 여파가 정치권 전체로 퍼져나갔다. 이로부터 우리는

한 공직사회의 투명성을 제고하는 부패방지법과 자금세탁방지법의 제정, 정치권의 진입장벽을 낮추는 선거법 개정, 국가권력기관에 대한 민주적 통제를 보장하는 사법개혁, 인사청문회의 전면적 도입 등은 지체되거나 지엽적인 시행에 그치고 말았다. 오히려 김대중정부는 정치개혁의제를 왜곡하여 영남지역으로의 세력 확장에 이용하고자 중대선거구제와 정당명부비례대표제 도입을 추진하기도 하였는데, 야당인 한나라당과 자신의 연립정부 파트너인 자유민주연합(자민련)의 강한 반대에 부딪쳐 좌절되고 말았다.

요컨대 경제개혁에서 가장 강조되어야 할 한 가지 핵심과제는 국가의 책임성(accountability)을 제고하는 문제였다. 시장구조의 왜곡과 실패를 교정하고 당면한 급박한 경제문제에 대처하기 위해서 정부의 개입이 불가피한 측면이 있었다. 그러나 김대중정부는 초유의 경제위기를 이용하여 위임민주주의적 권력집중과 관료기구를 강화하는 방향으로 나아갔다. 이를 통해서 김대중정부는 경제구조조정을 추진해 나갔다. 반면에 국가의 책임성을 제고하는 정치개혁은 방기되었다. 그 결과 긴박한 경제위기가 해소되면서 김대중정부는 야당과 재벌, 심지어는 노동세력의 양면에서 협공을 받게 되었다. 지역주의의 정치구도는 김대중정부의 정책적 정당성을 약화시키고 구조조정 과정에 극도로 혼선을 가중시켰다.

(3) 경제구조개혁의 지연과 경제침체

2000년 중반 이후로 경제위기의 재현에 대한 불안이 가중되고, 국제투자자들의 시각도 크게 악화되기 시작하였다. 대우그룹채권 환매제한조치가 시작된 1999년 8월부터 2000년 6월까지 투신사와 종금사에서 각각 120조 5,880억 원, 9조 5,180억 원 등 총 130조 원이

김대중정부가 추진한 정치개혁의 근본적 결함이 어디에 있었는가를 어느 정도 유추할 수 있다고 본다.

빠져나갔다. 이 자금은 은행권으로 흘러들어 갔다. 은행들은 예금이 크게 증가했지만 기업대출을 외면했다(박병윤, 2002: 214). 은행들은 기업대출보다는 주로 가계대출에 치중하게 되었는데, 기업들의 신용위험도가 높아지면서 한국경제에 대한 신뢰도가 크게 저하된 데다, 1단계 금융구조조정에 투입된 공적자금의 효과가 희석되면서 금융기관들이 여신에 극도로 신중을 기하게 되었기 때문이었다(OECD, 2001: 176). 자산건전성 분류기준(FLC)의 도입 등으로 위험에 보다 신중하게 대처하게 된 것도 하나의 요인이었다. 그런데 이런 현상은 기업의 자금경색을 가져왔고, 기업의 자금난은 기업부실을 낳고, 다시 기업부실이 금융부실을 낳았으며, 금융부실이 경제위기를 심화시켜 공적자금 추가 투입해야 하는 악순환이 반복되기 시작했다. 2000년 말부터 경제는 불황국면으로 접어들어 갔다. 2001년에는 GDP 성장률이 3.0%로 하락하였다. 수출증가율은 -12.7%를 기록하였고, 설비투자(추계)는 -5.1%로 극히 저조하였으며, 산업생산 증가율은 1.8%에 그쳤다(재정경제부, 2001b). 2000년 중반 3.5%까지 하락했던 실업률도 2001년 초반에는 다시 4%를 상회하게 되었다(OECD, 2001: 15).

이처럼 경제 불안이 재현된 배경에는 앞에서 살펴보았듯이 대우와 현대그룹 등 재벌기업들의 처리가 문제된 시점에서, 경제주체들이 단기적 안목에 사로잡혀 제대로 된 구조개혁을 지연시켜 온 것이 결정적 이유였다. 외환위기 이후의 가시적인 외연 성장만으로 구조적인 문제를 해결할 수는 없었다. 1999년 후반기부터는 경제주체 간에 부도유예방식을 선호하는 현상이 나타나 부실기업 처리의 추진속도가 둔화되었다(임원혁, 2000: 35). 채권금융기관들은 파산, 화의, 법정관리로 구성된 법적 절차보다 채권회수율이 높다는 점에서 이 방식을 선호하였다. 또한 파산절차 등이 당장에는 금융기관의 적정자기자본비율을 낮추기 때문에도 이 방식을 선호하였다. 기업들은 경영권을 위협할지도 모르는 점 때문에 이 방식을 선택하였다. 1997년 500건 미만에서 1998년 1,300건으로 급격히 증가했던 법적 파산절차는 2000년 들어 570건으로 크게 감소하였다(OECD, 2001: 174). 그리고 대출금 만기연장과 금리우대 같은 인위적인 기업구제로 시장에서 퇴출되어야 할 부실기업들이 기사회생하였다. 그럼에도 불구하고 정부는 이를 계속 방치하고 있었다.

〈표 4-6〉 잠재적 부실의 변화 추이

	3년 연속 이자보상배율 1 이하인 기업	
	기 업 수	차 입 금
1997년	209개 (2.93%)	11.30조 원 (3.63%)
1998년	210개 (3.03%)	12.78조 원 (4.13%)
1999년	210개 (2.98%)	11.02조 원 (4.09%)
2000년	210개 (3.83%)	10.75조 원 (4.06%)

1) 자료: 한국신용정보(정운찬, 2001에서 재인용)
2) 2000년 6월 기준 생존 기업을 모집단으로 설정한 자료

이 때의 부실기업 처리의 부진은 이자보상배율(EBITDA/이자비용)이 3년 연속 1이하인 기업의 추이를 통해서도 살펴볼 수 있다.59) 〈표 4-6〉에서 보듯이, 이자보상배율 1이하인 제조업체 수

---

59) 이자보상배율은 기업의 채무상환 능력을 나타내는 지표로 영업이익을 금융비용으로 나눈 것이다. 이자보상배율이 1배 미만이면 영업활동에서 창출한 이익으로 금융비용조차 지불할 수 없기 때문에 잠재적 부실기업으로 볼 수 있다. 자산건전성분류기준(FLC)상 요주의등급은 최우량인 '정상'의 한 단계 아래 등급으로 1개월 이상 3개월 미만 연체하고 있는 거래처를 말한다. 이런 기업들은 채권회수에 즉각적인 위험이 발생하지는 않았지만 앞으로 채무상환능력의 저하를 초래할 수 있다. 한편 요주의보다 낮은 등급으로는 '고정'·'회수의문'·'추정손실' 등이 있다.

의 비율을 보면 외환위기 직후인 1998년 3.03%에서 1999년 2.98%로 다소 낮아졌다가 2000년에는 3.83%로 다시 상승하였다. 차입금 규모에서 점진적으로 감소하고는 있지만 그 하락폭은 매우 미미한 수준에 머물렀다.

이 같은 부실기업처리 지연은 사회적 손실을 키웠다. 회생불가능 기업들이 생산성이 더 높은 기업으로 가야할 자금을 흡수하여 자원 배분의 왜곡과 비효율을 누적시켰다. 이 기업들은 채권은행단의 보호를 받고 있어 제품의 덤핑판매가 가능하므로 회생가능 기업들의 수익을 잠식하여 경쟁구도를 왜곡하였다(OECD, 2001: 181). 더욱이 막대한 공적자금을 과감한 부실기업처리에서 발생하는 실업, 회사정리 등에 대처하는 방향으로 썼더라면 회생불능 부실기업을 지탱하는 데 소요되는 비용 이하로 줄일 수 있었을 뿐만 아니라 도덕적 해이를 징계함으로써 시장규율의 효과를 획득할 수 있었을 텐데도 결과적으로 막대한 편익(benefit)을 상실하였다.

그래서 정부는 경기하강에 대처하고 구조조정을 강력하게 추진하기 위해 2단계 구조조정을 시작하였다. 2000년 10월 정부는 은행들에게 재무구조가 취약한 기업의 전망을 평가하여 지원을 계속할 회사를 판별할 것을 지시하였다. 그런데 실제로 이때 기업판별작업의 결과를 보면 회생불가능판정을 받은 기업숫자가 소수에 지나지 않았다. 그것도 상대적으로 규모가 작은 기업들에 집중되어 있고, 가장 규모가 큰 현대건설과 쌍용양회는 신규여신이 금지되었는데도 불구하고 단순히 "기타"로 분류되어 정부의 의지를 의심케 하였다(OECD, 2001: 177).

또 2001년에는 회사채 만기도래가 큰 문제가 되었다. 전체 발행채권의 4분의 3에 해당하는 65조 원의 회사채의 만기도래가 2001년에 집중되었기 때문이다. 이 와중에서 가뜩이나 취약한 대기업들이 단기간에 연쇄 도산할 위험이 커지게 되었다. 만약 그렇게 되면 이는 금융시장 전반에 엄청난 사태를 불러일으킬 수밖에 없었다. 그래서 정부는 이 사태를 미연에 방지할 목적으로 만기가 도래한 회사채의 만기연장을 위해 후순위채권(CBO)을 2000년에 정부 부분보증을 통해 발행하였다. 또한 산업은행 주도로 6대 대기업에 대한 '회사채신속인수' 방안을 마련하였다. 이런 방안들에 대해서는 엇갈린 평가들이 나왔다. 긍정평가는 주로 현실론에 입각해 있었다. 반면에 부정평가는 '부실기업은 퇴출되어야 한다'는 구조조정의 원칙에 위배되며 정치적 특혜의혹의 빌미가 될 수 있다는 것이었다(정운찬, 2001: 17). 두 가지 주장은 모두 일리가 있었다. 구조조정 과정에서 발생하는 시장이 해결하지 못하는 문제에 대해서 정부가 개입하는 것은 불가피했다. 그러나 문제는 회사채 인수가 부실기업을 회생시킨다든지 하는 사태를 야기하는 데 있었다. 정부의 시장개입은 편의적이고 재량적인 운영으로 인해 정책목표의 취지를 왜곡시키는 일이 빈번하게 벌어졌던 것이다.

(4) 경기부양과 경제적 불안정성의 심화

새롭게 재현되기 시작한 경제위기의 조짐에 정부는 경기부양정책으로 대응했다. 이는 외환위기 이후 막대한 공적자금을 투입한 금융구조조정의 단기적 성과에 급급해진 정부가 은행들의 수익성 창출을 통한 가시적 회복을 보이기 위한 조치이기도 했다. 정부가 가장 쉽게 손댈 수 있는 경기부양책은 지난 시기에 지속해온 건설경기부양과 금융기관의 가계대출확대 및 저금리정책 등이었다.

정부는 2001년도 이후 경기부양을 위해 팽창적 통화정책을 유지했다. 거기에다가 금리를 수차례나 인하하는 조치를 단행했다. 그런데 이렇게 해서 확대된 자금여력은 기업의 설비투자 등 생산적인 부문으로 흘러간 것이 아니라, 주택구입 등으로 흘러가 부동산경기를 활성화시켰다. 그리고 부동산시장의 거품과 함께 주택담보대출 등 가계대출이 급증하였다. 거기에다가 재벌이 지배하는 대기업들은 자산－부채비율을 낮추기 위해 금융권 차입보다는 사내유보금이나 직접금융형태로 의해 자금조달비율을 높였고, 자신의 경영권을 보호하기 위해 자사주 매입에 주력하였으므로 금융기관 대출에 대한 수요가 감소하였는데, 이것도 가계대출이 급증하는 한 가지 원인이 되었다. 은행들도 수익성 및 안전성이 높고 BIS 자기자본 비율의 산정에 유리한 가계대출을 집중적으로 늘렸다. 이렇게 해서 가계대출이 2001～2002년 사이에 급증하는 추세를 보였는데, 2000년 말 266.9조 원이었던 가계대출규모가 2002년 말에는 424.3조 원으로 상승하였다(〈표 4-7〉).

　정부는 또한 경기부양을 위해 카드회사가 자기자본의 10배까지 카드채를 발행하고 차입에는 제한을 두지 않아도 되도록 허용하였다. 현금서비스 한도를 풀고 각종 세금공제혜택 등을 부여하였다. 이렇게 해서 신용카드대출이 급증하게 되었다(김인준, 2004: 35). 이에 대해 2001년 중반 경부터 이미 정부와 사회 일각에서 신용카드업의 위험을 경고하는 목소리들이 나오기도 하였지만, 경제정책 당국은 이를 거의 무시하였다(정운찬, 2004).

〈표 4-7〉 가계대출추이(단위: 조 원)

	97년 말	98년 말	99년 말	00년 말	01년 말	02. 9 말
총 가계대출	211.2	183.6	214.0	266.9	341.7	424.3

* 출처: 금융감독위원회, 2003. 1.

　바로 이 같은 경기부양정책의 결과로 2002년 들어 경기는 다소 회복되기 시작하였다. 주가지수도 상승하기 시작하여 2000년 11월 544.0에서 2002년 4월 894.0까지 뛰어 올랐다(〈그림 4-4〉).

<그림 4-4> 월평균주가추이

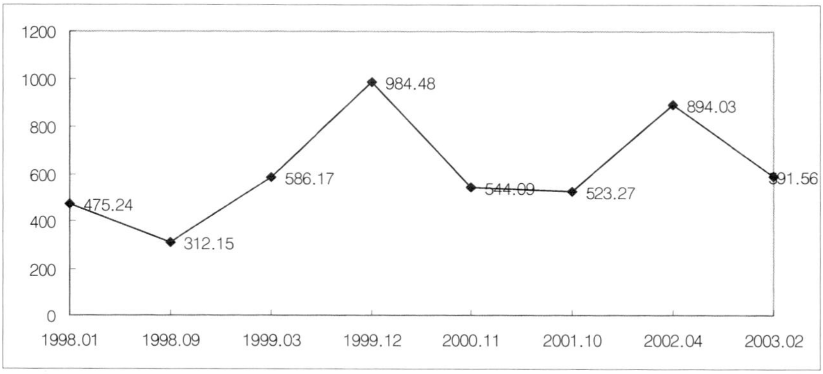

* 출처: KOSIS

또한 전년도 3.8%에 그쳤던 GDP 성장률이 2002년에는 7.0%를 기록하였고, 전년도 3.8%였던 실업률도 2002년에는 3.1%로 크게 떨어졌다(<표 4-8>).

<표 4-8> 김대중정부 5년의 주요경제지표

구분	단위	1998	1999	2000	2001	2002	2003
GDP 성장률	%	-6.9	9.5	8.5	3.8	7.0	3.1
경상수지	억$	403.7	245.2	122.5	80.3	53.9	119.5
외환보유액	억$	520.4	740.5	962.0	1,028.2	1,214.1	1,553.5
소비물가 상승률	%	7.5	0.8	2.3	4.1	2.7	3.6
실업률	%	7.0	6.1	4.1	3.8	3.1	3.4

* 출처: KOSIS

그러나 경기회복의 이면에서 경제의 불안정성이 증대되기 시작하였다. 경제성장의 질을 떨어뜨리는 부동산 가격폭등이라는 사회적 병리현상이 나타났다. 2002년 한 해에만 땅값이 8.98% 올라 1991년 이후 최대의 오름세를 보였다. 특히 서울 15.8%, 경기도 14.1%, 인천 11.5% 등 수도권의 오름세는 가히 폭발적이었다 (조선일보, 2003. 1. 28). 그리고 가계대출·현금서비스 확대로 가계의 금융부채가 2001년 342조 원, 2002년 말 445조 원에 달해 1년 사이에 무려 103조 이상이 증가했다(경향신문, 2003. 1. 23). 이로 인해 가계들이 과도한 이자부담을 지게 되고, 가계파산을 가속화시켰다. 이 와중에서 신용불량자가 양산되었는데, 2000년 말 208만 명에서 2001년 말 245만 명, 2002년 11월 말 257만 명으로 매년 급증하는 추세를 나타냈다(〈표 4-9〉).

〈표 4-9〉 신용불량자추이(단위: 만 명)

	00. 12 말	01. 12 말	02. 11 말
신용불량자	208	245	257
신용카드관련신용불량자	80	104	114

* 출처: 금융감독위원회 2003. 1.

결국 경제적 불안정성이 심화되면서 정부는 과도한 경기부양정책이 가져온 폐해를 수정하는 정책조치들을 취하지 않을 수 없었다. 부동산 거품경기에 편승한 가계부채의 급증과 금융비용의 증대, 신용불량자의 양산이 시작되면서 내수촉진을 통한 경제정책 운용의 기반은 사실상 와해되어 있었다. 2002년 하반기부터 정부는 부동산경기를 억제하는 조치들을 취하게 되고 신용카드사에 대한 여신 한도 설정과 건전성 감독을 강화하는 조치들을 시행하게 되었다. 이와 맥을 같이하여 2002년 후반기부터 경기침체가

가시화되기 시작하였다. 주식가격은 다시 큰 폭으로 하락하였고, 산업생산은 다시 침체로 돌아섰다(〈그림 4-4〉).

(5) 경제적 양극화의 심화

한국에서 경제적 양극화의 정확한 원인이 무엇이고 언제, 어떻게 핵심적인 사회문제로 나타나게 되었는지 밝히는 것은 어렵다. 경제적 양극화의 진원을 따져 들어가면 첫 번째 계기는 외환위기 직후의 상황이었다. 이때 고금리, 긴축정책하에서 금융여건이 유리한 주로 재벌의 대기업과 그렇지 못한 기업들이 양분되고, 현금을 소지한 이자소득계층과 그렇지 못한 대다수 계층들이 양분되었다. 또 대량실업과 임금삭감으로 인해 하층민들의 생활수준이 크게 저하되었다.

두 번째 계기는 1999년 이후 고금리·긴축기조로부터 저금리·경기확대정책으로 기조를 선회하고, 이와 동시에 공적자금 투입을 통한 정부주도의 구조조정을 수행하는 상황이었다. 이때 공적자금 투입의 혜택은 사실상 거의 대기업들에게 집중되었다. 증시활황의 효과는 재벌기업들에 의한 경제력 집중과 외국인 투자자들에 대한 이익배당에 주로 돌아갔다.

세 번째 계기는 2002년 들어 경기침체가 다시 가시화되는 상황인데, 여기에서는 대기업과 중소기업, 수출기업과 내수기업, 기업과 가계, 자본과 노동, 정규직과 비정규직 등 사회 총체적 분야에 양극화가 나타나기 시작하고, 그것도 구조적인 양상으로 전개된다.

먼저 양극화를 심화시킨 가장 핵심적 요인은 '고용' 문제였다. 즉 취업자의 양질적 성장을 통한 가계소득 증가로 이어지지 못한 것이다. 고용이 창출되지 못한 직접적 계기는 지금까지 경제성장을 주도해 온 대기업들의 고용기여도가 크게 하락했기 때문이었다. 대기업의 고용기여도는 1993년 12.4%에서 2002년 5.3%로 하락하였다(삼성경제연구소, 2004. 2. 11). 한 연구(김진방 외, 2005)에 의하면 매출이 1% 증가할 때 고용이 어느 정도 증가하는지를 보여주는 고용유발계수가 대기업의 경우 1990년대 이후 급격히 떨어진 것으로 나타났다. 5대 그룹의 고용유발계수를 보면 1987년 0.04에서 2002년 0.01로 하락한 것으로 나타났는데, 이는 6~30대 그룹의 경우에서도 크게 다르지 않았다(〈그림 4-5〉).

이런 경향은 외환위기 이후 구조조정 과정에서 더욱 심화되었다. 이런 현상이 나타나게 된 배경을 살펴보면 무엇보다 대기업들이 외환위기 이후 구조조정 과정에서 빠르게 글로벌화 되어 인력을 적게 쓰는 고부가가치사업으로 전환하고 자동화, IT화, 아웃소싱 등을 본격적으로 추진하였기 때문이다. 다른 한편으로는 재벌기업들이 이익금을 설비투자 등에 사용하지 않고 재무구조를 개선하거나 외국자본으로부터 경영권 방어를 위해 현금보유비중을 확대하고 내부지분율을 확대하는 데 사용했기 때문이다.

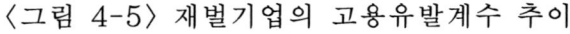

〈그림 4-5〉 재벌기업의 고용유발계수 추이

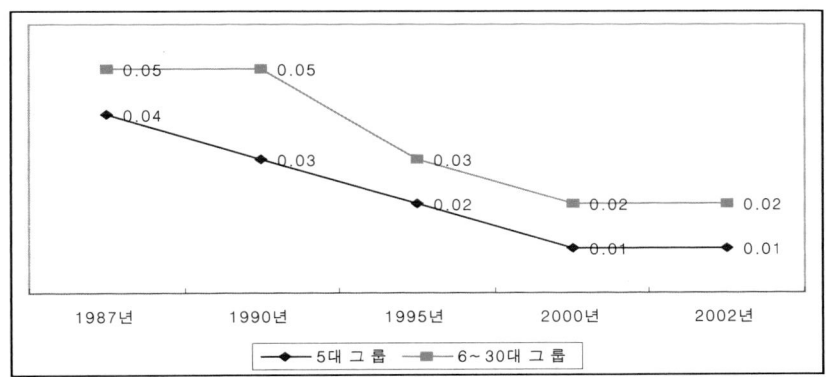

* 출처: 김진방 외, 2005.

바로 이런 추세 속에서는 새로운 고용모형을 창출하는 것이 필

요했다. 과거 양적 요소투입 위주의 노동공급패턴을 지식산업시대
의 요구에 맞게 질적 공급구조로 바꾸는 방향으로 노동시장의 인
프라를 새롭게 정비해야 했다. 근로시간축소와 일자리 나누기, 학
습체제의 인력구조를 형성하고 이를 뒷받침하는 사회적 일자리의
창출 등 새로운 고용모형을 확립하는 데 정부가 적극 나서야 했다.
그리고 이를 위해서라도 사회 각 경제주체들이 상호간 사회협약을
발전시키는 일이 긴요했다. 그러나 정부는 대기업 위주의 성장정책
을 지속하여 옴으로써 고용구조의 혁신을 지연시켜 왔다.

　다음으로는 이런 연장선상에서 산업질서의 구도를 재편하는 것
이 필요했다. 특히 대기업부문과 중소・벤처기업 간의 역할을 새
롭게 정립해야 했는데, 고용창출효과가 큰 중소・벤처기업의 정체
는 고용상황을 급속하게 악화시켰다. 특히 중소・벤처기업들의 성
장이 정체된 데에는 대기업과 중소・벤처기업 간의 불평등한 거
래구조가 결정적이었다. 사실상 대기업의 성장에 중소・벤처기업
의 기여율이 다른 나라와 비교해서도 압도적임에도 불구하고 대
기업들은 수요 독점적 납품구조를 이용하여 중소기업들이 향유해
야 할 이익을 수탈하였다.[60] 가령 2001~2003년간 자동차부품분야
중소기업의 납품단가를 살펴보면, 연간 평균 4.4%씩이나 인하되
었다. 산업자원부 자료를 보면, 중소기업 납품단가는 2001년
-2.5%, 2002년 -3.9%, 2003년 -6.6% 등 갈수록 인하율이 커지고
있는 반면, 대기업의 영업이익률은 2001년 6%, 2002년 7.5%, 2003
년 8.2% 등으로 계속 높아지는 추세다(한겨레신문, 2005. 5. 16).
교섭력의 격차로 중소납품기업이 창출한 부가가치는 대기업에 이
전되고 구매대기업의 부담이 중소기업에 전가되는 왜곡된 가치이

---

[60]　한국의 중소기업은 총 매출에서 모기업 납품이 차지하는 비율이
　　81.6%(2002년 기준)에 이른다. 자동차산업의 경우 한국은 부품의 외부
　　조달비율이 70%나 된다. 이에 반해 미국이나 유럽은 40% 정도에 불
　　과하다(한겨레신문, 2005. 1. 4).

전구조가 형성된 것이다(공정거래위원회, 2005).

게다가 여기에 겹쳐 외환위기 이후 금융기관들이 기업대출을 기피하고 가계대출에 치중하는 등 금융 중개 기능이 왜곡되는 현상이 광범위하게 나타남으로써 중소기업들이 커다란 타격을 받게 되었다.

바로 이러한 여러 가지 이유들 때문에 중소기업의 수익성은 악화되었고 R&D 투자여력도 고갈되었는데, 2002년 중소기업의 매출액 대비 R&D 투자비는 고작 0.9%에 머물렀다. 대기업 대비 중소기업의 임금수준도 1998년 76.2%에서 2001년 71.0%, 2003년 65.8%로 빠르게 하락하였다(공정거래위원회, 2005). 중소기업의 경영구조가 혁신주도형이 아닌 저임금 위주로 고착된 것이다.

그런데도 정부는 이 같은 불평등 구조를 계속 방치해 왔다. 정부는 사회적 임금체제를 발전시키고 중소·벤처기업에 양질의 인력을 공급하는 사회적 인프라를 형성해야 함에도 불구하고 대기업 위주의 정책패러다임을 탈피하지 못했다. 그 결과로 중소기업들은 중국 및 동남아국가들의 제조업에 일자리를 뺏기거나 해외로 이전해 갔다. 2000년 이후 이렇게 해서 사라져간 일자리는 약 60만 개, 전체 제조업 일자리의 13%에 달하였다.

노사관계의 왜곡도 이런 양극화 경향을 촉진시켰다. 대기업·정규직·남성중심의 노동운동은 자본의 경영전략에 즉흥적으로 대응하여 고용안정과 임금인상과 같은 조합주의적 요구에 집착하였는데, 이는 결과적으로 비정규직·중소기업 노동자에게 희생을 전가시키는 결과를 가져왔다. 노동운동은 자신의 이해를 노동자 계급 전체의 연대라는 관점에서 제기하고 여기에 대기업과 중소기업의 문제를 연계하는 장기적 전략을 결여하였다. 이것은 노동시장의 양극화와 기업의 양극화를 촉진시키는 데 기여하였다.

나아가 이런 왜곡된 요인들이 중첩되면서 고용과 가계수입이

악화되고 여기에 금융기관들의 기형적 가계대출확대가 결합하면
서 대량의 신용불량자가 양산되었는데, 이는 내수기반을 결정적
으로 약화시켰다. 그리고 내수기반의 약화는 내수중심의 기업들
을 약화시키고, 대기업들이 주축인 수출중심의 기업들과의 양극
화를 심화시키는 악순환이 계속되었다.

4. 외국자본의 진출과 경제적 불안정성의 증대

외환위기 이후 김대중정부에서 경제정책의 초점은 대외신인도의
유지와 외국자본의 유입에 맞춰졌다. 외국자본의 유입은 한국경제
가 생존하기 위해서뿐만 아니라 선진경제로 도약하기 위해서라도
절대적인 과제처럼 인식되었다. 이를 위해 단기금융거래를 포함한
자본거래가 경제위기 직후 더욱 광범위하게 자유화되었다. 외국인
지분제한의 철폐, 채권시장의 개방, 외국인에 의한 M&A 자유화(1
단계), 외국인 원화대출한도 철폐, 국내기업의 해외단기차입 완전자
유화(2단계) 등이 이루어졌다. 한편 이런 외국자본의 유입정책은 경
제개혁의 전략과 긴밀하게 연계되었다. 자본 이동의 국가적 장벽을
철폐하는 것은 한국의 금융제도를 직접금융체제로 무게중심을 이동
시키는 것이며, 이는 나아가 주주자본주의(shareholder capitalism)
를 강화하여 기업과 금융권을 이런 흐름에 노출시킴으로써 도덕적
해이를 감시 · 견제하는 장치를 형성한다는 구도였다.

그 결과로 많은 외국자본이 유입되었다. 외국자본의 유입 현황을
살펴보면 총투자자금 순유입규모는 1998년 이후 2001년까지 직
접투자 272억 2,700만 달러, 주식 · 채권 등 간접투자 301억
6,500만 달러 등 도합 573억 9200만 달러에 달하였다. 특히 외
환위기 이후 주식자금의 형태가 큰 폭으로 증대해 왔다(〈표

4-10〉). 2002년 12월 말 기준 외국인이 보유한 주식의 시가총액
은 93조 1,607억 원으로서 전체 상장주식 시가총액 258조 6,808
억 원의 36.0%를 차지하였다(〈표 4-11〉). 특히 2001년 말 기준
외국인 투자자들은 10대 그룹 주식의 44.5%를 보유했다. 그 중에
서도 포항제철 61.6%, 삼성 52.8%, 에스케이 44.2%, 롯데
34.6%, 현대 33.7% 등 우량주에 집중 투자하였다(한겨레신문, 2001.
11. 30). 이와 같은 사정은 은행의 경우에도 비슷한데, 주요 시중은
행의 외국인 지분율은 1998년 말 12.3%에서 2004년 9월 현재
50.8%로 급증하였다(〈그림 4-6〉).

〈표 4-10〉 외국인투자 동향(단위: 백만 달러)

	직접투자	증권투자 (국내주식투자)	
1996	2325.4	21183.0	(4373.0)
1997	2844.2	12287.2	(777.4)
1998	5412.3	-291.5	(3088.1)
1999	9333.4	6993.1	(5859.5)
2000	9283.4	11986.2	(12234.3)
2001	3198.0	11478.1	(6402.6)

* 출전: 한국은행, 『국제수지』, 2002년 12월.

〈표 4-11〉 상장주식 외국인 보유현황(단위: 억 원, 1만주, %)

	시가총액			주식수		
	전체(a)	외국인(b)	외국인보유율 (b/a)	전체(c)	외국인(d)	외국인보유율 (d/c)
2001.12	2,558,501	936,982	36.6	1,957,830	286,922	14.7
2002.12	2,586,808	931,607	36.0	2,646,338	305,458	11.5

* 출처: 금융감독위원회 보도자료, 2003. 1. 10.

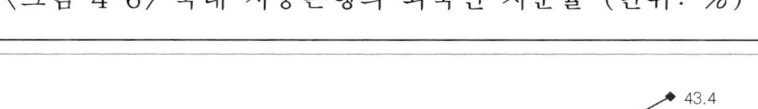

〈그림 4-6〉국내 시중은행의 외국인 지분율 (단위: %)

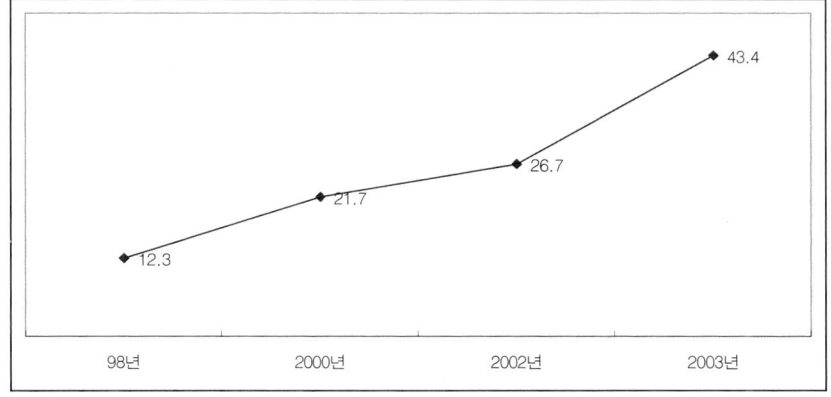

※ 연말, 월말 기준
* 출처: 금융감독원: 한겨레신문, 2004. 10. 11

　1998년 이후 한국에 유입된 외국자본은 명확히 구분하기는 힘들지만 대체적으로 주식자금 등 단기성이 강한 자금들 위주로 짜여져 있었다.61) 게다가 직접투자의 경우에도 새로 공장을 짓기보다는 대부분 국내 부실기업이나 은행자산을 염가에 사려는 목적으로 행해졌다.62)

　그렇다면 외국자본의 유입증가가 한국경제에 미친 영향을 어떻게 평가할 것인가? 외국자본의 유입은 경영투명성을 증대시키고, 외형팽창보다는 수익성 위주의 경영패턴을 강화시키며, 재무건전

---

61) 포트폴리오투자의 경우 단기자금과 장기자금의 구분은 애매모호한 측면이 많다. 채권의 경우 상환기간이 존재하지만 주식자금의 경우에는 오랫동안 국내에 머물러 산업자본의 기능을 할 수도 있고, 짧은 시간 안에 국내시장을 이탈할 수도 있다. 그래서 외국자본이라도 금융자본보다는 국내에 고정사업장을 가지고 사업을 벌이는 직접투자를 유치해야 한다고 주장하는 전문가도 많다(전주성, 2001: 77).

62) 주로 P&A 투자형태가 일반적이라고 알려지는데, 가령 금융기관의 해외매각의 경우 나쁜 부채와 자산은 정부나 공적기관이 떠안고 건전한 자산만을 외국자본에 매각한 후, 다시 이 외국자본이 매각된 금융기관이나 기업의 신주를 인수하는 식을 말한다(이강국, 2000).

성과 현금흐름을 중시하게 하고, 인사·조직문화에서 성과 및 능력주의 문화를 확산시키는 긍정적 기여를 하기도 하였다. 1997년 외환위기 이후 외국자본의 대량유입과 이들의 이해관계의 투영은 한국의 재벌체제를 비롯한 경제구조 전반에 변화의 불가피성을 각인시킨 것은 분명하다.

그러나 동시에 외국자본의 유입은 부정적인 현상을 나타냈다. 무엇보다 한국경제의 유동성이 크게 증대되었다. 한국 국내 주가의 흐름은 외국자본의 손아귀에서 결정되었다고 해도 과언이 아니었다. 한국은행에 따르면 1992년 주식시장 개방 이후 1997년 6월까지는 외국인 주식투자자금 유입액이 10% 늘어나면 주가가 11% 상승했으나 외환위기 이후에는 상승폭이 22%로 두 배 이상 증가했다(주간한국, 2000. 3. 2). 경제평론가 박태견은 다음과 같은 예를 통해 외국인 투자자들의 영향력이 얼마나 강화되었는지를 잘 묘사하고 있다.

지난해(2000년) 10월 이래 국내 거래소지수는 400대, 코스닥지수는 50대까지 급락, '제2 경제위기설'이 광범위하게 유포되기도 했다. 그 원인은 하나였다. 외국인 주식투자가들이 이 기간 중 순매도로 전환했기 때문이다. 투신권 위축으로 국내 기관투자가들의 매수여력이 없고 개인투자자들도 큰 손실로 시장참여의지가 사라진 시점에서 그동안 유일한 순매수세력으로 주가 버팀목 구실을 해 온 외국계 투자자들이 손을 털려는 조짐을 보이자 비상벨이 울린 것이다. 그러자 대통령이 그동안의 경제운영 실패를 사과하고 경제팀 개편을 시사하는 등 경제 비상사태 분위기가 조성되었다. 그러나 1월 들어 미국 연방준비제도이사회(FRB)의 선제적 금리인하 등으로 위기감이 일부 해소되면서 외국인 투자자들이 기존의 투자전략을 바꾸어 한달 동안 2조 5000억 원어치의 주식을 순매수하자, 장 분위기는 순식간에 핑크빛으로 반전되며 거래소지수가 600선까지 일시

회복되는 '1월 랠리'가 가능했다. 그러자 개각이 거의 기정사실
화되었던 현 경제팀이 유임되는 등 집권층의 위기감도 완화됐
다. 한마디로 외국계가 국정 운영까지 좌지우지하는 상황을 되
풀이해 연출하고 있는 것이다.

정부가 1999년부터 시도한 경기확대정책에 의한 증시 활황에
힘입어 외국자본들은 막대한 초과이윤을 챙길 수 있었다. 그리고
단기적 초과이윤을 노리고 외국자본들이 더 급속히 유입되었다.
이렇게 해서 1999년에만 외국자본이 벌어들인 돈은 주식투자 46
조 7,000억 원, 투자송금 9조 2,280억 원 등 56조 원에 달한다
고 알려졌다(주간한국, 2000. 3. 2). 1999년 한국에 투자한 외
국기업의 수익률은 약 25% 가량으로 국제금리와 비교할 때 4배
가량 높은 것이었다. 바로 이 지점에서 외국자본의 이해논리는
국내재벌기업의 이해와 융합하여 관료주도의 경제구조를 유지시
키고 경제개혁을 파행적으로 만들어 갔다.

외국자본의 기능은 단기적 이윤에 집착하여 김대중정부가 애초
구상했던 주주자본주의의 강화를 통한 시장규율의 확립에도 별다
른 기여를 하지 못하였다. 그 결과 1999년을 정점으로 인위적으
로 부양되었던 주식시장은 다시 침체하기 시작하였다. 기업의 주
식발행 추이를 보면 1998년 14.2조 원, 1999년 41.1조 원,
2000년 14.3조 원, 2001년 12.2조 원으로 급속히 축소되었다(재정
경제부, 2002c). 이 같은 주식시장의 침체는 낮은 주식수익률과 주
식시장의 높은 유동성에서도 단적으로 확인되는데, 한국의 주가
평균수익률은 1980~2000년간 7.5%에 불과해 채권이나 예금금리
에 미치지 못하였다(〈표 4-12〉). 또한 동기간 주가 평균수익율의
표준편차도 0.39로 미국의 0.13에 비해 크게 불안정한 구조를 지
속하였다(재정경제부, 2002b).

〈표 4-12〉 주가 평균수익률 비교

연평균 수익률 (%, 80~00년)	대한민국	미국
주 식	7.5	12.7
채 권	13.2	8.3

* 자료: 재정경제부, 2002b.

외국자본에 의한 도덕적 해이의 사례도 상당수 적발되었다. 가령 1999년 도이체방크 서울지점이 LG, 중앙, 아세아종금 등 국내 종금사들과 탈법적인 손익조정거래를 한 사실이나, 리젠트퍼시픽그룹의 계열사인 리젠트종금이 600억 원을 불법대출하여 대유리젠트증권 등의 주가조작에 사용한 혐의(소위 '진승현게이트') 등은 그 같은 대표적 사례였다(박태견, 2001). 또 15조 원이 넘는 공적자금이 투입된 제일은행을 불과 5,000억 원에 사들인 외국인이 국가경제의 회복과는 별로 무관한 수익성 높은 소매금융에만 매달린 것도 외국자본의 부정적 측면을 보여주는 사례였다.

외국자본의 유입은 금융의 중개기능을 왜곡시키는 데에도 크게 영향을 미쳤는데, 은행의 수익구조는 자금흐름의 왜곡을 단적으로 보여주었다. 근래 은행의 수익구조는 기업대출부문은 적자상태이며 가계대출 부문에서 막대한 순이익을 창출하였는데, 2001년 중 은행권 이자부문 순이익은 8,412억 원, 기업대출부문 순이익은 -3조 989억 원을 나타내었다. 이는 외국자본의 지분이 큰 은행에서 두드러지게 나타났다.

한국경제에 대한 외국자본의 영향력이 강해지는 만큼 정부는 이들 자본의 유입과 체류를 위해 더 많은 가시적 인센티브를 제공해야만 했다. 반면에 자국민에 대해서는 역차별의 논란을 불러일으켜 사회적 갈등을 증폭시킬만했다. 공기업인 발전소 민영화를 둘러싼 사회분쟁은 그 같은 경제정책 논리를 확인할 수 있는 또 하나의 대표적 사례였다. 정부에서 한국 전력의 구조개편, 즉 민영화를 결정한 것은 김대중정부가 출범한 지 4개월의 시점이었고, 그 같은 정부의 방침은 전력노조의 반발에 부딪쳐 2000년 12월에 관련 법안이 국회에서 통과되었다. 그리고 1년의 유예기간을 거쳐 정부는 발전소 민영화 방침을 강경하게 추진하였다. 이때 정부의 논리는 "발전 산업 민영화는 이미 입법으로 확정된 것"이며, "민영화가 지연되어 계속 적자를 내면 결국 국민부담으로 돌아온다."는 것이었다(김대중 대통령 국무회의 발언, 2002. 3. 19).

그러나 그 같은 논리는 설득력을 갖기에 결코 충분하지 않았다. 무엇보다 전력산업 민영화 방침은 치밀한 정책적 검증이나 토론을 거친 바가 별로 없었다. 또한 한국전력공사는 1998년 이후 매년 1조 원이 넘는 당기 순이익을 내었고, 연속 3년 동안 공기업 경영평가에서 1위를 차지하였다. 한마디로 전력산업 민영화의 사회적 토론을 생략해야 할 만큼 급박한 상황은 아니었다. 게다가 정부의 방침은 민영화에 따른 부정적 폐해나 다른 방안에 대해서는 진지한 토론과 검토가 거의 없었다. 산업자원부가 마련한 '발전회사민영화기본계획'은 외국인에게도 국내 전체 발전설비의 30% 범위 내에서 발전회사의 소유·경영권을 확보할 수 있게 했다. 또한 정부는 직접 매각 방식을 택하였는데, 지분매입을 희망하는 소수 기업만을 대상으로 한 것이었다. 이는 결국 전력산업을 재벌 아니면 외국회사 소유로 넘어가게 하는 방식으로서 대단히 급진적이고 이례적인 것이었다(한겨레신문, 2002. 3. 8).

다른 민영화 추진사례에서도 거의 유사한 행태를 보이고 있지만, 정부가 이처럼 전력산업 민영화를 강경하게 추진한 데에는 무엇보다도 '대외신인도 제고'의 논리가 깔려 있었다. 첫째, 공기업 민영화는 경제구조조정에 필요한 자금을 확보하고 2001년 기준 113.1 조 원에 달한 국가채무를 상환하기 위한 재원을 마련하는 의미를 갖고 있었다. 둘째, 민영화는 외국인투자를 유인하고, 정부의 개방 의지를 외국인 투자자들에게 확인시켜 줌으로써 국가 신인도를 높 이는 데 도움이 된다는 것이었다(김준동, 2000: 63). 바로 이런 맥 락에서 정부는 공기업 민영화를 추진하여 왔고, 여타 부문에서 구 조조정의 추진력을 소진해 온 정부로서는 거기에 더욱 더 집착하 게 되었다.

결론적으로 요약하자면, 외국자본의 대량유입이 한국의 경제개 혁에 끼친 영향은 긍정적 요소와 부정적 요소를 공히 갖고 있다. 그러나 대체로 외국자본의 유입이 한국의 왜곡된 개발주의 경제 구조를 근본적으로 혁신하는 데는 그다지 큰 영향을 미치지는 못 했다고 볼 수 있다. 외국자본은 긍정적 기능에도 불구하고 단기 적 초과이윤의 획득이라는 목표에서는 재벌체제의 행태를 시정하 기보다는 그와 공생했다고 볼 수 있다. 한국의 재벌기업들은 자 본시장의 개방과 글로벌경영의 추세에 따라 기업의 부채비율을 낮추고 수익성과 안정성 위주의 경영행태로의 커다란 변화의 모 습을 보이면서도 투자기피, 증자와 순환출자를 통해 경제력집중 과 독점을 이전보다 훨씬 더 강화함으로써 과거 황제경영에 의한 폐단을 끊임없이 노출시켰다. 또 금융부문에서도 외국자본이 선 진경영비법을 전수한 경우는 드물고 오히려 금융의 중개기능을 약화시켰는가 하면, 시장의 기대를 급격히 변화시킴으로써 경제 적 불안정성을 크게 증폭시켰다. 게다가 외국자본의 논리가 강하 게 관철되면서 노동자에 대한 희생전가 등 역차별 현상이 광범위 하게 나타남으로써 사회적 갈등비용을 양산하기도 했다. 물론 이 같은 외국자본의 역기능이 외국자본에 대한 원천적 부정으로 해 석될 수는 없다. 다만 신자유주의적 세계화와 시장논리에 입각하여 외국자본의 유입이 왜곡된 한국의 경제구조를 정상화시켜 줄 것이라는 주장은 지나치게 과장된 믿음에 근거한 것이었다. 오히려 외국자본에 대한 과도한 의존은 경제개혁을 왜곡하고 경제적 불안정성을 증대시키는 역기능을 초래한다는 것을 시사하였다.

제4절 주요부문별 경제구조조정의 전개와 평가

1. 금융부문 구조조정

(1) 금융구조조정의 일반적 문제

금융구조조정의 과정에는 일반적으로 다음과 같은 몇 가지 정치적 쟁점 및 이해갈등이 수반된다. 첫째는 어떤 금융기관이 부실하고 회생불가능한 지를 가려내고 금융기관 폐쇄 등의 여부를 결정하는 문제이다. 이는 금융부실의 비용분담을 둘러싸고 예금자, 주주, 채권자, 경영자, 금융기관 직원 간의 이해관계의 상충을 유발하고 고도의 정치적 논쟁을 야기하게 된다. 둘째는 금융구조조정을 위한 재원의 확보와 집행과정에서 발생하는 정당성의 문제이다. 한국에서 금융 중개 시스템이 마비될 경우 그에 따라 치러야 하는 사회적 비용은 막대한 것일 수밖에 없었다. 이 때문에 금융기관이 시장에서 파산하도록 방치하기보다는 공적자금 투입을 통해 그 파급효과를 최소화하는 것이 불가피했다. 그런데 여기에서 정부는 금융기관을 폐쇄하거나 회생시킬 때 투입되는 자원을 가장 합리적이고 효율적으로 배분함으로써 도덕적 해이를 방지하고 일반 납세자들의 비용부담을 최소화해야 한다. 셋째로 부실대출자산을 어떻게 처분할 것인가도 정부와 은행, 채권자들 사이의 이해갈등을 유발한다(Haggard, 2000: 141-146).

김대중정부의 금융구조조정에서도 이런 문제들이 첨예한 쟁점이 되었다. 김대중정부 초기 부실금융기관의 선정과 폐쇄를 둘러싸고 경영진, 예금자, 노조 간에 크고 작은 분쟁이 발생하였다. 또 공적자금의 투입과 관련해서도 많은 사회적 논란을 불러일으켰다. 공적자금 투입의 원칙과 기준이 상당부분 모호한 속에서 일부에서 공적자금의 사유화라는 도덕적 해이 현상이 벌어져 무분별한 기업구제의 수단으로 전락했다는 비판이 제기되었다.

(2) 금융산업 진단과 1차 금융구조조정의 방향

김대중정부는 외환위기의 발단이 된 기업들의 능력을 초과한 차입경영과 과잉투자 현상이 만연하게 된 데에는 근본적으로 한국의 금융산업이 낙후한 데서 비롯되었다고 진단하였다. 한국의 금융기관들은 그동안 차입자의 신용이나 투자사업의 전망을 객관적으로 평가하려고 노력하기보다는 정부의 방침이나 기업의 외형 및 담보를 기준으로 대출을 결정해 왔다. 그러다보니 기업들은 무리하게 매출을 확대하고 다시 그 매출을 기준으로 자금을 차입하여 투자를 확대하다 손실을 입고 결과적으로는 금융기관에 막대한 부실채권을 안겨주었다고 보았다. 또 이 과정에서 정부는 금융기관의 건전경영을 효율적이고 체계적으로 감독하지 못하여 부실금융기관이 적시에 퇴출될 수 있는 여건을 제대로 갖추지 못한 데도 경제위기의 중요한 원인이 있는 것으로 진단하였다(대한민국정부, 1999: 142-144).

바로 이런 진단에 입각하여 정부는 금융구조조정의 목표를 ① 금융산업을 시장원리에 따라 재편하고, ②이에 대한 정부의 금융건전성 감독체계를 강화하는 것으로 정하였다. 좀 더 세부적으로

는 정부가 IMF와 맺은 협약에 명시되어 있듯이, ①부실금융기관
의 정리와 부실채권의 해소, ②금융규제의 완화와 금융건전성감독
의 강화, ③자본시장의 활성화, ④자본시장의 대외개방이라는 네
가지 주요 방향으로 추진되었다(조복현, 2000: 43). 그 중 부실금
융기관의 정리와 부실채권 해소는 금융위기를 해소하는 데 필요
한 단기적 처방이며, 나머지는 중장기적 관점에서의 제도적 처방
이었다.

  금융구조조정을 추진하기 위해 김대중정부가 무엇보다 우선하
여 조치한 것은 금융자율화 과정에서 발생하게 될 문제들에 대처
하기 위해 금융감독체계를 대폭 정비·강화했다는 점이다. 이는
1997년 경제위기의 핵심적 원인 중 하나가 바로 경제자유화 과정
에서의 금융시장감독 실패였음을 감안할 때 가장 선결되어야 할
조치였다. 또한 금융기관들의 미발육 상태에서 건전경영을 촉진하
고 자율적인 금융산업으로 육성하는 데에 필요한 국가의 역할을
적극적으로 해석한 결과이기도 했다. 그래서 정부는 금융감독위원
회를 설립하여 종래 재경원과 한국은행이 나누어 관장하던 금융
감독의 총괄집행기능을 일원화시키는 한편, 금융감독위원장의 정
치적 중립성을 보장해 주는 취지에서 임기제로 규정하였다. 또 금
융감독의 실무적 기구로서 금융업별로 분산되어 있던 4개 감독원
을 금융감독원으로 통합하여 감독의 효율성을 높이고자 하였다.
이로써 정부는 금융구조조정을 주도하기 위한 강력한 권한을 갖
출 수 있게 되었다.

  김대중정부는 강력한 금융감독 장치를 확립함과 동시에 부실채
권을 신속하게 정리하여 금융시스템을 정상화하는 작업에 착수하
였다. 이를 위해 금융기관의 부실채권을 신속하게 정리하되, 이
과정에서 발생하는 손실은 금융기관의 주주·경영진·채권자 등
이 적정하게 분담하도록 한다는 원칙을 수립하였다. 다만 금융기

226

관 자체의 노력으로 정리가 불가능한 소요 부족분에 대해서는 재
정자금지원을 통해 해결하는 방향으로 정하였다. 공적자금은 바로
이 소요 부족분에 해당하는 것으로서 1998년 5월 경제대책조정회
의를 통해 기(旣)투입된 14조 원 외에 50조 원을 합쳐 모두 64
조 원의 규모로 확정되었다.63) 그 후 정부는 2001년 12월 말까
지 155.3조 원의 공적자금을 조성하여 금융기관들에게 지원하였
다. 그 지원실적을 용도별로 보면 금융기관 정상화를 위한 출자
에 60.2조 원, 폐쇄금융기관의 예금대지급과 계약이전 결정에 따
른 손실보전에 42.1조 원, 후순위채 매입을 포함한 자산매입 등
으로 14.3조 원, 자산관리공사를 통한 부실채권 매입에 38.7조
원을 각각 지원하였다(재정경제부, 2002a).

　정부는 공적자금을 투입하면서 금융기관들의 구조개선 작업을
진행하였다. 1998년 10월 말 기준 5개 은행과 16개 종금사, 2
개 증권사, 1개 투신사, 15개 상호신용금고, 17개 신협을 인가
취소하는 한편, 4개 증권사, 4개 보험사, 1개 투신사, 12개 상호
신용금고, 29개 신용협동조합을 영업정지 처분하였다(재정경제
부, 1998c): 121). 특히 5개 부실은행의 퇴출은 이 과정에서
가장 어려운 고비였는데 주주들의 주식은 소각되었고, 경영진은
부실책임을 지도록 하였으며, 직원들의 50~70%가 정리되었다
(강봉균, 2001: 96). 이 과정에서 예금자들의 반발과 예금인출
사태가 빚어지기도 하였다. 그러나 은행 등의 폐쇄조치는 신속하

63) 공적자금이란 외환위기 이후 금융구조조정 지원을 위해 조성된 자금인
데 예산에서 직접 지원하는 것이 아니라 정부산하의 무자본 특수법인인
자산관리공사화 예금보험공사가 채권을 발행해 조달한 자금이다. 공적자
금은 예산 등 재정자금과의 상당한 차이가 있다. 부실채권정리기금채권,
예금보호기금채권 등을 발행해 조달하기 때문에 조달과 상환의 1차적
책임은 자산관리공사와 예금보험공사에 있다. 그러나 정부가 지급을 보
증하는 국회동의를 거치기 때문에 양대 기구가 갚지 못할 경우 정부가
재정기금을 통해 갚아야 한다. 다만 공적자금의 이자에 대해서는 정부가
매년 예산에서 지급한다(재경부·금융감독위원회, 2000: 51).

게 이루어졌으며, 정부가 예금보장에 대한 적절한 대책을 제시함으로써 남미에서와 같은 금융시스템 전체로부터의 자금이탈과 대중적 저항으로 이어지지는 않았다. 그리고 BIS 비율 8% 미만으로서 살아남은 은행들에 대해서는 경영정상화계획을 승인하였지만 경영진 교체, 유상증자계획 및 외자유치계획, 점포 및 인력감축 등을 포함한 경영정상화계획을 제출하는 조건이 부과되었다.

〈표 4-13〉 공적자금 지원현황('97. 11~01. 12 말) (단위: 조원)

금융권		출자	출연	예금대지급	자산매입 등	부실채권매입	계
은 행		33.9	13.6	-	13.3	24.5	85.3
제2금융권	종 금	2.7	-	17.2	-	1.6	21.5
	증권·투신	7.7	-	0.01	-	8.3	16.0
	보 험	15.9	2.6	-	0.4	1.8	20.7
	신 협	-	-	2.1	-	-	2.1
	금 고	-	0.1	6.5	0.6	0.2	7.4
	소 계	26.3	2.7	25.8	1.0	11.9	67.7
해외금융기관 등		-	-	-	-	2.3	2.3
계		60.2	16.3	25.8	14.3	38.7	155.3

* 자료: 재정경제부, 2002a.

그 외에도 금융시장에 시장경쟁의 원리를 강화하기 위해 금융기관의 자율경영 및 경쟁을 저해하는 각종 규제를 과감하게 폐지 또는 완화하는 조치를 취하였다. 이에 따라 1998년 5월까지 5대 및 10대 재벌 계열기업군에 대한 대출한도 관리제도의 조기폐지, 해외채권발행 조건의 자율화 등 총 86건의 규제가 폐지 또는 완화되었다(금융감독위원회, 1998. 5. 26). 또 예금전액보장제도

를 예금부분보장제도로 전환하여 예금자들과 투자자들이 보다 합
리적인 결정을 내리도록 유도하였다(이연호, 2001: 9). 이는 국
내 금융기관들이 책임과 자율에 입각하여 사업을 전개할 수 있도
록 하고, 금융기관이 파산할 경우 당사자 모두가 책임을 고루 분
담함으로써 정부가 책임져야 할 한계를 보다 명확히 하고자 함이
었다. 나아가 정부는 금융산업의 개방을 대폭 확대하였는데,
1997년 12월에는 일일 환율변동 폭을 폐지하고, 1998년 5월에
는 외국인 주식투자 한도를 폐지하였으며, 단기금융상품을 개방
하였다.

〈표 4-14〉 부실금융기관 정리실적 (99년 4월 말 현재)

구분	기관수 ('97말)	정 리 실 적				비율 (%)
		인가취소	합병	기타*	계	
은 행	33	5	5	-	10	30.3
제2 금융권	403	51	6	12	69	17.1
계	436	56	11	12	79	18.1

* 영업정지, 가교사 이전, 해산, 정리 등
* 자료: 재정경제부

(3) 1차 금융구조조정의 성과와 한계

금융구조조정의 결과로 1998년 6월 말까지 해당 금융기관의
부실채권의 60% 수준이 정리되었다. 1999년 말 시점에서는 부
실채권 규모가 67조 원으로 1998년 3월 말 112조 원에서 45조
원 감소하였는데, 금융기관 자산건전성 기준이 강화되어 잠재부
실이 현재화 된 것을 감안하면 92조 원에 달하는 부실채권이 정
리된 것이었다(〈표 4-15〉).[64] 부실금융회사를 정리하여 1997년

말 2,101개였던 것이 2001년 말 1,548개로 26.3%가 감축되었다. 은행 BIS 자기자본비율도 1998년 말 8.23%에서 2001년 9월 말 기준 10.7%로 상향되었다(금융감독위원회, 2002). 이 같은 일련의 부실금융회사 정리 및 부실채권 감축은 금융산업의 건전성을 제고하고 금융 중개 기능을 활성화함으로써 실물경제의 회복을 뒷받침하는 데 긍정적으로 작용하였다.

〈표 4-15〉 금융부문별 부실채권 추이 (단위: 조 원)

		1998.6	1998.12	1999.6	1999.12	2000.6	2000.12	2001.6
은행권	총여신(A)	471.6	443.4	439.2	474.2	502.5	526.1	529.4
	부실채권(B)	40.0	33.6	37.1	61.2	56.5	42.1	30.2
	비율(B/A)	8.5%	7.6%	8.4%	12.9%	11.3%	8.0%	5.7%
비은행권	총여신(A)	153.2	133.9	120.9	116.7	105.0	95.3	92.2
	부실채권(B)	23.5	26.6	26.3	28.6	25.0	22.5	19.6
	비율(B/A)	15.3%	20.0%	21.8%	24.5%	24.8%	23.5%	21.3%
전체	총여신(A)	624.8	576.5	560.1	590.9	607.5	621.4	621.6
	부실채권(B)	63.5	60.2	63.4	88.0	82.5	64.6	49.8
	비율(B/A)	10.2%	10.5%	11.3%	14.9%	13.6%	10.4%	8.0%

* 출전: 금융감독원, 금융감독정보 각호(정운찬 2001 재인용)

더욱 중요하게는 금융구조의 패러다임에도 일정한 변화가 촉발

---

64) 금융기관의 자산건전성 분류기준 강화에 따라 부실채권의 개념이 다음과 같이 변화하였다. ①1998. 6월 이전ー고정이하여신(부도 및 6개월 이하 연체여신), ②1998. 7월~99년 말 이전ー고정이하여신(부도 및 3개월 이상 연체여신), ③현행(은행권)ーFLC기준 무수익 여신.

되었다. 부실금융기관들이 전례 없이 퇴출당하는 사건을 겪고, 예금부분보장제도와 같은 제도들이 도입되면서 소비자들은 보다 높은 안정성과 양질의 서비스를 제공하는 우량금융기관을 선호하게 되었다(이연호, 2001a: 9). 그리고 예전처럼 정부가 금융기관을 동원하여 특정한 기업이나 정책분야에 자금을 배분하게 하는 관행은 현저히 줄어들게 되었다. 물론 강력한 금융감독권한을 이용한 정부의 간섭현상이 여전히 다수 발견되기도 하였지만 전체적으로는 과거에 비해 금융기관의 자율성이 크게 증대되었다. 이는 투명성을 강화하는 여러 조치, BIS 비율 등 국제기준의 충족, 시장경쟁의 강화, 수익중심의 경영 및 위험관리 등으로 시장의 반응에 따라 금융기관의 생존여부가 결정되는 구조가 강화되면서 나타난 결과였다.

그러나 이 같은 긍정적 진전에도 불구하고 시장에서 요구하는 규율을 뒷받침하는 데까지는 현저히 미치지 못하였다. 먼저 정부의 금융감독기구 강화는 구조조정을 추진하는 데 기여하였음에도 불구하고, 관치를 재현하였다는 논란을 빚었다. 정부는 애초 금융감독기구를 강화하면서 정치적 중립성을 확립하기 위해 위원장에 대해서는 국무위원에서 배제하고 2년의 임기제로 하기로 하였다. 그러나 금감위원장은 그 임기를 다 채우지 못하고 자주 바뀌는 관행이 되풀이되었다. 특히 김대중정부에서 발생한 금융관련 각종 스캔들에 금융감독원의 직원들이 연루되기도 하였는데, 이는 금융감독기구의 중립성과 자율성에 대한 의구심을 자아내었다. 금융감독의 정치적 중립성에 관한 논란은 금융감독체계 문제와도 긴밀하게 연결되어 있었다. 금융감독체계는 정부기관인 금융감독위원회(FSC)와 민간조직인 금융감독원(FSS)의 이원화된 체계로 구성되었는데, 특히 정부기관인 금융감독위원회의 권한을 둘러싸고 관치논란이 끊이지 않았다.65) 확실히 금융감독의 중립성과 자율

성은 불충분한 바가 있었다. 그래서 이에 대한 개선방안을 둘러 싸고 여러 논의가 꾸준히 이어졌다.66)

정부가 금융권을 통제하는 데 가장 핵심적인 수단은 바로 공적 자금이었다. 정부의 공적자금이 투입된 금융기관은 민영화가 지연 됨으로써 실질적으로 국유은행으로서의 성격이 강화되었다. 이와 함께 공적자금이 투입된 금융기관에서 과거보다는 작지만 불법대 출이 끊이지 않았다. 1999년부터 2001년 6월까지 발생한 불법대 출금액은 5,900억 원이었는데, 이는 한빛은행 1,344억 원, 서울 은행 283억 원 등 대부분 공적자금을 투입한 금융기관에서 발생 하였다(박병윤, 2002: 218).

이런 문제점들이 나타나게 된 원인은 금융구조조정의 추진방식 에 있었다. 무엇보다 금융구조조정이 많은 부분 관료의 재량에 입 각하여 이루어졌다는 데 문제점이 있었다. 효율적인 금융구조조정 의 추진을 위해서는 이익집단의 반발로 인한 정책결정의 여지를 최소화하고, 이를 위해서는 정부(관료) 재량에 의한 결정의 여지 를 축소하는 것이 필요했다(신인석, 2000: 23). 그러나 공적자금의 조성, 관리, 회수에 대한 명확한 국가 책임성의 장치는 매우 미흡 했다. 공적자금과 금융기관의 경영정상화를 연계한 약정서(MOU) 하나도 없이 공적자금의 투입이 이루어졌는데, 공적자금을 지원받 은 금융기관은 이를 공짜자금으로 생각하고 낭비하는 사례도 많 았다. 경영개선보다는 직원 임금인상이나 후생복지만을 늘리고,

---

65) '금융감독기구의 설치에 관한 법률'(1998. 4. 1)에 의해 금융감독위원회 는 국무총리 산하기관으로 설치되었으며, 9명으로 정규위원과 사무국 으로 구성되었는데, 정규위원은 재정경제부차관, 한국은행 부행장, 예금 보험공사사장, 금감위 추천 1인 전문가, 재경부가 추천하는 1인 회계전 문가, 법무부가 추천하는 1인 법률전문가, 상공회의소가 추천하는 1인 재계대표 등으로 구성된다.

66) 이와 달리 해거드(Haggard, 2000: 181)는 김대중정부의 금융감독기구가 정치적, 법률적으로 정당화된 기반들을 가지고 있었고, 중립성과 자율 성은 상당한 수준으로 유지되었다고 긍정적으로 평가하고 있다.

불법대출이 자행되는 경우도 없지 않았던 것이다. 정부는 뒤늦게
서둘러 MOU를 체결하고 이행상황을 점검하였지만, MOU를 제대
로 이행한 기관은 한 군데도 없었다. 검찰은 2001년 공적자금 비
리를 조사하여 금융기관 임직원 251명을 구속하였는데, 이들이 낭
비한 공적자금 손실액은 무려 1조 9,820억 원에 달했다(박병윤,
2002: 217-8). 그래서 정부는 공적자금을 둘러싼 사회적 논란이
일어난 후에야 국회 국정조사를 실시하고 공적자금특별법을 제정
하고 공적자금관리위원회를 설치하기로 하였다.

이처럼 정부의 금융감독 및 공적자금 집행은 국회의 감시나 마
땅한 국민적 투명성 검증절차가 없이 주로 관료의 재량에 따라
이루어졌던 것이다. 그 결과로 금융시장에는 각종 불법·불공정거
래가 만연하였고 '한탕주의'식 금융사고가 주기적으로 발생하여
시장불안정성이 증대되었다. 주식시장은 여전히 불안정하고 취약
했으며 불공정거래 시도에 쉽게 노출되었다. 이는 금융감독위원회
가 주가조작 등 불공정거래 행위를 조사한 건수가 1999년 189건,
2000년 274건, 2001년 11월 현재 345건으로 급증하는 현상에서도
알 수 있었다(내일신문, 2001. 12. 5). 그런데도 금융감독당국은 시
장침체를 우려하여 금융기관의 불공정거래에 상당히 관대한 태도
를 취하였다.

정부는 부실금융기관들의 구제여부를 결정함에 있어서 명확한
원칙을 확립하는 데 매우 많은 결함을 드러내었다. 정부는 시장이
감당하지 못하는 부실대기업의 구조조정을 중심으로 금융기관에
공적자금을 투입했어야 함에도 불구하고 금융기관 자체를 정상화
하는 데 중점을 둠으로써 공적자금의 규율부족은 물론 시장의 도
덕적 해이를 초래한 면이 많았다. 1998년에는 시스템 리스크가 없
는 한 청산·P&A 방식으로 부실금융기관을 처리하였으나, 1999
년 중반 이후 모든 금융기관이 국유화되는 정책이 선택되는 경향

이 나타남으로써 부실금융기관의 처리기준에 대한 의구심을 야기하였다. 또한 공적자금의 투입이 일반적으로 예금보험대상 금융기관에 한정되어야 함에도 불구하고, 명확한 논리의 기준 없이 투신권에 자금이 투입됨으로써 금융구조조정의 원칙이 무엇인지 불투명해지기도 하였다(신인석, 2000: 23-6). 이와 함께 정부는 시장원칙을 벗어나는 광범위한 예금보험기능을 제공함으로써 예금자들이 수익성과 안정성을 고려하여 투자함으로써 시장감시기능을 수행하도록 유도하는 데에도 한계를 노출하였다. 이에 따라 자금이 은행권에서 투신권으로, 다시 투신권에서 은행권으로 급격히 유동하게 되었고, 이는 결국 무리하게 수익률을 충족시켜주기 위해 대우그룹과 같은 부실기업에 자금이 흘러 들어가게 만들어 금융의 재부실화를 초래하는 결과를 가져왔다.67)

한편 정부의 모호한 원칙은 그 후 은행권 2차 구조조정을 둘러싼 정부와 노동계의 극심한 '관치금융' 논란을 불러 왔다. 관치금융 시비에 휘말린 가장 단적인 예가 바로 채권운용펀드조성 문제였다. 대우사태로 금융시장에 시스템 위기의 조짐이 나타나자 1999년 6월 22일 10조 원 규모의 채권운용펀드 설립방침을 발표하면서, 이 가운데 8조 원 정도를 은행권에 할당했다. 그런데 이때 미국계 투자회사인 뉴브리지캐피탈로 넘어간 제일은행만이 참석하지 않아 관치논란이 증폭되었고, 이에 노조 측은 기업부실의 책임을 은행권에 떠넘겨 결국은 부실의 책임이 인력·조직 감축으로 이어질 것이라며 강력하게 반발하였다. 종금사들의 무더기 유동성 위기에 대처하여 은행들이 크레디트라인을 개설해 자금지원을 하는 것도 투신사와 종금사의 부실을 은행에 떠넘기는 것이

---

67) 투신권의 수탁고는 1997년 말 100조 원 미만에서 1999년 6월 250조 원으로 폭증하였는데, 이 자금은 주로 회사채에 투자되었다. 특히 투신권은 자금운용처가 마땅치 못한 속에서 투자자의 수익률을 보장하기 위해 높은 수익률을 보장하는 대우그룹채권에 무리하게 투자되었다.

라며 반발했다(한겨레21, 1999. 7. 20).

이처럼 정부의 금융구조조정은 이해당사자들을 설득할 수 있는 충분한 논리적 원칙을 결여하고 있었다. 물론 금융권이 시스템 위기에 직면한 위기상황에서 정부가 위기관리 차원에서 그 같은 방식의 개입을 수행하는 것은 최악의 상황을 모면하기 위한 불가피한 조처였다고 볼 수도 있다. 그럼에도 불구하고 위기관리라는 임기응변적 논리가 그간에 이루어진 원칙의 모호한 적용을 합리화할 수는 없었다. 외환위기 초기에 몇몇 금융기관의 폐쇄는 전례 없는 획기적 조치였지만 그것만으로는 미흡했다. 그리고 그 마저도 노조세력들의 격렬한 저항에 부딪쳐 그 후부터 정부는 소극적인 태도로 변화한 측면이 있었다. 따라서 정부는 막대한 공적자금을 회생전망이 불투명한 금융기관에 모호한 기준을 가지고 무작정 투입할 것이 아니라, 부실은행을 퇴출시켰을 때 발생할 수 있는 금융위기의 가능성을 차단하고 여기서 파생되는 실업문제의 부작용을 최소화하기 위한 실업수당 지급 등의 방식으로 쓰여야 했다(정운찬, 2001: 135). 그것이 금융구조조정 과정에서 걸림돌로 작용해 온 노조의 저항을 최소화 내지는 노조의 협조를 이끌어 냄과 동시에 부실은행을 퇴출시키는 조치를 통해 시장규율을 강화할 수 있는 길이기도 했다.

김대중정부는 관료적 재량주의에 입각하여 금융기관의 회생에 맹목적으로 매달리다가 결국에는 더 많은 비용손실을 초래하고 금융산업의 시장규율도 확립하지 못하는 오류를 범하였다. 그리하여 1차 금융구조조정의 성과가 상당부분 무화되는 결과를 가져왔고, 막대한 양의 추가 공적자금을 조성하지 않으면 안 되었다.

(4) 2차 금융구조조정과 금융 중개 기능의 약화

2차 금융구조조정은 잠재부실 조기정리를 통한 건전성회복과 부실의 사전방지를 위한 제도개선 및 상시적 구조조정 시스템 정립에 중점을 두고 구조개혁의 마무리 작업을 추진하였다. 이에 따라 위험관리, 신용분석 등에 선진금융기법을 도입·정착시키는 소프트웨어 구조개선을 적극 추진하였다. 또 금융산업 구조의 고도화와 국제경쟁력 강화를 위해 금융지주회사의 도입, 합병을 통해 금융기관의 겸업화, 대형화를 추진하였다.

이러한 금융개혁방향은 금융위기의 조기극복과 세계화 추세에의 부응이라는 긍정적 측면에도 불구하고 금융시장의 운영측면에서 몇몇 부정적인 효과를 초래하였다.

외환위기 이후 금융구조조정 과정에서 우량은행과 비우량은행 간에는 자산건전성과 수익성에 격차가 벌어져 왔다(〈표 4-16〉). 그런데 대형화·겸업화를 기조로 하는 금융구조조정은 은행의 위험관리체계가 취약한 상황 속에서 일부 우량은행과 그렇지 못한 은행의 차이를 더욱 구조화 하는 데 일조하였다. 은행의 대형화·겸업화 추진은 국제적 추세 상 불가피한 면이 있었다. 그런데 은행의 대형화·겸업화가 자금의 효율적 배분기능을 수행하지 못하고, 오히려 자원배분을 왜곡시키는 현상이 나타났다. 무엇보다 은행들이 적절한 차별화, 전문화를 통해 독자적인 경쟁력을 확보하는 쪽으로 나아가지 못하였다. 정부가 애초 의도한 대형 선도은행과 상대적으로 경쟁력이 약한 중소규모 은행 사이의 적절한 역할분담은 일어나지 않았다. 우량은행들이 소매금융에 지나치게 편중되어 자금을 독식하고, 비우량은행들마저 여기에 가세하면서 기업금융이 고사되는 현상이 발생하였다. 이 과정에서 중소기업은 그 피해를 가장 집중적으로 당해야만 했다. 미국과 달리 기업의 자금조달에서 은행이 차지하는 비중이 큰 한국의 현실에서 그 폐해는 더욱 증폭되어 나타났다. 기업부문 구조조정의 부진으로 잠재부실이 만연한 조건은 금융기관들의 업무영역을 더욱 한 쪽으로 쏠리

게 만들었다. 그러면서 은행들 간에 과도한 경쟁이 벌어지고 수익
성을 훼손하여 부실화로 흐를 수 있는 잠재적 위험요인을 발생시
켰다.68)

〈표 4-16〉 주요 시중은행의 경영실적(2000년, 단위: %)

	국민	신한	한빛	조흥	외환	일반은행평균
ROE	17.96	12.24	-83.59	3.34	-28.61	-11.90
ROA	0.97	0.85	-4.36	0.21	-0.90	-0.57

* 출전: KDI, 2001: 31

　　다음으로 은행과 비은행부문 사이의 불균형도 크게 심화되었다.
양 부문 간의 자산건전성을 비교해보면, 2002년 말 은행의 순고정
이하여신 비율은 1.3%에 불과하였으나 증권사 및 투신사, 상호저
축은행, 종금사, 리스사, 할부금융사 등의 순고정이하여신 비율은
각각 28.3%, 9.3%, 5.6%, 29.1%, 9.4% 등 매우 높은 수준을 나타
냈다(최홍식 외, 2003). 이처럼 비은행부문의 상태가 개선되지 못
한 데에는 부실을 정리해 나갈 충분한 여유자금이 없었던 점도
있었다. 그러나 다른 한편으로는 대우채 및 현대그룹의 부실화 과
정과 사후처리에서 드러난 불철저한 구조조정으로 사태는 더욱
악화되었다. 가령 증권사의 경우 외국계 증권사의 진출이 본격화
되고 중소 증권사들이 난립하여 부실증권사의 퇴출이 긴요함에도
불구하고 법적, 제도적 정비의 결핍으로 그런 기능이 제대로 작

---

68) 물론 그런 위험은 지금까지의 강도 높은 인력감축, 점포정리, 통폐합,
IT기술의 적용 등으로 현재화되지 않았다. 그러나 비용절감의 효과가
소멸되는 순간, 경쟁-특히 외국금융기관과의-이 격화되게 되면 우량
은행이건 비우량은행이건 차별화 우위를 확보하지 못한 속에서 경쟁우
위를 유지할 수 있는 기관은 많지 않을 것이었다.

동하지 못하였다.

<표 4-17> 금융구조조정 관련 주요 조치

구 분	조 치 내 용
은행경영의 자율성확립	▪행장 후보 추천위원회 도입 등 인사의 투명성 제고 ▪독립적인 여신전문위원회 등에 의한 여신결정 ▪정부가 대주주인 은행에도 일상적인 경영활동 불간섭
금융감독강화	▪금감위 설립(1998.4), 감독기구 금융감독원으로 통합(1999. 1) ▪재경부·금감위·한은 등 금융정책의 분권체계 구축 ▪「금융산업의 구조개선에 관한 법률」 제정(1998. 9) ▪국제기준의 자산건전성 분류기준(FLC)제도 도입(1999. 12) ▪적기시정조치제도의 도입(1998. 6)

금융부실정리
와 클린뱅크화
	▪IMF 이후 2001년 10월 말까지 총 600개 부실금융기관 정리
	  (1997년 말 대비, 전체금융기관의 28.6%)
	  *은행(11)·종금(27)·증권(7)·투신(7)·보험(15)·리스
	  (10)·신용금고(120)·신협(403)
	▪2차례 공적자금 조성 및 회수재원 활용, 2001년 9월 말까지
	  148조 원 투입
	▪한빛·평화·광주·경남은행 등 4개 은행과 하나로 종금에 공적
	  자금 투입, Clean화하여 우리금융지주회사로 통합(2001. 4)
	▪국민·주택은행 합병으로 우량거래은행 탄생(2001. 11)

예금부분보장 제도 도입	▪예금전액보장 → 부분보장제도로 전환(2001년 1월부터) * 금융기관 파산 시 금융기관별로 예금자 1인당 최고 5천만 원까지 보호

* 자료: 재정경제부, 2001b.

더욱이 외환위기 이후에도 투신권을 부실화시킨 대표적 요인
중의 하나인 재벌의 비은행부문에 대한 왜곡된 지배구조의 문제

가 잠재적 불안요인으로 작용해 왔다. 비은행부문에 대한 재벌계열의 지배력은 금융구조조정을 거치면서 더욱 강화되었는데, 2002년 말 기준 10대 재벌의 시장점유율은 약 59.5%에 이르렀다. 이들 금융계열사들의 자본금 대비 자산비율은 약 47배에 이르고 특수관계인 대비 계열사 지분비율은 약 80배에 달하였다(최홍식 외, 2003). 그런데 재벌의 과도한 지배력은 금융기관이 소속기업집단의 이익과 재벌의 순환적 소유·지배구조를 유지해 주기 위해 계열사 지분을 소유함으로써 합리적 자산운용을 저해하게 된다. 즉 금융기관이 기업의 감시자가 되기는커녕 재벌의 사유화된 도구로 기능하는 것이다(이동걸, 2005). 실제로 공정거래위원회의 발표(2004)에 의하면 18개 기업집단 소속 67개 금융보험사는 109개 계열회사에 출자하였으며 계열회사의 평균 9.94%를 보유하고 있다. 특히 총수가 지배하고 금융보험사를 갖고 있는 11개 출자총액제한기업집단 중 10개 기업집단이 소속 계열사에 출자하고 있는데, 규모가 클수록 계열사간 순환출자로 인해 출자관계가 복잡하게 얽혀있고, 금융보험사의 계열사 출자도 많은 것으로 나타났다.69) 바로 이런 현상이 나타나게 된 데에는 김대중정부의 정책에서 비롯된 바가 컸다. 원래 2002년 4월까지 대기업집단 소속 금융회사는 계열사 주식에 대해 의결권을 행사할 수 없었다. 그러나 적대적 인수합병에 대한 경영권 방어를 빌미로 한 재벌의 강력한 요구로 계열 금융사는 보유하고 있는 동일계열회사의 주식에 대해 특수 관계인의 지분을 합해 전체 지분의 30% 범위 내에서는 의결권을 행사할 수 있도록 개정하였다. 이는 금융회사 고객의 자산을 재벌총수의 지배권유지를 위해

---

69) 예를 들어 삼성그룹은 8개 금융보험사가 27개 계열사에 4,068억 원, 동부그룹은 6개 금융보험사가 10개 계열사에 1,462억 원, 엘지그룹은 4개 금융보험사가 9개 계열사에 681억 원, 에스케이그룹은 5개 금융보험사가 8개 계열사에 482억 원을 각각 출자하고 있다(공정거래위원회, 2004).

쓰여 지도록 하는 문을 열어놓은 것이었다. 바로 이와 같은 재벌의 왜곡된 금융지배의 문제는 경영투명성과 신뢰도를 저하시켜 왔다.

2. 기업부문 구조조정

(1) 기업구조조정의 일반적 문제

기업구조조정은 금융구조조정과 마찬가지로 다양한 이해당사자 간의 이해상충과 저항을 불러일으킨다. 경제위기에 직면하여 기업들은 구조개혁을 지연시키고 공공의 희생을 통해서 경영위기를 극복하려고 시도한다. 이 같은 부실기업의 생존전략에 단호하게 대응해 나가기 어려운 이유는 부실기업을 둘러싼 다양한 이해관계집단들에게 현상유지를 선호하는 유인이 존재하기 때문이다. 거대 부실기업의 도산은 기업과 금융기관, 기업들 간에 상호 결합된 촘촘한 연결망으로 인해 해당 기업뿐만 아니라 다양한 관련 집단들의 저항을 초래하고, 이 과정에서 금융기관과 기업들이 연쇄도산을 일으켜 자칫 경제시스템 전체의 와해를 가져올 수도 있다. 채권금융기관의 경우 부실채권에 따른 손실이 현재화할 경우 장부상 재무상태가 악화되고 BIS 비율이 하락하여 금융기관 자체의 생존이 위협받을 수 있기 때문에 부실기업의 처리에 주저하게 된다. 또한 정부 역시도 부실기업의 처리에 따르는 정책실패의 위험과 책임논란에 부담을 느껴 유보적 태도를 보일 수 있다. 그 외에 하청기업들과 노조들 또한 연쇄부도와 실업의 공포 때문에 현상유지를 선호하게 된다(임원혁, 2000: 35).

따라서 기업구조조정의 핵심은 부실기업을 단호하고도 신속하게 처리하고 그 과정에서 이해당사자들 사이에 공정한 손실분담의 원칙을 적용하며 그를 위해 제반 제도를 정비하고 집행하는 능력을 어떻게 확보하는가에 달려 있다고 할 수 있다. 그런데 그 같은 능력은 정치체제의 안정성 및 국가자율성의 수준과 밀접한 상관관계를 갖는다. 정치체제가 안정되어 있고, 국가가 사회 이익 집단들로부터 독립적일수록 부실기업에 유리한 정책선택을 할 가능성이 적다. 또 사회이익집단들은 부실기업처리의 확고한 원칙을 기준으로 자신의 행위를 결정하게 되기 때문에 위기의 자기실현적(self-fulfilling) 증폭 가능성을 축소할 수 있게 된다. 따라서 기업구조조정을 추진하는 국가능력의 구체적 조건은 정치경제적 발전단계와 사회상황에 의해 규정된다. 국가가 구조조정에 관한 거의 모든 결정을 전담하는 권위주의적 개발국가 체제와 달리 민주화된 국가에서 기업구조조정은 다양한 이해관계의 상충을 조절할 수 있는 토론과 설득, 공정성을 담보하는 적절한 조절기제의 창출이 핵심적인 문제로 대두한다.

(2) 기업구조조정의 방향

김대중정부의 기업구조조정의 방향은 1998년 2월 김대중 대통령과 5대 재벌 회장들과의 회동을 통해 합의한 '재벌개혁 5대원칙'으로 요약되었다. 여기에 1999년 8월 15일 김대중 대통령이 광복절 축사를 통해 선언한 3대 보완원칙이 추가되었는데, 이른바 '5＋3원칙'으로 불리었다. ①경영투명성제고, ②상호지급보증해소, ③재무구조개선, ④핵심사업에의 경영역량집중, ⑤지배주주와 경영자의 책임강화라는 5대원칙과, ①제2금융권 경영지배구조개선, ②순환출자·부당내부거래차단, ③부의 변칙상속·증여금지라는 3대 보완원칙이 그것이었다(재정경제부, 2001).

그 내용을 보다 세부적으로 살펴보면 경영투명성 제고를 위한 대책으로 사외이사·감사위원회 도입 등 지배구조개선을 이루고,

회계·공시제도를 강화하도록 하였다. 재무구조의 개선을 위한
조치로 부채비율을 200％ 이하로 축소하고, 과다차입금에 대해서
는 세제상 불이익을 주는 내용이 제시되었다. 핵심역량 집중을
위해 도산3법을 정비하고, 외국인을 포함한 적대적 M&A를 허용
하며, 합병·분할 등 사업구조조정에 대한 세제지원 등을 골자로
하는 방안이 제시되었다. 상호 지급보증 해소를 위한 방안으로 대
규모 기업집단의 채무보증을 금지하도록 하였다. 지배주주와 경영
진의 책임성 강화를 위해 이사의 충실의무규정을 신설하고, 회사
정리 원인을 제공한 주주의 주식소각 등의 방안이 제시되었다
(〈표 4-18〉).

　이상에서 살펴본 김대중정부의 기업구조조정은 추진전략의 측
면에서 매우 광범위한 영역을 포괄하는 것이었다. 여기에는 채권
단이 자율적으로 협의해 시간을 두고 기업을 구조조정하는 소위
'런던식 접근(London approach)'이라 불리는 방법으로부터 자본시
장의 개방과 적대적 M&A 허용을 통해 시장규율을 강화하는 방
법, 정부가 채권자-채무자 이해관계를 조정하고 그 합의사항을
감시하는 방법, 금융부채비율이나 기업지배구조와 같은 레버리지
를 이용하여 기업의 재무 및 경영구조의 개조를 유도하는 방법에
이르기까지 다양한 정책수단들이 제시되었다. 물론 이와 같은 방
식들이 모두 똑같은 비중으로 추진된 것은 아니었고, 실제 진행과
정에서는 상대적 강조점에서 많은 차이가 있었지만 매우 포괄적
인 범위에 걸쳐 있었다.[70]

---

70) 소위 'London Rules'라 불리는 방법은 채권자와 채무자 당사자 간의
　　자발적인 협상에 의해 기업구조를 개선해 나가는 방식이라고 한다면,
　　채권-채무자의 이해관계를 정부가 조정하고 합의이행을 감시하는 방
　　법이나 레버리지 수준의 준수, 기업지배구조의 개선과 같은 방법들은
　　정부의 보다 적극적인 개입이 요구되는 것들이라 할 수 있다(Haggard,
　　2000: 146). 그런데 영국에서는 채권단 간에 이견이 생기면 중앙은행인
　　잉글랜드은행이 조정역할을 하였는데, 한국에서는 기업구조조정위원회

　김대중정부 초기에 진행된 기업구조조정의 형식적인 추진체계는 명목상으로는 채권금융기관의 주도에 의한 것이었다. 이런 방향에 입각하여 1998년 2월에는 채권금융기관과 30대 대기업집단 간에 재무구조개선약정이 체결·시행되었다. 또 1998년 6월에는 채권금융기관들이 대기업그룹 소속 55개사에 대해 기업부실 판정을 내리고 기업개선작업(workout)을 추진하였다. 2000년 11월에는 잠재부실기업에 대한 신용위험 특별점검을 52개사를 정리대상으로 선정하였다. 또한 2001년 3월에는 '기업신용위험 상시평가 시스템'을 마련하여 1,500여 대상업체 중 동년 9월 말까지 1,097개사를 평가한 결과 141개사를 정리대상으로 분류하였다. 나아가 2001년 9월에는 국회에서 '기업구조조정촉진법'이 제정·시행됨으로써 채권금융기관에 의한 기업구조조정이 용이하게 이루어지도록 하였다(재정경제부, 2001). 이처럼 김대중정부는 역대 정권과 달리 기업구조조정을 채권금융기관의 주도로 추진하는 한편, 이에 따른 각종 제도와 법령을 정비하였다. 이는 시장경제로의 변화에 맞춰 이해관계 당사자 간의 자율적인 협상의 틀을 만들고 채권금융기관들이 구조조정 과정을 통하여 새로운 경영관행에 적응토록 하였다는 점에서 진일보한 조치였다.

　그럼에도 불구하고 사실상에 있어서는 정부의 개입이 후퇴한 것은 아니었다. 김대중정부는 채권금융기관 중심의 구조조정을 추진하는 한편, 동시에 금융감독위원회와 그 내에 한시적 민간기구로서 '기업구조조정위원회'를 설치하여 모니터링체제를 구축함으로써 채권금융기관들에게서 나타날 수 있는 이해상충과 도덕적 해이를 제어하고자 하였다. 민간기구인 기업구조조정위원회의 설치는 채권단 간의 이해를 조정함에 있어서 정부가 나설 경우 관치논란이

라는 민간특별기구와 정부(금감위)가 직간접적 조정 내지 지도역할을 담당하였다.

발생할 것을 우려해 채권단 자율로 한시적인 민간기구 형태인 위원회 조직을 만들기로 세계은행과 합의한 데 따른 것이었다(중앙일보, 2002. 4. 24).[71] 그러나 한시적 민간기구인 기업구조조정위원회가 첨예한 이해관계를 조정하는 데에는 많은 한계가 있었고, 이에 따라 금융감독위원회가 구조조정 과정에 직간접적인 압박을 가하면서 구조조정이 추진되어 갔다. 이와 함께 정부는 공정거래위원회를 강화하여 경쟁제한적 법령과 제도를 정비하고 대기업집단에 의한 부당내부거래행위, 과도한 경제력 집중, 경쟁제한적 기업결합을 감시하도록 하였다. 특히 공정거래위원회는 1998년 2월 출자총액제한제도를 폐지한 이후 재벌집단의 계열회사 간 순환출자가 급속히 확대됨으로써 왜곡된 소유지배구조가 강화되는 현상이 나타나자 1999년 12월 28일 공정거래법 개정을 통해 출자총액제한제도를 다시 도입하였다(공정거래백서, 2001). 이외에도 김대중정부는 대기업집단에 의한 구조조정이 부진한 현상을 보일 때에는 정부 각료나 대통령 자신이 직접 나서서 대기업집단들에게 정치적 압력을 넣기도 하였다. 이처럼 김대중정부는 다양한 수단을 통해 기업구조조정 과정에 개입하였다.

기업구조조정은 크게 5대 재벌과 6대 이하 재벌들로 나누어 이원적인 방향으로 진행되었다. 먼저 5대 재벌그룹의 구조조정에 관한 정부의 기본입장은 "5대 계열은 자체 구조조정능력을 보유하고 있는 점을 감안하여 가급적 재벌그룹 자율에 의한 사업구조조정을 추진하되, 5대 재벌그룹계열과 채권금융기관 간 기(旣)체결된 재무구조개선약정의 이행여부를 주기적으로 점검한다."는 것이었다(금융감독위원회, 1998. 10. 16). 5대 재벌계열 기업군의 구조조정은 주로 빅딜(대규모 사업교환) 방식으로 추진되었다. 1998년

---

71) 기업구조조정위원회는 1998년 7월 1일부터 2000년 말까지 활동하다 해산했다.

12월 8일 대통령 주재 정·재계 간담회에서 삼성자동차와 대우전자의 빅딜이 확정되었고, 이후 추가로 빅딜이 추진되었다.

6대 이하 재벌그룹의 부실기업에 대해서는 채권금융기관 주도의 워크아웃방식을 적용하였다. 워크아웃은 금융감독위원회가 1998년 6월 25일 은행연합회 강당으로 210개 금융기관 대표들을 불러 모아 워크아웃협약에 서명을 받는 것으로부터 시작되었다. 그러나 막상 은행들은 거래기업을 워크아웃에 넣는 것을 꺼렸다. 부실한 기업을 그대로 놔두면 부실을 감출 수 있지만, 워크아웃에 넣으면 그 기업에 빌려준 돈은 떼일 가능성이 큰 것으로 평가돼 은행이 덩달아 부실해질 것을 우려했기 때문이다. 급기야 금융감독위원회가 압박에 나섰다. 금융감독위원회는 7월 말까지 한일, 상업 등 8개 대형 은행별로 6대 이하 재벌그룹 계열사 두개씩 16개사와 중견대기업 80여 곳을 워크아웃에 집어넣으라고 주문하였다. 그러나 은행들이 7월까지 선정한 워크아웃기업은 이미 부실이 커져 협조융자로 연명해 온 고합, 동아건설 등 26개사에 그쳤다. 이에 금융감독위원회는 압박만으로 한계가 있음을 직감하고 이번엔 인센티브를 추가로 제시하였다. 워크아웃기업에 빌려준 돈을 정상기업 채권과 비슷한 수준으로 분류하도록 했다. 또 빌려준 돈을 떼일 것에 대비해 은행이 쌓아야 하는 충당금도 워크아웃기업에 대해서는 1999년 말까지 절반만 쌓도록 해 은행의 부담을 덜어줬다. 그리고 나서야 겨우 은행들이 움직이기 시작하였다. 1998년 말까지 네 달간 88개 기업에 워크아웃이 진행되었다. 이들 기업의 금융 빚은 줄잡아 35조 원에 달했다. 이듬해인 1999년 8월 대우자동차 등 대우그룹 12개 계열사가 65조 원의 금융 빚을 안고 합류하면서 워크아웃기업은 모두 1백6개사, 빚은 1백조 원에 달하였다.

(3) 기업구조조정의 성과와 한계

김대중정부는 외환위기를 이용하여 국가기구를 강화시켰고, 이를 기반으로 경제구조조정을 위한 각종 제도와 법령 등을 도입하였다. 정부의 기업구조조정은 '관치'논란을 빚기도 하였지만 일정한 성과를 가져왔다. 이 시기 기업구조조정에서 나타나는 정부의 개입현상은 시장규율이 제대로 정착되지 않은 여건에서 불가피한 측면이 있었다. 이에 대해서는 해외의 시각 또한 적극적이었다. 미국의 경제전문 주간지 「비즈니스위크」(1999. 8. 2)는 "김대중 대통령이 재벌에 대한 강제해산조치가 대량실업과 은행권의 부채부담가중 등의 혼란을 우려해 행동을 자제해 왔다."고 말하면서 "한국경제는 아직도 뿌리 깊은 구조적 문제를 안고 있으며 김대중 대통령이 직접 나서서 개혁을 서둘러야 한다."고 주장했다. 또 존 도즈워스 IMF 한국사무소 대표도 싱가포르에서 열린 세미나 주제발표를 통해 "재벌들의 강력한 저항 때문에 정치권의 개입(political background) 없이는 계속 진행되기 어려운 상황"이며, "정부가 재벌들에 압력을 행사해 빅딜협상 테이블에 앉도록 하는 데 대해서는 IMF도 전적으로 동의하고 있다."고 주장하였다(조선일보, 1999. 4. 5).

그 결과로 1999년 상반기를 전후하여 5대 재벌그룹의 9개 중복사업에 대한 구조조정이 대부분 마무리 단계에 접어들게 되었다. 정유, 반도체, 철도차량의 빅딜이 완료되었고, 발전설비, 항공기 등이 마무리 단계에 이르렀다(한국일보, 1999. 8. 26). 1999년 말 기준 대기업집단의 부채비율의 변화를 보면 기존 23개 집단 전체 부채비율은 164.1%로써 전년대비 199.1%p가 감소하여 재무구조가 대폭 개선되었으며, 특히 4대 재벌그룹의 부채비율은 146.3%로서 전년대비 182.5%p가 감소하였다. 재벌그룹 계열사 수의 변동을 살펴보면, 1999년 말 기준 30대 기업집단 전체 계열사수는 544개로서 전년대비 142개사가 감소하여 계열사 정리가 활발히 진행되어 핵심역량 위주의 사업구조 개편이 이루어지고 있는 것으로 나타났다. 기존 23개 집단은 71개사가 편입되고 137개사가 제외되어 66개사가 감소했으며, 특히 4대 집단은 28개사가 편입되었으나 계열사 감축목표에 따라 66개사의 계열분리 추진으로 38개사가 감소했다.

〈표 4-18〉 30대 기업집단 부채비율 현황 (단위: 조 원, %)

분 류	구 분	자산총액(a)	자본총액(b)	부채총액(c)	부채비율(c/b)
전체 (23개 집단)	'98년 말	366.5	79.2	287.3	363.2
	'99년 말	374.8	141.9	232.9	164.1
	증감	8.3	62.7	△54.4	△199.1p
4대	'98년 말	227.7	53.1	174.6	328.8
	'99년 말	237.7	96.5	141.2	146.3
	증감	10.0	43.4	△33.4	△182.5p
5~30대 (19개 집단)	'98년 말	138.8	26.1	112.7	433.4
	'99년 말	137.1	45.4	91.7	201.9
	증감	△1.7	19.3	△21.0	△231.5p

주) 금융 · 보험업 영위회사 제외

* 출전: 공정거래백서 2001

〈표 4-19〉 30대 기업집단 계열사 변동현황 (단위: 개)

'99. 4. 1 (A)	기존 23개 집단 증감				신규지정·제외집단			2000. 4. 15 (A+B+C)
		편입	제외	증감(B)	지정	제외	증감(C)	
686	1~4대	28	66	△38	48	124	△76	544
	5~30대	43	71	△28				
	전체	71	137	△66				

* 출전: 공정거래위원회, 2001.

〈표 4-20〉 대규모기업집단 채무보증 현황 (단위: 조 원, %)

	자기자본 (A)	채무보증금액			자기자본 대비율	
		계(B)	제한(C)	제한제외(D)	B/A	C/A
'93. 4. 1	35.2	165.5	120.6	44.9	469.8	342.4
'97. 4. 1	70.4	64.9	33.6	31.3	92.2	47.7
'98. 4. 1	68.1	63.5	26.9	36.6	93.1	39.5
'99. 4. 1	100.4	22.4	9.8	12.6	22.3	9.8
2000. 12. 31	132.2	6.2	0.4	5.8	4.7	0.3

1) 금융기관의 확인을 거치지 않은 기업측 제출 자료에 의해 집계된 수치임
2) 2000.4.1현재 자기자본 및 채무보증금액임

* 출전: 공정거래위원회, 2001.

채무보증현황을 보면, 1993년 4월 채무보증제한제도 도입당시 약 120.6조 원에 달했던 제한대상 채무보증은 2000년 3월 말까지 사실상 완전 해소되어 2000년 4월 1일 현재 법에 의해 해소 시한이 연장된 기업집단 및 1998년 이후 신규 지정된 기업집단

등 해소시한이 2001년 3월 말인 기업집단의 채무보증 1.5조 원만 남게 되었으며, 동 채무보증액도 상당부분 해소되어 2000년 말 현재 3,894억 원으로 축소되었다. 또한 불합리한 채무보증관행의 근절을 위한 노력의 결과 공정거래법상 규제대상이 아닌 제한제외대상 채무보증도 1993년 4월 44.9조 원에서 2000년 4월 현재 5.8조 원으로 지속적으로 감소하고 있는 것으로 나타났다.

무엇보다 김대중정부의 기업구조조정을 통하여 변화된 가장 중요한 변화는 재벌에 의한 '대마불사'의 신화가 상당정도 사라지게 되었다는 사실이었다. 이 시기에 1997년 기준 30대 그룹 중 대우그룹을 포함하여 16개 그룹이 탈락하였다(재정경제부, 2001). 특히 대우그룹의 처리는 대내외적으로 한국의 경제구조개혁의 의지를 재는 시험대와 같은 것이었다. 당시 대우그룹은 김대중정부와 고도로 정치적인 파워게임을 전개하였다(Haggard, 2000: 154). 당시 극심한 경영난에 처해있던 대우그룹은 의도적으로 높은 수익률을 보장하는 회사채를 대규모로 발행하여 몸집을 최대한 불렸다. 그리고 1999년 6월 중반 대우자동차의 유동성 문제가 터져 나왔다. 이에 채권은행단은 초기에 단기부채로 10조 원을 유예하고 4조 원의 신규여신을 제공하는 것을 검토했다. 그러나 국제투자자들의 반응은 부정적이었고, 이 때문에 정부는 시장의 힘에 밀려 서둘러 단호한 태도로 전환하게 되었다. 결국 6개사만 회생시키되 매각하는 방향으로 방침이 정해졌다. 대우그룹의 이런 처리방침은 한국에서 대마불사의 신화가 매우 약화되었음을 의미하는 사건이었다.

그러나 김대중정부의 기업구조조정은 주로 외부적 압력에 밀려서만 진전되었고, 경제주체들 사이에 시장규율을 내면화하는 데에는 이르지 못하였다. 특히 김대중정부 집권 중반 이후 기업구조조정의 추진력이 감퇴하기 시작하였다. 물론 이 시기에도 경제개혁의 기본 기조가 근본적으로 역전된 것은 아니었다. 구조조정을 촉진하는 각종 제도(특히 기업구조조정촉진법)가 도입되었고, 재벌의 계열사간 순환출자가 급증하자 출자총액제한제도가 부활되기도 하였다. 그러나 다른 한편에서는 기업구조조정에 심각한 왜곡과 파행이 일어나기 시작하였다.

기업워크아웃의 진행사항을 살펴보면 은행들은 처음 주어진 '자율'에 제대로 적응하지 못했다. 기업구조조정위원장을 지낸 오호근은 다음과 같이 회고하였다.

> 부실기업을 워크아웃에 넣는 것은 채권단이 주인이 돼 회사를 살리겠다고 결정한 것이다. 당연히 채권단이 소신껏 충분히 빚을 깎아주고 엄격히 경영관리를 해야 했다. 그러나 채권단은 나중에 책임 문제가 생길까 우려해 기업 지원에 소극적이었다. 또 워크아웃 경영관리단 선정도 전문경영인을 찾기보다 은행 등의 인사 적체를 해소하는 방편으로 사용하기도 했다(중앙일보, 2002. 4. 24).

1999년 후반기부터 경제주체 간에 부도유예방식을 선호하는 현상이 나타나 부실기업처리의 추진속도가 둔화되었다(임원혁, 2000: 35). 부실기업은 기업대로, 채권금융기관은 기관대로, 그리고 정부는 정부대로 미봉책으로 대응하거나 유보적 태도를 견지하였다. 워크아웃에 편입된 지 2년여가 경과했고 영업실적도 부진한 기업 중 일부가 청산대신 매각으로 분류되기도 하였다(임원혁, 2000: 37). 정부의 대출금 만기연장과 금리우대 같은 인위적인 기업구제정책으로 시장에서 퇴출되어야 할 부실기업들이 기사회생하였다. 그 대표적인 예가 2000년 12월에 정부가 내놓은 신속채권인수방안이었다(정운찬, 2001: 17). 신속채권인수방안은 금융시장의 안정을 도모한다는 취지에 따라 산업은행 주도로 회사채 차환발행을 지원하는 방안이었다. 그러나 이 방안은 '부실기업은 퇴출되어야 한다.'는 구조조정의 원칙에 정면으로 위배되며 정치적 특혜의혹의 빌미가 될 수 있었다. 우선 기업에 자금을 지원한다면 해당기업의 경영상태를 가장 잘 아는 주거래은행이 그 여부를 검토하는 것이 타당함에도 불구하고 산업은행이 지원대상을 선정하였다. 게다가 금융기관과 정치권에 영향력이 큰 기업의 자금난을 덜어주기 위해 시행되어 결국 대마불사의 신화를 재현할 소지가 있었다(정운찬, 2001: 17).

이런 조치는 금융 불안으로 이어졌다. 결국 2000년 들어 경제상황이 다시 악화되자 정부는 40조 원 규모의 공적자금 추가조성과 52개 부실기업 정리 등 2단계 구조조정을 추진하였다. 사태가 심각해진 시점에서야 시장에 힘에 떠밀려 단기간에 수많은 부실기업을 심사하는 몰아치기로 기업퇴출작업이 이루어졌으며, 이는 수많은 부작용을 야기하였다(임원혁, 2000: 36). 대우그룹 계열사들을 비롯하여 삼성자동차, 한보철강 등과 대한생명, 제일은행의 처리지연으로 인한 경제적 피해는 무려 12조 원에 달하는 것으로 분석되었다(매일경제신문, 1999. 7. 15). 이에 따라 정부의 기업구조조정에 대한 의지와 능력에도 많은 불신이 제기되었다.

부실기업처리의 부진은 이자보상배율(EBITDA/이자비용)이 3년 연속 1 이하인 기업의 추이를 통해서도 살펴볼 수 있는데, 이자보상배율 1 이하인 제조업체 수의 비율을 보면 외환위기 직후인 1998년 3.03%에서 1999년 2.98%로 다소 낮아졌다가 2000년에는 3.83%로 다시 상승하는 모습을 나타냈다. 차입금 규모에서도 점진적으로 감소하고는 있지만 그 하락폭은 매우 미미한 수준에 머물렀다.

기업구조조정의 취약성을 가장 단적으로 드러내는 것은 바로 재벌의 기업지배구조가 별로 개선되지 않았다는 사실이다. 2001년 말 한국의 재벌 내부지분율은 평균 46%에 달해 총수가 계열사의 경영권을 완전히 장악하고 있다. 그러나 총수 개인 및 일가가 갖고 있는 지분은 4%에 불과하였다. 나머지는 계열사 등을 통한 지분이었다(중앙일보, 2002. 9. 6). 황제경영의 폐해가 여전히 끊이지 않고 나타나고 있었지만 이를 견제할 수 있는 집중투표제, 집단소송제 등 소수주주의 권리를 강화하기 위한 제도개선은 진척되지 못하였다. 재벌에 의한 소유지배구조를 약화시키기 위한 부의 변칙상속금지조치 등은 시행조차 되지 않았다. 노조의 경영참가는 아예 금기시 되었다. 대기업집단의 총수 및 일가에 의한 경영권 장악을 견제할 수 있는 장치는 마련되지 못하였다. 이로 인해 총수 및 일가의 지분 4%의 이익과 나머지 96% 지분 소유자, 근로자, 국민들의 이익이 상충되었을 경우 후자의 이익은 쉽게 배제될 수 있게 되었다. 재벌들은 기업구조조정 과정에서도 기업에 대한 사적 지배를 강화하는 데 몰두했다. 단적으로 30대 재벌은 1998년부터 2001년까지 4년간 모두 32조 6천억 원을 계열사간 출자에 썼는데, 그 중 41%인 13조 5천억 원은 적자계열사에 대한 출자였고 39%인 12조 6천억 원은 수익률이 시장평균에도 못 미치는 계열사에 대한 출자였다. 이는 재벌기업들이 자신의 지배욕을 실현하기 위해 사회적 이익을 희생시켜 왔음을 보여주는 것이었다.

이런 부정적 현상이 나타나게 된 근본적 원인은 김대중정부의 기업구조조정전략의 결함에 있었다.

첫째, 김대중정부는 기업구조조정 과정에서 일관된 원칙을 적용하지 못하였다. 5대 재벌과 6-30대 재벌을 인위적으로 구분하여 구조조정의 원칙을 차별적으로 적용하였다(김상조, 2000: 256-260). 정부는 5대재벌에 대해서는 주로 빅딜이라는 수단에 집중함으로써 이를 둘러싸고 재계 및 보수정치세력들과 소모적인 논쟁에 빠지게 되어 구조조정의 포괄적 원칙을 관철하는 데 전략적 오류를 범하였다. 바로 이 때문에 상당수 투신사의 대우그룹채권 편입한도가 초과되었음에도 불구하고 사실상 이를 방조하게 되었다(김상조, 2000: 257). 1998년 6월 1차 부실기업퇴출명단 선정과정에서도 5대 재벌그룹 계열기업들은 55개 중 삼성, 현대, LG그룹 각 4개씩, SK그룹 3개, 대우그룹 5개 등 모두 20개가 포함됐으나, 시장에는 제대로 먹혀들지 않았다. 국내 언론들은 물론 외신들도 "한국 정부의 도끼날이 주로 규모가 작고 이름도 없는 계열사에만 적용됐다."(뉴욕 타임스)라고 혹평하였다. 실제로 퇴출명단에 들어 있던 선일상선(현대), 이천전기, 대도제약(삼성), 동우공영, 대창기업(대우), 원전에너지(LG), 경진해운(SK) 등은 이름만 들어선 5대 재벌 계열사라고 짐작하기도 힘든 군소회사였기 때문이었다.

둘째, 5대 재벌기업에 대해 추진했던 소위 대기업간 '빅딜'은 재벌개혁정책의 오류를 집약적으로 보여준 것이었다. 1997년 경제위기와 직접적 상관관계가 모호한 '전문화'를 전면에 내세우고 대기업집단들에게 기업교환을 강요한 것은 정부의 자기 과신이자 재벌개혁에 대한 잘못된 통찰력에서 비롯된 것이었다. 우선 빅딜이 재벌개혁의 최우선 수단이 된 것은 기업지배구조나 이를 둘러싼 사회적 거버넌스의 개선에 초점을 맞춘 것이 아니라 경쟁력정책에 초점이 맞춰져 진행되었음을 의미한다. 재벌의 지배세습을 약화시키는 '변칙상속차단'은 처음부터 아예 재벌개혁과제에 포함되지도 않았다(이제민, 2002: 250). 경제적 투명성을 강화하는 다양한 제도들이 도입되었지만, 그 실효성을 보장하는 제도, 즉 집중투표제나 집단소송제 같은 제도의 도입은 지연되었고, 노조의 경영참여 같은 방식은 아예 고려의 대상도 되지 못했다. 다음으로 대기업 빅딜정책은 정부의 개혁지지기반을 강화하기는커녕 약화시키는 결과를 가져왔다. 이 정책은 정부가 자본과 노동 간에 견제와 균형이라는 역학을 이용하여 정책추진동력을 높일 수 없게 되어 있었고, 오히려 대우전자노조의 빅딜 반대 파업에서 보듯이 자본과 노동의 협공 속에 정부가 고립되는 형상을 나타내었다. 재벌개혁의 의제가 광범위한 사회적 이해당사자들의 참여와 토론, 그리고 협상 속에 놓여지면서 전반적인 사회개혁의제와 연계되고 시너지화 되어 가지 못하고, 관료적 국가기구와 재벌 양자 간의 문제로 협소화되고 만 것이다. 그리하여 이 과정에서 정부는 재벌들과의 은밀한 협상에 의존하려 하는 일탈적 모습을 노출하기도 하였다.

셋째, 김대중정부는 시장주의원칙과 재벌개혁 사이에 나타나는 딜레마를 극복하지 못하였다. 김대중정부는 관치논란을 피하기 위해 재벌개혁과정에 채권금융기관을 내세우고 정부는 이를 감시·조정하는 구도를 수립하였다. 그러나 채권금융기관은 재벌대기업과의 사이에 오랫동안 누적되어 온 불균형발전으로 인해 아직은 재벌대기업을 제대로 규율할 수 없었다. 자본시장에 재벌기업을 노출시킴으로써 시장규율을 통해 기업구조조정을 추진해 나가는 방식도 극명한 한계를 노출하였다. 한국의 주식시장은 여전히 불안정하고 취약했으며 불공정거래 시도에 쉽게 노출되었다. 따라서 이에 대한 보완책이 필요하였는데, 그 방책으로는 ①오너의 과다지배구조를 억제하기 위한 소유-경영의 점진적 분리, ②노동조합 등 주요 이해관계 당사자의 경영참가, ③이해당사자의 사적구제(private remedy)와 관련한 제도 확충을 들 수 있었다. 그러나 ①, ②의 조치는 중요한 것이기는 해도 당장의 효과를 기대하는 데는 한계가 있었다. 반면에 ③과 관련된 조치는 주식이나 회사채 등 시장을 통한 기업의 자금조달규모가 확대됨에 따라 기업의 이해관계자가 다양화하는 추세에서, 이런 다양한 이해관계자의 권익이 기업경영에 반영될 수 있도록 함으로써 기업경영을 효

과적으로 감시하는 데에 중요했다(이영기, 1998: 142). 그래서 김
대중정부도 1999년 후반 재벌에 대한 비난 여론이 고조된 가운데
실패한 경영인 퇴출을 제도화하는 방안을 포함해 사외이사 독립
성 강화, 감사위원회 적용대상 확대, 집중투표제 의무화, 대표소송
요건 완화 등을 골자로 한 기업지배구조 개선을 추진하였다(한국
경제신문, 1999. 7. 15). 그러나 결과에 있어서는 결합제무제표 작
성 의무화, 외부감사인의 독립성강화 등 부분적으로 유의미한 성
과도 있었지만 집단소송제 등 중요한 조치들이 탈락하거나 유보
되었다.

넷째, 재벌과 보수정치세력의 기업구조조정에 대한 저항을 극복
하지 못하고 미온적인 태도를 지속한 데는 김대중정부의 통치구
조에 내재한 결함 때문이었다. 정당정치와 의회정치의 취약성을
개혁하지 않고 관료주의적 논리를 온존시킨 채 정책결정을 독점
하려 했던 김대중정부의 정치과정적 특성은 기업구조조정을 지연
시킨 요인이 되었다. 물론 IMF도 일정 부분 인정하듯이 기업구조
조정 과정에 대한 정부의 개입은 현실적으로 불가피한 측면이 있
었다. 그러나 정당정치와 의회정치의 취약성을 개선하지 않은 채
이루어진 정부의 개입은 재벌과 보수정치세력의 저항을 극복하는
데 한계를 노정시켰다. 정당과 의회기능의 결함, 여·야간 지역주
의 대결구도는 많은 부분에서 경제개혁의제를 중심으로 유권자들
을 조직하는 것을 어렵게 하였다. 이는 삼성차 사태, 재벌개혁을
둘러싼 이데올로기공방에서 보듯이, 재벌개혁과정에 왜곡된 정치
논리가 쉽게 침투하도록 하였다. 또 정부는 대량실업과 은행권 부
채부담 가중 등이 가져올 정치적 부담을 두려워하여 부실기업의
처리에 상당부분 유보적 태도를 취했는데, 이것은 관료적 정책독
점구조가 가질 수밖에 없는 필연적 부작용이었다. 또한 노사정위
원회의 파행에서 보이는 사회적 연대정책의 실패는 김대중정부가

재벌과 보수정치세력의 저항을 견제할 수 있는 개혁지지기반의 약화를 초래하였다. 대신에 정부는 재벌개혁을 추진하면서 재벌총수와 정부당국자 사이에 밀실협상의 틀을 가동하였다(김상조, 2000: 258). 이는 그 자체가 김대중정부의 재벌개혁에 내재한 약점을 드러내는 것이었으며, 결과적으로 정부가 재벌의 반격에 쉽게 굴복해 버린 것도 근본적으로는 여기에서 연유한 것이었다.

3. 노동시장 구조조정

(1) 노동시장 구조조정의 방향과 노동시장의 양극화

김대중정부의 노동시장 구조조정은 실업문제를 근원적으로 해결하고 경제의 활력을 되찾기 위해서는 노동시장의 유연성을 높여야 한다는 기본 인식을 전제로 하고 있었다. 그런데 이러한 노동시장의 유연성 제고를 위한 개혁은 노·사·정이 서로 설득하고 양보하는 민주적인 절차를 통해 사회적 합의를 형성해 가면서 추진해야 성공할 수 있다고 주장하였다(대한민국정부, 1998: 182).

바로 이와 같은 인식 속에서 김대중정부는 그동안 법외조직으로 남아있던 급진적 노동운동단체를 합법화시키고, 이들을 포함한 범노동세력들을 노·사·정이 참여하는 사회적 협상의 테이블로 이끌어 내어 경제개혁에 대한 합의를 유도하고자 하였다. 그런 노력들의 결과로 정부는 민주노총이 참여하는 노사정위원회를 출범시키고 여기에서 정리해고, 근로자파견제 등 노동시장유연화에 대한 합의를 이끌어 낼 수 있었다.

〈표 4-21〉 기업구조조정 관련 주요 조치

구 분	조 치 내 용
기업구조개혁: "5+3원칙"에 따른 제도개혁추진	• 경영투명성 제고: 사외이사·감사위원회 도입 등 지배구조개선, 회계·공시제도 강화 등 • 재무구조의 획기적 개선: 부채비율 200%, 과다차입금에 대한 세제상 불이익(손비불인정) 등 • 핵심역량 집중: 도산3법의 정비, 적대적 M&A 허용, 합병·분할 등 사업 구조조정에 대한 세제지원 등 • 상호지급보증 해소: 대규모 기업집단의 채무보증 금지 • 지배주주와 경영진의 책임성 강화: 이사의 충실의무규정 신설, 사실상 이사제도 도입, 회사정리인 제공 주주의 주식소각 등 • 제2금융권 경영지배구조 개선, 순환출자와 부당내부거래 차단, 부의 변칙 상속·증여 금지 등 보완원칙 추가(1999. 8)
채권금융기관주도 기업구조조정추진	• 98년 2월 채권금융기관과 30대그룹 간 '재무구조개선약정' 체결·시행 • 98년 6월 채권금융기관의 기업부실 판정 * 55개사(5대그룹 20, 6대 이하 35개사) • 기업개선작업(workout) 추진(1998. 7) * 당초 선정(104), 중도탈락 및 중단(37), 조기졸업(36) • 잠재 부실기업에 대한 신용위험 특별점검(2000. 11) * 52개사 정리대상 • 은행별 '기업신용위험 상시평가 시스템'(2001. 3) * 1,500여 대상업체 중 9월 말까지 1,097개사를 평가한 결과 141개사를 정리대상으로 분류 •「기업구조조정촉진법」제정·시행(2001. 9. 15)
기업부문 질적 변화 확산	• '대마불사 신화'의 종식 * 1997년 30대 그룹 중 대우 포함 16개 그룹이 탈락 • 현금흐름·수익성·주주 중심 경영풍토 확산 * 제조업 부채비율: (1997년 말) 396.3% → (2001년 상) 193% * 제조업 이자보상배율: (1997년)1.3 → (1998년)0.7 → (2001년 상)1.7

* 출전: 재정경제부, 2001b.

외환위기 이후 노동시장 유연화는 적어도 수량적 측면에서만 본다면 비교적 순조롭게 진행되었다. 취업구조면에서 상용직 노동자의 비중이 크게 줄고 임시직의 비중이 늘어났으며, 장기고용의 패턴이 약화되고 노동자들이 취업과 실업을 빈번하게 반복하는 현상이 뚜렷하게 증가하였다. 이런 변화들은 한마디로 불안정취업계층의 확대라고 압축될 수 있었다(〈표 4-22〉).

〈표 4-22〉 종사상 지위별 취업자 구성비율(단위: %)

구분	1996	1997	1998	1999	2000	2001	2002
상용직	56.8	54.3	53.1	48.4	47.9	49.2	48.4
임시직	29.6	31.6	32.9	33.6	34.5	34.6	34.5
일용직	13.6	14.1	14.0	18.0	17.6	16.2	14.8

* 자료: 남재량·최효미, 2005.

이런 변화추세는 〈표 4-23〉에서도 알 수 있듯이, 기업규모, 노조유무에 상관없이 무차별적으로 진행되었다. 특히 경제위기의 영향이 없던 1995년 이전까지 장기근속·연공임금을 주도하던 사업장들의 고용패턴이 빠르게 해체되어 갔다.

그러나 이런 추세는 노동운동의 강도와 연결시켜 볼 때에는 불균등하게 나타났다. 김태기·전병유(2002)의 연구는 이를 잘 보여주는데, 먼저 대기업에서 노동조합의 유무에 따라 고용패턴의 편차가 발생하였다. 외환위기 직전인 1997년 10월부터 2001년 10월까지 30대 재벌기업·금융업·공기업의 인력구조 변동을 살펴보면, 총인력 수는 155만 9천 명에서 122만 2천 명으로 감축되었다. 이를 다시 노동조합 유무로 나누어 보면, 유노조 사업장에서 25.9%가 감축되었고 무노조 사업장에서 10.6% 감축되었다(〈표

4-24〉). 그런데 이는 조직사업장에서 채용률이 이직률보다 훨씬 적었던 데서 기인했다. 가령 위 표본기업들의 조직사업장에서 지난 4년간 채용률과 이직률의 편차는 -14.1%, -6.7%, -1.3%, -9.0%인데 반해, 비조직사업장에서는 -14.5%, -6.5%, 4.2%, -4.5%를 기록하였다(〈표 4-25〉).

〈표 4-23〉 규모별·노조유무별 1년 직장유지율 및 1년 해고율

		1년 직장유지율			1년 해고율		
		1995	1997	1999	1995	1997	1999
기업규모	100인 이하	73.9	66.2	73.9	2.7	12.7	5.8
	100~500인	78.0	73.3	78.4	1.3	8.8	5.2
	500~2,000인	84.3	79.6	87.8	0.2	7.0	3.0
	2,000인 이상	93.4	84.2	89.2	0.1	5.3	1.3
노조유무	무노조	79.9	72.3	79.9	1.6	10.1	4.3
	유노조	87.7	81.2	87.8	0.3	5.9	2.5

* 자료: 전병유, 2002.

이것은 직장유지 확률 및 해고 확률이 대기업·정규직·생산직의 조직화된 노동자들이 중심이 된 한국의 노동운동구조와 그 상관성이 정확히 일치함을 나타낸다. 바로 경제위기에도 불구하고 조직화된 대기업 노동자들은 강력한 저항을 통해 사용자들의 해고공세를 막아내는 데 어느 정도 성공을 하였다는 것을 의미한다. 경제위기가 한창이던 1998년 6월 현대자동차의 정리해고 시도가 정부와 기업의 기대만큼 결코 만족할만한 결과를 얻지 못한 것도 그런 사례 중의 하나였다. 그러나 그것이 자본의 공세를 극복하고 전체 노동자의 지위를 개선하는 쪽으로 작용했다고 볼 수는 없다. 왜냐하면 대기업 사용자들이 노조의 저항을 우회하여

정규직 노동자의 신규채용을 줄이고 이를 파견근로제 등을 이용한 비정규직 노동자의 사용으로 대체했기 때문이다. 결국 자본의 공세는 노동자 전체로 보면 똑같은 결과를 가져온 셈이며, 다만 노사 및 노동내부에서의 힘 관계의 조건에 따라 부문별로 불균등하게 관철되었을 뿐이었다.

〈표 4-24〉 대기업 인력구조 변동추이(단위: 천 명, %)

연 도	1997. 10	1998. 10	1999. 10	2000. 10	2001. 10
전체기업	1,559	1,395	1,308	1,310	1,222
유노조기업	1,123	996	923	909	832
무노조기업	436	399	385	401	390

〈표 4-25〉 30대 대기업의 채용률·이직률 추이 (단위: %)

연 간		97. 10~ 98. 9	98. 10~ 99. 9	99. 10~ 00. 9	00. 10~ 01. 9
채용율(A)	유노조기업	10.5	19.9	20.1	13.3
	무노조기업	18.6	28.5	41.6	25.2
이직률(B)	유노조기업	24.6	26.6	21.2	22.1
	무노조기업	33.0	35.4	36.9	29.5
증 감 (A-B)	유노조기업	-14.1	-6.7	-1.3	-9.0
	무노조기업	-14.5	-6.5	4.2	-4.5

* 기업들의 범위는 30대 재벌기업·금융업·공기업
* 자료: 노동부(김태기·전병유 2002 재인용)

이런 노사관계 및 노동시장의 구조는 결과적으로 노동시장의 양극화로 이어졌다. 한국에서 비정규직의 숫자는 1997년 45.9%에서

2000년에는 52.4%로 크게 증가하였다(재정경제부, 2001b: 46). 이와 함께 노동자 계층간 임금격차는 지속적으로 확대되어 갔다. 2001년 8월 기준 통계청 자료에 따르면 비정규직 노동자의 시간당 임금평균은 4,824원으로 정규직 노동자의 9,315원의 51.8%에 지나지 않는다. 또 정규직의 3개월간 임금총액은 2000년 8월 157만 원에서 2001년 8월 169만 원으로 12만 원 올랐지만, 비정규직의 경우는 84만 원에서 89만 원으로 5만 원 인상되는 데 그쳤다. 그리하여 정규직 대비 비정규직의 평균 임금총액은 53.7%에서 52.6%로 격차가 오히려 확대되었다(한겨레신문, 2001. 11. 2). 외환위기 이후 노동생산성의 격차 또한 더욱 커졌는데, LG경제연구소의 보고에 따르면 대기업의 노동생산성 수준을 100으로 할 때 중소기업의 노동생산성은 1995년 39.8%에서 2000년 54.6%로 낮아졌다(경향신문, 2002. 4. 19).

(2) 대결의 노동정치와 국가의 대응

외환위기 이후 노동시장의 구조개혁을 둘러싸고 노·사·정 사이에는 정합적(positive) 게임구조보다는 부정적(negative) 게임구조가 지배해 왔다고 볼 수 있다. 단적으로 노사분규 발생건수는 1998년 129건, 1999년에는 198건, 2000년 250건, 2001년 235건, 2002년 322건으로 매년 증가해 왔다. 건당 분규평균지속일수, 분규참가자수, 직장폐쇄건수에서도 큰 폭의 증가를 보여 왔다(〈표 4-26〉). 그리하여 이 같은 대립적 노·사·정 관계의 지속은 경제주체들이 자신의 단기적 이익에 집착하게끔 하였고, 이익의 사회적 교환을 통해 새로운 정합게임의 구조를 만드는 데 장애가 되었다. 단순한 임금·고용보장 중심의 패러다임을 뛰어넘어 노동의 질적 성장을 통해 새로운 사회발전의 패러다임을 창조해 나가는 계기로 연결시키는 데 실패하였다.

〈표 4-26〉 노사분규 연도별 현황(단위: 건, %, 명, 일)

구분	96년도	97	98	99	00	01	02
노사분규 발생건수	85	78	129	198	250	235	322
참가인원	79,495	43,991	146,065	92,026	177,969	88,548	93,859
근로손실일	892,987	444,720	1,452,096	1,366,281	1,893,563	1,083,079	1,580,424

* 출전: KOSIS

이 같은 양상이 지속된 배경에는 노동운동의 무능력과 정부의 잘못된 노동정치 전략이 작용하였다. 노동운동 지도부는 대기업 정규직 노조들이 정규직 중심의 결속을 강화하는 반복적 경험을 넘어서서 전체노동계급을 단결시키는 방향으로 나아가는 데 있어서 지도력을 발휘하지 못하였다(은수미, 2005: 215). 그리하여 궁극적으로는 자본의 공세를 극복하지 못하고 말았으며, 노동 내부의 구조적 분절과 분열만을 극대화시켰다.

하지만 여기에는 정부의 잘못된 대응이 더 선차적이었다. 사실 경제위기와 자본의 신자유주의 공세를 막아내는 데에도 급급한 노동운동으로서 조합주의적 이해관계를 극복하고 노동계급연대의 관점에 입각하여 노동운동을 전개한다는 것은 결코 쉬운 일이 아니었다. 노동운동의 한계는 적극적·능동적 오류라기보다는 자본의 공세에 대한 수동적·즉자적 대응의 결과에 지나지 않았다. 그것은 본질적으로 수세적 위치에 있는 노동운동이 주도할 수 있는 성격이 아니었다. 생산적 노·사·정 관계의 구축은 단순히 노동정책의 문제가 아니라 국가발전의 패러다임과 연결되어 있는 '국가정치', '정당정치', '의회정치' 차원의 과제였다. 즉 국가적 수준에서 법적·제도적 인센티브 구조를 만들고 경제주체들의 행위를 합리적 의사결정으로 이끌 수 있도록 하는 것이 핵심이었다.

그런데 정부는 노·사·정 간 고통분담과 사회적 합의를 강조하면서도 스스로가 합의사항을 깼는가 하면, 경제위기를 빌미로 노동자들에게 일방적 희생을 강요하는 등 이율배반적 태도를 드러내었다. 노동자들이 정리해고, 파견근로 등을 수용하는 데 대한 보완적·사후적 조치로서 부당노동행위 근절노력은 거의 이루어지지 않았다. 예를 들어 노동부에 접수된 부당노동행위 접수건수를 보면, 1999년 331건, 2000년 700건, 2001년 966건으로 급증하였고 이에 대한 사법처리도 1999년 122건, 2000년 277건으로 크게 늘어났다(중앙일보, 2002. 3. 5). 이런 사례는 정부가 자본 측에 편파적으로 행동하는 것으로 비추어졌고, 외환위기의 직접적 책임당사자인 재벌 등은 구조조정으로부터 상대적으로 비켜선 듯한 모습과 결합되어 노동자들의 광범위한 불만을 초래하였다. 그리고 이는 나아가 노사정위원회에 참가하는 노동운동 지도부의 입지를 위태롭게 만들었다.

또한 정부는 정규직과 비정규직 사이의 격차가 급속하게 심화되고 있음에도 불구하고 이에 대한 차별을 시정하는 법적·제도적 장치를 만들지 않았다. 정부(국가)는 신자유주의적 시장논리가 갖는 사회적 파괴력을 거의 맹목적으로 수용하였다. 물론 정부가 이를 완전히 방치한 것만은 아니었다. 정부의 문제는 관료주의적 규제논리에 주로 의존하려 했다는 점에 있었다. 그러나 부당노동행위의 급증추세와 노사분규의 빈발이 보여주듯이 관료주의적 규제논리로는 대응의 한계가 명확했다. 문제의 핵심은 사회적 연대의 관점에서 다양한 임금체계와 사회적 안전망·사회보장체계의 구축을 통해 단위노동의 격차를 줄임으로써 정규직과 비정규직, 대기업과 중소기업 사이의 노동의 이동과 교류를 촉진하도록 인센티브체계를 재구성하는 데 있었다. 그런데 정규직과 비정규직 사이의 극단적 격차는 대기업 정규직 노동자들이 자신의 지위를 빼앗기지 않기 위해서 더욱 전투적으로 결속하게 만들었고, 이는 노동시장에 또 하나의 새로운 진입장벽을 설치하는 결과를 낳았다.

제6절 소 결

1997년 경제위기와 IMF 구제금융의 수용은 한국의 정치·경제·사회 전반에 커다란 변화를 몰고 온 기폭제가 되었다. 이와 같은 와중에서 등장한 김대중정부는 초기에 ①외국자본의 압력을 적극적으로 수용하고, ②경제위기를 이용하여 갈등하는 양대 사회세력의 이해관계를 사회적 합의라는 틀 속에 규정해 놓음으로써 국가기구의 자율성과 능력을 강화하였다. 김대중정부는 강화된 국가의 힘을 바탕으로 경제전반의 구조조정을 추진하였다. 그 결과로 한국경제에는 전례 없이 커다란 변화가 일어났다. 구조조정 과정에서 수많은 부실금융·기업들이 퇴출당했으며, 기업 대마불사의 신화가 크게 약화되었다. 기업의 부채비율이 크게 낮아지고 대체로 수익성 위주의 경영행태가 점차적으로 정착되어 갔다.

그러나 김대중정부의 경제개혁은 오래가지 않아 좌·우로부터 경제주체들의 저항에 직면하면서 왜곡과 파행을 거듭하게 되었다. 경제위기를 극복하기 위해 도출된 초기의 사회적 합의는 균열되어 갔다. 특히 긴박한 경제위기의식이 약화되면서 경제개혁의 추진력이 현저히 감퇴되었다. 대출금 만기연장과 같은 정부의 인위적 기업구제정책으로 퇴출되어야 할 부실기업들이 살아남아 시장의 불안요인으로 작용하였다. 그런 속에서 일부 재벌집단은 무분별한 기업 확장의 관행을 지속하다가 결국에는 붕괴일로에 들어서게 되었다. 이런 요인들은 다시 거대한 금융부실로 이어졌고 경제위기 재발에 대한 불안을 급속히 유포시켰다.

개혁동력의 소진으로 2000년 하반기 이래 한국경제는 침체국면으로 진입하였다. 그런데 김대중정부의 정책관료집단은 신용카드·주택담보대출확대와 같은 인위적 경기부양을 통해 위기를 미봉적으로 수습하고자 하였다. 그러나 경기회복의 이면에서 경제성장의 질을 떨어뜨리는 부동산 가격폭등이라는 사회적 병리현상이 나타났고, 가계대출 확대로 가계의 금융부채가 폭증했다. 이로 인해 가계들이 과도한 이자부담을 지게 되고 가계파산이 가속화되어 300만 명에 육박하는 신용불량자가 양산되었다. 결국 내수 촉진을 통한 경제정책운용의 기반은 사실상 와해되어 갔고, 2002년 후반기부터 경기침체가 다시 가시화되어 한국경제는 장기불황의 늪에 빠져 들어갔다.

한국경제는 외환위기 직후 국가주도의 구조조정을 통해 그 부작용에도 불구하고 상당히 많은 변화를 이끌어 낼 수 있었다. 재벌기업과 금융기관들의 행태는 확실히 과거와는 많이 달라졌다. 그러나 기업개혁의 핵심적 본령이라 할 수 있는 기업지배구조의 문제는 여전히 금단의 영역으로 남게 되었다. 재벌에 의한 제2금융권 지배구조개선, 순환출자·부당내부거래차단, 부의 변칙상속·증여금지, 집중투표제·집단소송제와 같은 황제·족벌경영의 폐해를 방지할 수 있는 제도개선은 전혀 이루어지지 못하였다. 재벌들은 외환위기 이후 부채비율을 낮추고 경영투명성을 제고하는 등 시장의 압력에 적응하는 모습을 보이게 된 것도 사실이다. 그러나 그것을 위해서 한국은 커다란 사회적 희생을 치러야만 했다. 재벌기업들이 외부의 경영위협으로부터 황제경영을 방어하기 위해 이익금을 설비투자 등의 효율적인 분야에 투자하지 않고 현금보유비중을 늘리거나 내부지분율을 확대하는 데에 사용했기 때문이다.

　김대중정부의 경제개혁이 파행적으로 흘러간 핵심 원인은 '국가' 속에서 찾아질 수 있다. 외환위기 직후 김대중정부는 국가의 자율성을 강화하고 이를 바탕으로 구조조정을 추진하였지만, 경제개혁의제들을 광범위한 이해당사자들의 참여와 토론, 그리고 협상의 틀로 조직화하면서 전반적인 사회개혁의제와 연계해 나가는 데 실패하였다. 그럼으로써 광범위한 개혁지지기반을 창출하고, 갈등적인 사회세력 간의 견제와 균형의 역학을 활용하여 국가의 자율성을 높이는 데로 나아가지 못하였다. 또한 김대중정부는 위임민주주적·기술관료적 정책결정양식을 지속시킴으로써 사회의 이익집단들에게 국가기구와의 맞대결을 통해 지대를 획득할 수 있다는 왜곡된 분배욕구를 형성하고 구조조정 과정에서 미봉적인 타협을 양산하게 되었다.

제5장 사회적 합의의 발전과 국가의 민주적 권위의 확립

제1절 요약과 함의

1. 이론적 문제

한국의 경제개혁을 연구함에 있어 본서는 먼저 한국의 역사적 경험들이 제기하는 이론적 문제들에 대한 논의로부터 시작하였다. 첫째, 한국의 경제개혁은 이미 '경제적' 위기의 차원을 넘어 '정치적' 위기, 나아가 '국가'의 위기를 동반한 축적위기에 대응하는 성격을 갖는 것이었다. 경제위기에 대한 대응은 새로운 경제정책유형을 도입하는 것만이 아니라, 지배관계, 정치체제, 통치구조의 배열을 전반적으로 재구성하는 작업과 병행하여 진행되었다. 둘째, 1980년대 이후 한국의 경제개혁은 신자유주의를 지향하면서도 이를 주로 국가가 주도해 왔다는 특징을 보여준다. 국가는 단순히 신자유주의 경제정책을 도입하는 데서 그치지 않고, 그것이 작동하기 위한 사회관계의 구조를 재편하는 등 적극적인 개입을 시도하였다. 셋째, 한국의 경제개혁은 대중의 지지를 동원 혹은 배제하고 이를 정치적으로 제도화함으로써 특정한 축적전략을 관철시키려는 전략·권력관계의 장이었다. 그래서 경제개혁은 신자유주의를 기조로 하면서도 다양한 지배연합의 패턴들을 산출하였고, 이에 따라 개혁성과들이 각각 다르게 규정되었다.

바로 이와 같은 특징들 때문에 한국의 경제개혁연구는 정치체

제의 변동과 기존 축적전략의 위기 및 전환 사이의 연관성, 축적
전략의 전환에서 국가개입의 다양한 형태, 다양한 지배연합의 출
현 및 경쟁과 같은 현상들을 설명할 수 있는 이론을 요구한다.
그런데 기존의 분석들은 대체로 경제적 성장양식에 초점을 두어
분석하고 국가나 정치의 문제는 부차적인 것으로 간주하는 경향
이 지배적이었다. 그래서 본서는 그런 접근방법들 대신에 '국가기
구'와 '지배연합'의 총체로서 '국가'를 중심에 두는 정치경제적 방
법을 통해 한국의 경제개혁을 분석하고자 하였다.

2. 개발국가

  1960-80년대 한국에서 고도성장을 주도했던 패러다임은 '개발
국가'였다. 이 시기에 국가는 시장에 대한 적극적 개입을 통해 상
대가격을 왜곡함으로써 국가가 설정한 특정한 방향으로 경쟁을
유도하고 그것을 통해 압축적인 성장을 달성하였다. 이를 위해
국가는 엄청난 특혜와 처벌을 결합하여 대기업들을 규율하였고,
노동에 대한 강압적 통제체제를 확립하였다. 개발국가는 '규제된
자유주의(embedded liberalism)'로서의 브레튼우즈체제, 미국
의 동북아지역통합전략과 같은 국제적 조건과 무정형한 시민사
회, 파괴된 노동조합, 자본주의의 미발달과 과대 성장된 관료적
국가구조, 반공주의적 지배연합과 같은 국제적 조건을 배경으로
형성된 특수한 역사적 모델이었다. 개발국가의 핵심은 지배와 저
항의 대립항을 내부에 응축시킨 독특한 방식에 있었다. 특히
4.19혁명으로 출현한 민중의 저항연합을 소멸시키기 위해서 개발
국가는 '근대화'라는 이데올로기를 통해 경제적 욕망을 부추기고
이를 국가주의적 동원·통제의 정당성과 결합시켰다. 나아가 개발

국가는 이런 목표에 맞게 국가－재벌의 관계를 개편하였는데, 단순독점지대를 추출하는 국가－재벌연합으로부터 국가가 제시하는 목표를 달성하는 실적정도에 따라 특혜와 처벌이 부과되는 조건부 지대에 입각한 국가－재벌연합으로 전환시켰다. 그 과정에서 박정희정부는 재벌 등으로부터 별다른 저항을 받지 않고 전환에 성공할 수 있었는데, 그것은 개발국가 내부에 응축된 지배－저항의 정치적 세력균형 때문이었다.

그런데 이와 같은 지배연합의 내적 구조는 개발국가의 도덕적 해이를 견제하고 30여년 이상 고도성장을 지속하는 밑바탕이 되었다. 박정희정부의 개발국가는 사회의 수직적·권위주의적 동원체제를 지향하면서도 정치적 다원주의를 완전히 제거하지는 못하였다. 박정희정부는 지배연합과 저항연합 간의 균열을 제거한 것이 아니라 단지 개발국가 속에 내재화 시켰던 것이다. 이런 특성은 개발국가의 경제정책이 재벌에 대한 엄청난 특혜와 노동자·농민에 대한 억압적 통제를 특징으로 하고 있음에도 불구하고 누적된 저항이 주기적이고 폭발적으로 국가권력 속에 투영됨으로써 지배연합이 단순한 약탈과 지대 추구로 전락하는 것을 견제했다.

그러나 1970년대 말부터 개발국가의 성장체제는 거센 파열음을 내기 시작하였다. 과잉투자, 과잉생산의 부작용이 사회가 감당할 수 없는 수준에까지 이르게 되었고, 이를 해소하기 위해서 대량의 생산력이 절멸되고 수많은 사람들이 기업부도와 실업이라는 엄청난 참상을 겪게 되는 사태가 주기적으로 발생하였다. 그럼에도 불구하고 그런 부작용의 조절이 쉽게 이루어지지 않았는데 그 이유는 국가규율체계의 효과가 감소해 간 데 있었다. 그런데 국가규율체계가 제대로 작동하지 않게 된 배경에는 사회구조의 거대한 변화가 자리하고 있었다. 바로 급속한 산업화와 민주화, 그리고 세계적인 신자유주의화는 한국사회에 자본가계급, 노동자계급과 같은 조직된 새로운 계급을 출현시켰고, 국가－시민사회의 관계를 변화시켰으며, 축적전략의 국제적 환경을 결정적으로 변화시켰다. 이런 변화는 국가가 위로부터 질서를 부과하는 방식의 경제운영을 더 이상 수행할 수 없게 만들었고, 개발주의체제에 내재한 도덕적 해이의 문제를 집중적으로 드러내기 시작하였던 것이다.

한편 1980년대 후반에는 민주화로의 이행을 계기로 개발주의 경제체제를 대체할 새로운 축적전략의 형성을 둘러싸고 사회세력들 사이에 치열한 투쟁이 전개되었다. 크게 보면 지배세력은 개발국가의 축적모델을 점진적으로 변화시키는 가운데 신자유주의 축적전략으로 전환해 나가고자 하였는데 반해, 피지배세력은 개발주의 경제모델의 급진적 폐지와 사회적 평등의 확장을 목표로 한 경제민주화를 요구하였다. 그러다가 1990년대에 이르면 이 같은 사회갈등구조는 지배분파들 사이의 갈등으로도 전이되었는데, 보수주의적 지배분파들은 피지배계급을 철저히 배제한 가운데 국가－재벌연합을 통해 신자유주의를 수용해 나가고자 했고, 반면에 상대적으로 자유주의적인 지배분파들은 신자유주의를 지향하면서도 피지배세력에게 주요 정책결정과정에의 참여를 제한적으로나마 허용하고 그들의 경제민주화 요구를 부분적으로 수용해 나가고자 했다.

3. 김영삼정부의 경제개혁

한국에서 경제개혁은 1980년대 초반부터 시작되었다. 그러나 경제개혁이 사회의 지배적인 담론의 하나로 떠오르고 구조개혁 수준의 정책적 변화를 본격적으로 모색하게 된 것은 1990년대 초반 김영삼정부가 등장하면서부터였다. 김영삼정부는 '신경제'라 불리는 개혁담론을 한국사회에 전면적으로 제기하였다. 그런데 그 노선 속에는 행정·금융·기업 활동의 규제완화, 대외개방, 민영화, 변형근로시간제, 유급휴가축소와 같은 신자유주의정책들과 함께, 이와는 성격이 다른 소유분산·경제력집중억제·업종전문화, 부동산·금융실명제, 세제개혁 등 경제민주화의 성격이 담긴 조치들이 동시에 포함되어 있었다. 그래서 신경제의 노선은 신자유주의와 경제민주화정책을 결합시키는 문제를 놓고 지배연합의 내·외에서 끊임없는 갈등의 대상이 되었다.

그런데 김영삼정부의 경제개혁 중 경제민주화와 관련된 대부분의 정책들은 시간이 흐르면서 시행조차 되지 못하거나 시행 후에도 재벌의 로비에 밀려 크게 변질되어갔다. 오히려 '세계화'노선으로 선회하면서부터는 "개방", "자유화", "국가경쟁력"이라는 미명 아래 재벌로의 과도한 기업집중과 무모한 기업 확장을 억제해 온 각종 규제정치가 대거 해제되면서 재벌기업들의 경쟁적 사업 확장과 과잉중복투자를 초래하였다.

세계화 노선은 시민사회의 기대욕구와 김영삼정부의 제한적 개혁노선 사이의 점증하는 괴리를 정치적 보수화와 노동배제전략의 강화를 통해 해결하는 계기이기도 했다. 김영삼정부는 "무한경쟁의 시대", "국가경쟁력", "국가적 공동운명체"와 같은 국가생존담론을 권력자원으로 전화시킴으로써 대중의 욕구를 제어하고 저항을 억압하는 수단으로 활용하였다. 그런데 이와 같은 노선의 정치효과는 재벌 강화, 노동 배제를 가속화함으로써 사회적 세력균형을 무너뜨렸다. 나아가 이는 국가의 기업에 대한 자율성을 크게 약화시켰다. 1994년 삼성의 자동차산업 진출은 일개 재벌이 국가권력을 상대로 한 정치적 게임에서 승리한 최초의 사건으로 기록되었다. 이와 함께 규제완화, 자본시장개방과 같은 세계화의 경제정책들은 재벌기업의 대정부 금융의존도를 낮춰 국가의 재벌정책 수단을 더욱 약화시키기도 했다. 재벌기업들은 차입에 의한 확장경영을 더욱 가속화하였고 금융권과 정부는 재벌기업들의 사업확장에 속수무책으로 끌려 다니기 시작하였다.

재벌기업들의 무차별한 사업 확장은 급기야 기업의 수익률이 급격히 하락하는 위기의 징후들로 나타나기 시작했다. 이를 계기로 김영삼정부는 재벌로부터 국가의 자율성을 회복하고 점증하는 경제위기에 대처하고자 1996년부터 '신재벌정책'을 추진하였다. 또한 그것과 거의 동시에 김영삼정부는 '신노사정책'을 추진하였는데, 이는 약화된 개혁지지기반을 강화하고 재벌집단에 대한 규율수단을 강구하고자 하는 시도였다. 그러나 그것 역시 얼마 지나지 않아 곧 폐기되고 말았다. 신재벌정책의 폐기에 무엇보다 가장 치명적인 영향을 미친 것은 다름 아닌 '경제위기론'이었다. 경제위기가 가시화되면서 재벌과 보수언론, 그리고 경제관료집단의 암묵적 동맹이 생산하고 유포시킨 위기담론 앞에 김영삼정부는 무기력하게 무너지고 말았다. 결국 신재벌정책을 가동한지 3개월 만에 경제팀이 전격 경질되었다. 이와 함께 신노사정책 또한 급속히 변질되어 국가와 노동의 불화는 더욱 심화되었다.

그러자 김영삼정부는 이번에는 정반대의 노선으로 급격히 기울기 시작하였다. 김영삼정부는 '고비용·저효율론'을 제기하고 노동전가적인 위기극복요법으로 나아갔다. "경쟁력 10% 높이기", "30분 일 더하기" 등 조야하기 짝이 없는 반동적 정책들이 쏟아져 나왔다. 급기야 정부는 노동시장 유연화라는 명목으로 노동법개정 날치기를 시도하였다. 정부의 이 같은 시도에 노동은 격렬하게 저항하였다. 사상 초유의 전국적 정치총파업이 벌어졌고 이는 국민여론의 호응을 얻으면서 급속히 확산되었다. 노동법개정 시도가 좌초하면서 김영삼정부는 위기관리능력을 급속히 상실하기 시작하였다. 거기에다 한보그룹이 거액의 비자금을 조성하여 정치권과 금융계에 로비를 한 사건에 대통령 아들이 연루되는 사건이 발생함으로써 김영삼정부는 식물정권이나 다름없는 상태로 전락해 갔다. 국가의 위기관리능력은 급속히 약화되었고, 기아차 사태에서 보듯이 경영진, 노조, 시민사회단체, 관료집단들 사이에 총체적 배반게임이 진행되었지만 국가는 이에 대한 갈등의 조정능력을 상실하였다. 기아차 사태를 계기로 한국경제의 대외신인도는 급속히 추락하였고, 급기야 동남아발 외환위기와 맞물려 대대적인 외국투자자의 탈주가 시작되면서 한국은 외환위기의 수렁으로 순식간에 빨려 들어갔다.

김영삼정부의 경제개혁 실패는 궁극적으로 '국가'의 취약성 때문이었다. 김영삼정부의 경제개혁은 국가의 적극적 개입에 의해 시작되었다. 한국의 자본가집단은 산업화과정을 통하여 외형적으로 급성장하였음에도 불구하고 민주화와 세계화라는 새로운 축적환경에 대응하여 새로운 축적전략을 발전시키지 못하고 있었다. 이 때문에 시장실패의 치유가 지연되고 있는 상황에서 국가가 개입하는 것은 불가피한 측면이 있었다. 그러나 문제는 바로 국가의 성격과 개입방식에 있었다.

첫째, 경제개혁은 단순히 가치중립적인 영역이 아니라 어디까지나 가치와 이익이 날카롭게 대립하는 사회적 갈등과 정치투쟁의 장이었다. 이런 상황에서는 '적절한' 세력균형의 확립이야말로 국가가 사회의 조직화된 이익집단들로부터 자율성을 확보하고 경제개혁을 추진해 나갈 수 있는 관건이었다. 특히 경제개혁의 핵심과제가 사회경제적 지배계급인 재벌체제의 문제점을 해결하는 것에 있다고 한다면, 재벌체제를 옹호해왔던 집단들에 의한 반발을 막아낼 수 있는 사회적 세력균형을 확보하는 것이 매우 긴요하였다. 그러나 김영삼정부는 개혁기반을 국가권력 내로 제한하였고 시민사회에서 새로운 제도적 기반을 구축하려는 시도를 하지 않았다. 재벌의 과다한 기업 확장과 지대 추구에 대해서도 사회적 견제장치를 강구하기보다는 국가에 의한 관료적 규제에 주로 의존하여 해결하고자 하였다. 심지어는 재벌을 통제하기 위해 정보기관을 동원하고 이를 밀실거래의 수단으로 활용하기도 했다. 대중의 동원은 관객민주주의의 틀 속에서 대중주의(populism)의 통치기술에 매개되어 무정형한 방식으로만 이루어졌다. 일부 개혁적 지식인들을 동원하기도 했지만, 그것은 순전히 호선-포섭(co-optation)의 방식에 지나지 않았다. 이 때문에 정치적 세력균형은 매우 불안정했고 개혁지지기반은 제도화되지 못했다. 이는 이익투입의 제도적 기반을 갖고 있는 기득권세력과 그렇지 못한 집단 간의 사회적 불균형을 심화시키는 원인이 되었으며, 이 때문에 김영삼정부가 추진한 신재벌정책도 오래 지속되지 못하고 재벌과 보수언론이 유포한 위기담론 앞에 쉽게 허물어지고 말았다.

둘째, 김영삼정부의 국가는 위임민주주의(delegative democ-racy)의 성격을 띠고 있었다. 김영삼정부는 대통령에게 권력을 집중시켰으며 정당과 의회의 협의기능을 자주 무시하였다. 특히 야당과의 협조를 철저히 배제하였는데, 이는 지배연합 내부의 반개혁적 세력과 힘의 균형을 맞출 자유주의블록을 강화하는 데에 장애가 되었다. 김영삼정부는 대통령을 정점으로 강력하게 조직되어 있는 권력처럼 보여도 실제로는 지역적으로 분할된 보스(boss)들 사이의 수평적 정치담합의 성격을 지녔을 뿐이었다. 다만 카리스마적 지도자에 의한 무정형한 대중지지의 동원이 국가통합을 불안정하게 유지하고 있을 뿐이었다. 그러나 이런 통치기술은 시간이 흐름에 따라 효과가 상쇄되었고, 국가기구와 사회집단을 통제할 수 있는 힘은 급속히 감소하게 되었다. 따라서 김영삼정부가 시민사회를 배제한 채 국가기구의 힘만으로 경제개혁을 추진한 것은 애초부터 근본적인 장벽에

274

부딪칠 수밖에 없었다.

4. 김대중정부의 경제개혁

1997년 외환위기와 IMF 구제금융의 수용은 한국의 정치·경제·사회 전반에 커다란 변화를 몰고 온 기폭제가 되었다. 외환위기를 전후로 기존의 보수주의적 국가－재벌연합은 크게 약화되어 있었고, 저항세력인 노동운동 또한 구조적 위기를 겪고 있었다. 바로 이런 와중에서 등장한 김대중정부는 경제 전반의 강력한 구조조정을 추진하는 한편, 구시대의 지배연합을 재편하여 새로운 헤게모니블록을 형성하고자 하였다. 이때 구조조정을 주도한 핵심 동력은 바로 강화된 '국가'였다. 국가는 경제위기, 국제적 자본의 압력, 국가기구의 정비·강화라는 주로 세 가지 계기를 통해 사회로부터의 자율성을 대폭 강화하고, 이를 바탕으로 구조조정을 추진해 나갔다.

첫째, 외환위기 이후 경제개혁의 전제로서 김대중정부가 가장 먼저 착수한 일은 약화된 국가기구를 정비·강화하는 작업이었다. 김대중정부는 취임 후 곧바로 대대적인 정부조직개편을 단행하였는데, 그 핵심은 대통령의 국정리더십을 강화하는 데에 두어졌다. 그리고 각 부처간 견제와 균형관계를 새롭게 재편하였다. 이런 작업들은 관료기구 자체의 이익집단화를 방지할 뿐만 아니라 사회적 이익의 압력으로부터 국가를 격리시킴으로써 국가자율성을 강화하는 작업이기도 했다.

둘째, 소수파 정권이라는 취약성을 안고 출발한 김대중정부는 국제적 자본의 압력을 한국의 경제개혁 과정에 깊이 끌어들여 정치 전략의 일환으로 활용하였다. 무더기 정리해고, 치솟는 실업률,

대량의 기업파산과 같은 환영받지 못할 구조조정정책들과 이에
따른 비난을 국제금융기구들이 떠안음으로써 새 정부의 정치적
개입을 수월하게 해주었기 때문이다. 그래서 김대중정부는 외환위
기 직후 모든 정책의 초점을 대외신인도의 상승과 외국자본의 유
입에 맞추고, 이를 단순한 위기극복 차원이 아니라 한국경제가 선
진국으로 도약할 수 있는 지름길이라는 신념으로까지 선전하였다.
그리고 나아가 이를 경제적으로도 제도화하기 위해서 주주자본주
의(shareholder capitalism)를 대폭 강화하는 급격한 제도변화를
추구했다.

셋째, 김대중정부는 외환위기 극복과 경제개혁을 위해 집단적
시장개입기구를 활용하였다. 김대중정부는 국가적 위기의식을 이
용하여 재벌과 노동세력을 사회적 합의의 장으로 끌어들여 구조
조정의 압박을 가하는 한편, 양자 사이의 견제관계를 제도화하여
경제개혁의 지렛대로 삼고자 하였다. 김대중정부가 이처럼 사회적
합의를 추진하게 된 배경은 김영삼정부 시기의 교훈에서 비롯된
것이었다. 즉 노동시장의 유연성제고는 절대 필요하지만 과거 정
부가 실패한 원인은 바로 권위주의적 방법으로 인해 엄청난 사회
적 갈등에 부딪쳤기 때문이라고 보았다. 당시의 극심한 경제위기
상황에서 전투성의 게임을 통한 정리해고제의 관철이 초래하게
될 대외적 신인도 저하의 위험 때문에라도 사회적 합의를 중요하
게 생각하지 않을 수 없었고, 또 국가적 위기의식 속에서 사회여
론을 동원하면 커다란 양보를 감행하지 않고도 노동세력을 합의
의 장으로 끌어들일 수 있다고 판단했기 때문이었다.

바로 이상과 같은 경제개혁전략 하에서 김대중정부는 외환위기
직후 전례 없이 강도 높은 구조조정을 추진하였다. 그 결과 대량
의 기업파산이 일어나고 150만 명을 넘는 실업자가 거리에 넘쳐
흘렀다. 그러나 김대중정부는 소수파정부였음에도 불구하고 사회

어느 쪽으로부터도 심각한 도전에 직면하지 않았고 오히려 권력을 더욱 강화할 수 있었다. 그리고 그와 같은 구조조정의 결과로 한국은 외국자본을 유입시키는 등 대외신인도를 비교적 빠르게 회복할 수 있었고, 경제구조에 있어서도 상당히 많은 변화가 나타나게 되었다. 특히 재벌기업에 대한 규율체계가 강화되었는데, 이 시기에 재계서열 2위인 대우그룹을 비롯하여 16개 재벌기업집단들이 30대 기업집단으로부터 밀려나거나 해체되었다. 소위 1980-90년대를 풍미하던 재벌의 '대마불사' 신화가 크게 쇠퇴하게 되었다. 아울러 기업경영에 있어서 외형팽창보다는 수익성 위주의 경영패턴이 강화되고 인사·조직문화상에 성과주의 및 능력주의가 확산되는 변화가 나타났다.

그런데 이 같은 변화에도 불구하고 김대중정부의 경제개혁은 초기부터 그 내면에서 피로감을 드러내면서 동력을 소진해 가고 있었다. 먼저 IMF의 요구에 따라 고금리·긴축정책에 입각한 구조조정을 추진하면서 나타난 대량의 기업부도와 실업자가 양산되면서 노동자 및 서민들의 불만이 폭발할 위험성이 증대하고 있었다. 이런 가운데 민주노총이 IMF식 구조조정에 강력히 반발하면서 1999년 초에는 노사정위원회에서 탈퇴하였으며, 그보다 앞선 1998년 8월 정리해고를 둘러싼 현대자동차 분규에서는 노동세력의 저항 앞에서 정부가 밀리는 현상이 나타나기도 하였다. 대량의 기업도산과 실업, 서민들의 불안감 급증, 대결적 국가-노동의 지속은 IMF식 구조조정에 대한 압박을 가속화시켰다.

바로 이런 속에서 정부는 지금까지의 고금리·긴축정책을 완화하여 경기확대정책을 경제구조조정과 병행하는 쪽으로 선회하게 되었다. 그리하여 김대중정부는 대중적 저항의 압력으로부터 어느 정도는 자유로울 수 있게 되었다. 그런데 문제는 그러한 경기확대정책을 도입하고 나서 외환위기 직후의 국가적 위기의식이 급속

히 약화되고 경제개혁에 대한 사회 전반의 의지가 이완되는 현상
이 나타나게 되었다. 그러면서 사회 각 분야에서 이익집단들에 의
한 분배투쟁이 봇물처럼 터져 나오기 시작하였는데, 이에 대응하
는 정부의 정책은 혼선에 혼선을 거듭하면서 정책추진능력이 현
저히 약화되는 모습이 나타나기 시작하였다. 또 경기확대정책에
의한 대부분의 이익이 주로 외국자본과 재벌기업들에게 돌아가고
기업개혁이 지연되게 된 것도 또 다른 문제점이었다. 재벌기업들
은 경기부양과 증시활황을 이용하여 부실기업매각과 사업구조조
정 대신 외부로부터 유입된 자금과 영업이익금을 투입하여 부채
비율을 낮추었는데, 이는 2000년 후반기 기업부실이 다시 누적되
어 금융의 시스템 위기로 번지면서 2차 공적자금을 조성하게 되
는 한 가지 원인이 되었다.

 이런 가운데 여러 경제부문에서 구조적 문제점이 표면에 드러나
기 시작하였다. 첫째, 기업부문을 살펴보면 외환위기 이후 약화되
는 듯이 보였던 재벌집단에 의한 기업지배가 다시 강화되기 시작
하였다. 재벌총수와 그 특수관계인들은 순환출자라는 방법을 통해
적은 지분만을 가지고도 계열사의 지분을 이용하여 대기업집단을
지배하고, 또 그러한 지배구조를 유지하기 위해 출자구조를 왜곡
함으로써 합리적 자산운영을 방해하는 현상이 광범위하게 나타났
다. 나아가 재벌집단은 계열 금융회사의 다른 계열사 출자분에 대
한 의결권을 확대하도록 정부에 압력을 넣음으로써 기업지배력 강
화를 도모했다. 그런데 이 같은 재벌체제의 강화는 외환위기 이후
자본시장의 개방에 따라 증대된 국제적 자본의 압력과 결합되면서
새로운 기이한 현상을 출현시켰다. 즉 경기호황과 기업의 거대한
수익창출에도 불구하고 재벌기업집단들이 설비투자를 확대하지 않
고 내부자금화 하여 재벌총수의 경영권을 공고히 하는 데 사용한
것이다. 또한 재벌대기업들은 외환위기 이후 인력을 적게 쓰는 방

향으로 자동화, IT화, 아웃소싱 등을 추진하였는데, 이는 대기업의 고용기여율을 현저하게 감소시켰다. 그리고 수요독점적 납품구조를 이용하여 하청 중소·벤처기업들을 가혹하게 수탈하였다. 그로 인해 중소·벤처기업들은 정상적인 성장을 왜곡당하여 고용 악화와 내수기반 침체라는 구조적 문제를 야기하는 한 원인이 되었다. 그리하여 이 같은 대기업의 행태는 고용과 내수기반의 약화, 그리고 경기침체의 지속이라는 악순환을 반복하게 되는 커다란 요인으로 작용하였다. 김대중정부에서 경기호황에 따른 거대이윤의 창출이 주로 정부의 인위적 지원에 힘입은 바 크다고 본다면, 대기업의 성과가 국민적 이익으로 연결되지 못하고 재벌집단들에 의해 배타적으로 전유되고 만 것이었다.

둘째, 금융부문은 외환위기 이후 구조조정을 통해 상당정도 자율성이 높아지기도 했으나 적극적인 시장감시자로서의 역할을 수행하는 데에는 현저히 미흡하였다. 우선 금융구조조정 과정에서 공적자금의 투입이 명확한 논리의 기준 없이 이루어졌고, 그에 따라 금융기관 자체의 정상화에 초점이 두어짐으로써 은행들이 대거 국유화되는 사태를 초래하였다. 금융기관의 대형화·겸업화 전략은 우량은행과 비우량은행 사이의 격차를 심화시켰고, 소매금융으로의 업무편중과 과당경쟁을 야기하여 부실화로 나아갈 수 있는 잠재적 위험을 상존시켰을 뿐만 아니라 기업금융을 고사시켜 자원배분을 악화시키기도 하였다. 비은행부문의 경우 과거 부실의 주범이었던 왜곡된 지배구조의 문제가 더욱 심각해졌다. 비은행부문에 대한 재벌의 지배력이 구조조정을 거치면서 더욱 강화되었는데, 이들 금융기관들은 재벌의 순환지배구조를 유지해 주기 위한 목적으로 계열사 지분을 주로 소유함으로써 합리적 자산운용에 역행하는 행태를 나타냈다.

셋째, 김대중정부는 초유의 경제위기를 활용하여 급진적 노동운동세력마저 정리해고, 파견근로제가 주요 의제가 된 협상의 테이블로 이끌어 낼 수 있었다. 그런 점에서 김대중정부가 시장(market)과는 양립할 수 없는 집단적 개입기구를 등장시킴으로써 개혁의 혼선에 직면하게 되었다는 평가는 틀린 것이었다. 외환위기 이후 노동시장 유연화는 적어도 수량적 측면에서만 본다면 비교적 순조롭게 진행되었다. 그럼에도 불구하고 수량적 유연성 확보에 편중된 노동시장의 구조조정은 노·정 및 노·사 간 대결의 정치를 증폭시켰다. 특히 긴박한 위기의식이 해소되면서 그런 경향은 더욱 두드러지게 나타났는데, 이 같은 대결적 노·사·정 관계의 지속은 경제주체들이 자신의 단기적 이익에 집착하게끔 하였고, 이익의 사회적 교환을 통해 새로운 정합게임의 구조를 만드는 데 장애가 되었다. 무엇보다 노동시장 유연화가 노조의 조직화 강도에 따라 불균등하게 관철되는 효과를 낳았으며, 노동시장을 양극화시키는 결과를 초래하였다. 결론적으로 외환위기 이후의 노동시장 구조조정은 단순한 임금·고용보장 중심의 패러다임을 넘어 노동의 질적 성장을 통한 사회발전이라는 새로운 패러다임의 창조로 나가는 데는 실패하였다.

넷째, 외환위기 이후 자본시장의 전면 개방 조치에 의한 외국자본의 대거 진출은 한국경제에 긍정적인 기여를 하기도 했다. 특히 외국자본 진출에 따른 대외적 압력은 재벌집단들이 폐쇄적인 경영행태를 개선하고 과도한 차입경영을 지양하지 않을 수 없게 하는 등 시장규율자로서 역할을 수행하기도 하였다. 그러나 외국자본의 역할은 그 같은 긍정적 기능 못지않게 부정적 기능 또한 노출하였다. 외국자본은 단기적인 경기확장과 증시부양에 이해를 공유했으며, 도덕적 해이에 가담한 사례도 다수 발견되었다. 또한 외국자본이 집중적으로 진출한 금융기관들이 가계대출에 치중함으로써 금융 중개 기능을 악화시키기도 하였다. 더욱 치명적으로는 '시장원리', '대외신인도제고'라는 명분 아래 구조조정의 비용을 계급·계층에 따라 불평등하게 배분함으로써 사회적 합의를 더욱 어렵게 하는 데 기여하기도 했다.

김대중정부의 경제개혁이 이처럼 파행적으로 흘러간 가장 핵심적인 원인은 역시 '국가' 영역 속에서 찾아질 수 있다. 무엇보다 김대중정부는 전임 김영삼정부와 마찬가지로 경제개혁의제들을 광범위한 이해당사자들의 참여와 토론, 그리고 협상의 틀로 조직화하면서 전반적인 사회개혁의제와 연계해 나가는 데 실패하였다. 그럼으로써 광범위한 개혁지지기반을 창출하고, 갈등적인 사회세력 간의 견제와 균형을 활용하여 국가의 자율성을 높이는 데로 나아가지 못하였다. 물론 김대중정부는 경제위기 초기단계부터 노·사·정 공동협약을 적극 추진하고, 또 시민사회를 육성·지원하는 등 김영삼정부에 비해서 훨씬 더 자유주의적인 정책을 펼쳤다. 그러나 김대중정부의 사회적 합의정책은 국가적 위기의식을 배경으로 주로 노동시장 유연성을 관철하고 그에 따른 노동의 불만과 저항을 관리하는 소극적 목적에만 한정되었다. 반면에 사회적 합의를 재벌개혁, 고용안정 및 실업대책, 사회보장제도확충, 민주적 노사관계확립 등의 과제로 발전시키려는 문제의식은 미약했다. 이런 문제점은 결과적으로 재벌들에게는 경제위기 발생책임에 대한 면죄부를 주고 중소기업과 임금소득자의 생활수준은 급격히 하락하는 불평등의 심화를 가져오게 하였다. 이런 속에서 노사정위원회가 파행으로 치닫는 것은 당연했는데, 노사정위원회의 파행은 구조조정 과정에서 발생하는 대량실업과 고용불안의 압력을 정부가 곧장 받아야만 하는 상황에 처하도록 하였다. 이에 대해 정부는 노동세력의 불만과 저항에 직면해서 '대외신인도 추락'과 '경제위기의 재발'이라는 이데올로기적 공세로 대응하면서 노동세력을 고립시키는 방법으로 돌파하였는데, 이는 대결적인 국가-노동관계를 더욱 악화시켜 국가가 동원할 수 있는 정치적 자원의 폭을 극히 제약하였다. 그리고 이 같은 문제점은 재벌개혁에서도 비슷하게 나타났는데, 예를 들어 김대중정부는 과거 권위주의정부가 경제위기에 직면하여 곧잘 수행했던 강제적인 양도·합병식의 기업정리를 '빅딜'이라는 이름으로 포장하여 제시하고 이를 국가와 재벌 양자의 은밀한 협상에 의존하여 추진하였다. 하지만 이는 경제위기와 상관관계도 모호할 뿐만 아니라 사회적 대화와 협상의 조직화를 통해 개혁지지기반의 확장에 기여할 수 있는 성격의 사안도 아니었다.

다음으로는 국가기구의 위임민주주의적 한계를 들 수 있겠다. 김대중정부는 앞에서 설명한 갈등적이고 배제적인 국가-노동, 공론화의 영역 밖에 놓인 국가-재벌의 사회적 토대 위에 경제위기를 활용한 승자독식의 정치구조, 제왕적 대통령에 의한 권력집중, 대중·정당·의회를 우회하는 정책결정의 기술관료적 독점구조를 지속시켰다. 비록 그것이 외환위기라는 파국적 상황에서는 어느 정도 정당화될 수 있었지만, 그러한 국가체제는 외환위기의 터널을 벗어나면서 정당성의 위기에 빠지기 시작했다. 오히려 길항적 정치구조는 정책과 노선에 입각한 정당 사이의 경쟁을 제약하여 경제개혁의제를 지속적으로 왜곡시켰고, 사회의 이익집단들에게 국가기구와의 맞대결을 통해 지대를 획득할 수 있다는 유혹을 심어주었다. 이런 가운데 국가는 사회집단들의 조직화된 저항에 점점 더 취약해져 갔고, 구조조정은 미봉적인 타협으로 변질해 갔다. 이는 결과적으로 사회의 조직화된 집단과 그렇지 못한 집단들을 분리하여 신자유주의적 구조조정의 비용을 후자에 집중시키게 하였고, 사회 전반에 총체적 양극화를 심화시켰다. 노동시장에서 정규직-비정규직의 격차 심화도 바로 이런 맥락에서 발생한 것이었다.

한편 김대중정부는 정책결정 및 집행과정을 기술관료들에게 거의 의존하다시피 하였는데, 이들은 항상 근본적인 문제해결보다는 상황전개에 대한 즉흥적 대응과 미봉적 해결을 추구하였다. 대우그룹사태, 현대투신사태 등에서 보듯이 관료들은 구조적 문제를 은폐하고 미봉적으로 대응하다 결과적으로는 엄청나게 사태를 악화시켜 막대한 추가비용을 발생시켰다. 2001년 이후에는 경제개혁의 부진으로 경제상황이 악화되자 금리인하, 카드 및 가계대출 남발을 통해 경기를 부양하는 정책을 취함으로써 부동산가격 폭등과 대규모 신용불량자를 양산함으로써 한국경제를 장기불황 속에 빠뜨리는 오류를 범하였다. 그 외에 금융감독기구의 운영, 공적자금의 집행, 부실금융기관의 처리, 부실기업의 정리 등 셀 수 없이 많은 사안들에서 분명한 원칙과 기준을 수립하지 않고 편의주의와 재량주의로 일관함으로써 시장규율을 훼손하는 결과를 초래하였다.

5. 종합적 함의

요컨대 문제는 '국가'였다. 국가는 시장의 실패를 교정하는 데 가장 중요한 책임을 지고 있다. 그러나 배제적 국가와 노동의 관계, 기술관료의 정책독점구조, 위임민주주의의 정치체제에 입각한 국가주도의 경제개혁은 너무도 빨리 동력의 한계를 드러내었다. 김영삼정부와 김대중정부는 공히 자신의 민주적 정통성을 자만하였고 국가기구의 힘을 과신했다. 그들은 재벌개혁 문제를 시민사회의 공론장 속에 투영시키지 않았고, 재벌을 규율하는 데 있어서도 주로 밀실협상이나 권위주의적 수단에 의존하려 하였다. 그들은 시민사회와 충분히 권력을 공유하지 않았고, 시민사회의 역동성을 국가권력의 토대로 조직하지 못했다. 이 때문에 그들은 한때 여론의 강력한 지지를 받고 강한 권력을 구축하기도 했으나, 그 시점에서조차 국가주도의 경제개혁은 피로감을 드러내며 왜곡되어 가고 있었다. 그들은 정책결정의 영역에서 개혁대상의 우선순위를 혼동하였으며 그 결과로 국가와 노동의 관계를 대립적인 것으로 만들어 국가 스스로가 자신의 개혁 동력을 약화시켜 버렸다. 그럼으로써 구조조정 과정에서 발생한 기업부도와 대량실업 때문에 노동자와 서민들의 불만이 폭발할 위험이 증대하자 경기확대정책으로 선회하지 않을 수 없게 되었고, 그에 편승하여 낡은 재벌체제가 부활하게 되는 결과를 초래하였다.

반면에 경제적 시장논리에만 매몰되어 개혁에 대한 사회적 지지를 창출하지 못한 신자유주의 프로그램만으로 시장의 실패를 극복할 수 없음 또한 분명히 드러났다. 예를 들어 한국의 자본시장 개방과 주주자본주의의 강화는 경영투명성을 제고시키는 효과를 나타내기도 했지만, 다른 한편에서는 그것 때문에 자본시장이 더욱 불안정해지기도 했고, 외국인 투자자들을 유인하기 위해 인위적인 경기부양으로 단기적인 실적을 끊임없이 제공해야 했으며, 국내 자본과 노동집단을 역차별 하는 딜레마에 직면하기도 했다. 신자유주의자들은 시장의 자유와 국가의 방임이야말로 지대(rent)의 추구에 따른 도덕적 해이를 제거하여 사회를 가장 효율적인 상태로 이끌어 간다고 주장한다. 그러나 한국에서 확인된 경험적 진실은 방임적 신자유주의의 성장이야말로 극단적인 경쟁과 사회적 양극화를 통해 대자본이 과점경쟁의 혜택과 이익을 독점하고 비용을 외부에 전가시킴으로써 지대(rent)현상으로부터 결코 자유롭지 않다는 것이었다.

그렇다고 신자유주의를 정면으로 거부하는 것이 올바른 대안인가? 이에 대해서는 신자유주의적 세계화가 생산력 발달의 일반적 추세를 잘 활용하고 있을 뿐만 아니라 냉전 이후 '개방', '자율'과 같은 보편적 가치를 선점하면서 지배구조를 공고히 형성하고 있는 상황에서 시장주의에 대한 부정적(negative) 접근이야말로 대중들이 감내할 수 있는 자기희생의 한계를 뛰어넘는다는 사실을 냉철하게 인식할 필요가 있다.

그렇다면 대중의 엄청난 인내력을 시험하지 않고도 신자유주의의 폐해를 최소화 내지 극복해 나가는 길은 무엇인가? 그것은 정치의 영역에서 사회적 조절의 기반을 만드는 것이다. 바로 정치적 프로젝트를 가동하는 것이다. 사회주체들 사이에 사회적 의제가 광범위하게 토론되고 민주적인 토론과 협상이 진행되며, 나아가 사회협약을 도출해 내는 정치의 자율적 공간을 확립하는 것이다. 그리고 그런 기반 위에 민주적 권위와 강한 자율성, 그리고 높은 책임성(accountability)을 갖는 국가를 재건하는 것이다. 그것은 바로 정치개혁의 새로운 과제이자, 동시에 보편적 책임의 원리를 공유하는 시장규율의 확립을 위한 경제개혁의 전제조건이기도 한 것이다.

지금까지 정치개혁과 경제개혁은 서로 병렬적으로 진행되어 왔거나 심지어는 대립적으로 비춰지기도 했다. 그렇게 된 이유는 한국 사회의 정치체제가 사회경제적 이익갈등과 균열을 제대로 대변할 수 없게 구성되어 있었기 때문이다(최장집, 2005). 이런 틀 위에서 전개되는 정치개혁은 지엽적인 이슈에 머무르거나 파벌 간 파워게임의 양상으로 국한되곤 했다. 그 때문에 정치개혁은 한국 사회에서 민주주의를 일정 정도 진전시켜 온 공헌에도 불구하고 가장 본질적 문제인 사회적 양극화 문제를 해결하는 데 실패해 왔다. 오히려 어떤 측면에서 정치개혁은 시민사회의 경제적 요구에 대당되는 방식으로 제기됨으로써 국가 및 정치의 입지와 역할을 스스로 위축시켜 사회 문제 해결의 영역 밖으로 퇴보하기도 하였다.

바로 이 같은 사회구조의 결함을 극복하는 가장 중요한 연결고

리는 사회적 이익갈등의 정치적 투입구조인 정당체제의 혁신이라
고 할 수 있다(최장집, 2005). 한국의 정당체제는 시민사회의 조건
과 현격하게 괴리되어 왔다. 이는 시민사회의 이익갈등을 광범위한
참여·토론·협상의 틀로 조직하면서 전반적 사회개혁의제로 연계
시켜 나가는 데에 실패하는 요인이 되었다. 그리하여 한국 사회에
는 시민사회 내부의 이익집단들 간 혹은 이익집단과 국가 간의 부
정적(negative)인 대결이 우선되는 전투성의 게임이 만연하게 되었
고, 힘의 산술적 분포도에 따라 이익의 배분이 이루어짐으로써 사
회적 양극화가 급속히 심화되는 원인이 되었다. 그리고 이런 속에
서는 사회문제에 대한 사회이익집단들의 시야가 극히 단기화 될
수밖에 없었고, 그 때문에 한국 사회에 깊숙이 뿌리 내린 기존 축
적체제의 전환에 따른 사회적 고통 비용을 사회주체들이 감당해
낼 수가 없었던 것이다.

정당체제의 혁신은 국가를 정점으로 위로부터 조직된 이익갈등
의 정치적 투입 구조를 시민사회의 사회적 대화를 가능케 하는 방
식으로 전환하는 것이다. 그것은 국가의사결정구조의 책임성을 제
고하는 것임과 동시에 이익갈등과 균열의 대표성을 재조직하는 것
이다. 따라서 이를 위해서는 정당의 내부 구조를 참여와 토론의 방
식에 맞게 근본적으로 재조직해야 하는 것이다. 그것은 정당구조를
상향식으로 재구성하는 것을 포함할 뿐만 아니라 정당이 이념과
정책적 노선에 따르는 정체성을 확립하는 것이어야 한다. 그런 점
에서 정치개혁은 단순히 지역주의나 부정부패를 타파하는 차원을
넘어서 사회경제적 이슈를 중심으로 균열 축을 조직하는 것이어야
한다. 즉 정치개혁과 경제개혁은 상호 연결성을 가지면서 갖지 않
으면 안 되는 것이다.

요컨대 정당체제의 혁신과 시민사회의 참여 및 토론을 통한 사
회적 합의의 제도화, 그리고 그 위에 구축된 국가 체계야말로 국가

의사결정의 책임성, 자율성, 이익대표성을 강화함으로써 당면한 사회경제적 문제에 효과적으로 대응하는 길이면서 동시에 시장 행위에 대한 자기 책임의 원리를 강화하는 시장규율 확립의 길이기도 한 것이다.

제2절 노무현정부의 경제개혁과 전망

본서는 노무현정부의 경제개혁을 본격적으로 분석하지는 않는다. 다만 본서가 분석대상으로 삼고 있는 전임정부의 경제개혁에 대한 고찰의 연장선에서 노무현정부의 경제정책이 어떻게 이루어져 나갔고, 그것이 오늘날 한국경제가 직면하고 있는 현실과 어떤 관계가 있는지를 개략적으로 살펴보고자 한다.

노무현정부는 그 성격에서 전임정부들과는 상당히 다르다고 볼 수 있다. 무엇보다 전임정부들은 민주화이행 및 공고화 과정에서 탄생한 정권임에도 불구하고 권위주의적 정치문화와 권력구조의 흔적을 광범위하게 지니고 있었다. 거기에는 선거민주주의의 토대 위에 제왕적 대통령, 정당·의회기능 및 이익집단운동의 제한 등 권위주의적 통치의 요소들이 모순적으로 굳게 결합되어 있었다. 노무현정부는 전임자들이 지닌 그 같은 권위주의 잔재로부터의 급속한 탈피를 특징으로 한다. 노무현정부의 등장은 지역주의 정치, 권위주의적 위계질서로 특징되는 기성질서에 대한 도전, 참여를 통한 변화와 개혁의 욕구가 분출된 결과였다(정해구, 2004: 24-26). 그래서 노무현정부 스스로도 국정운영방향을 '참여'와 '탈권위주의'라는 핵심개념으로 압축하였다.

노무현정부의 이와 같은 자산은 경제개혁의 추진에 있어서도 김대중정부가 노정시킨 구조적 한계를 극복하고 개혁의제를 전진시킬 수 있는 중요한 기반이었다. 그것은 배제된 노동을 참여의 주체로 전화시켜 폐쇄적 기업경영을 타파하고 산업민주주의를 달성하며, 정책의 관료적 독점구조를 극복하는 길이기도 했다.

그런데 노무현정부의 출범과 함께 사회 각계각층에서 다양한 정책사안들과 관련하여 이해당사자들의 욕구가 분출하였다. 대북송금문제, 이라크 파병문제, 대통령 방미·방일논란, 교육부 네이스 문제, 위도 원전수거물관리시설 설치문제, 새만금 공사문제, 화물연대·두산중공업 파업사태, 한－칠레 FTA협정 문제 등 어려운 난제들이 터져 나왔다. 노무현정부는 이런 사안들에 직면하여 초기에는 공권력의 행사를 자제하면서 문제해결을 시도하였다. 그러나 그것은 문제해결 없는 갈등과 혼란의 연속으로 이어졌고, 급기야는 보수세력들의 거센 공격을 받게 되자 노무현정부는 점차 우(右)로 선회하기 시작하였다. 그런데 노무현정부의 우(右)로의 선회는 자신의 지지기반과의 괴리를 의미했다. 이로써 사실상 노무현정부가 스스로의 정체성으로 표방한 '참여'와 '탈권위주의'의 모토는 무력화되어 가고 있었다.

노무현정부가 집권 초기 각종 갈등 현안을 처리하면서 지지기반과 괴리를 일으키게 된 원인으로는 여러 가지를 들 수 있겠지만, 궁극적으로는 견고한 철학적 비전과 안정된 국정운영플랜이 부재했다는 데서 찾을 수 있다.

노무현정부가 출범하자마자 맞게 된 경제적인 난국은 전임 김대중정부에서 비롯된 것이었다. 그런데 경제적인 난국이 발생하게 된 원인은 단순한 거시경제운영의 실패 때문도 아니었고, 그렇다고 소위 '성장동력'이 고갈되어서도 아니었다. 그것은 명백하게도 외환위기 이후 진행된 구조개혁에 내재한 결함 때문이었다. 갈등

해결과 개혁의제의 조직에 취약한 길항적 정치구조, 관료집단에 의한 정책결정의 독점과 재량주의적 대응, 시민참여와 사회적 합의의 결여와 같은 요소야말로 시민사회에 왜곡된 분배욕구를 배태하고, 국가의 경제개혁정책을 이익집단의 저항에 취약하게 만들었던 것이다. 또한 개혁동력의 한계로 인해 김대중정부는 외환위기 이후 1년도 못가서 경기확대정책을 도입함과 동시에 관료기구를 전면에 부상시켰는데, 그것은 재벌에 의해 왜곡되어 온 기업지배구조를 부활시켜 근본적 기업구조개혁의 기회를 놓치고 마는 결과를 초래하였다. 그 결과 한국경제에는 구조적이고 주기적인 불안정성이 나타나게 되었는데, 김대중정부는 신용카드, 주택담보대출, 부동산 경기부양과 같은 모르핀에 의거하여 대처하면서 집권말기를 연명해 나가야 했다.

2002년 대통령선거에서 노무현의 당선은 전임정부들과 기득권층에 의해 왜곡된 경제개혁을 정상화하고 극도로 불안정해진 시민의 삶을 개선하라는 요구로서의 의미를 갖는 것이었다. 그럼에도 불구하고 노무현정부의 경제정책은 전임자에게서 물려받은 잘못된 구조개혁의 유산을 치유하는 쪽으로 방향을 잡지 않았다. 특히 김대중정부에서의 잘못된 경제개혁으로 인해 사회 전 분야에서의 양극화가 급속히 심화되는 상황이었음에도 불구하고 그에 대한 의제는 단 한 번도 진지하게 상정된 적이 없을 정도였다. 노무현정부는 여러 파업사태에 대한 대처에서 볼 수 있듯이 소위 사회양극화의 피해자들에 대해서 기껏해야 온정주의적인 태도로 다루는 방식 이상을 넘어서지 못하였다. 그러다가 사태가 장기화되면 보수적 언론들의 이데올로기 공세에 편승하여 감정적인 대응으로 돌변하고 공권력행사로 사태를 수습하곤 하였다. 보수적 언론들은 철도노조, 화물연대 등의 파업이 잇따르자 "친노(親勞)정권의 등장으로 노동자들의 기대가 급상승하여 파업이 급상승"한 것인 양 주장하였지만, 실제 통계에서 그런 정황을 발견할 수는 없었다(김유선, 2004). 반면에 노무현정부가 그런 현안들을 풀기 위하여 시민사회의 역량을 결집하고 제도적 문제해결의 틀을 만드는 데 있어서의 성과는 전무했다고 해도 과언이 아니었다. 그런 점에서 노무현정부는 소위 '생산적 복지'의 틀을 만든 김대중정부보다 더 후퇴한 정부라는 평가를 자주 받기도 하였다.

　오늘날 가장 첨예한 현안이 되어 있는 노동시장의 양극화 문제에서도 가장 일차적인 책임은 정부에게 있다고 볼 수 있다. 정규직－비정규직의 격차가 나날이 심화되어 초미의 문제로 떠오른 지가 이미 오래 전의 일임에도 불구하고 노무현정부는 이를 사실상 방치해 왔다. 그리고 이를 노－노 갈등으로 해석하고 대기업 노동운동의 책임으로 전가하는 데 급급해 왔다. 집단이기주의의 수준을 넘어서 도덕적 타락상으로까지 발전하게 된 일부 대기업 노동운동의 양태는 노동운동이 전적으로 책임지고 넘어야 할 극복 과제이다. 그러나 사회통합의 관점에서 다양한 임금체계를 만들고 사회적 안전망·사회보장체계의 구축을 통해 단위노동의 격차를 줄임으로써 정규직과 비정규직, 대기업과 중소기업 사이에 노동의 교류를 증진시키도록 유인체계를 짜는 것은 어디까지나 국가의 일차적 책임 몫이었다. 특히 노동의 지지를 주요 기반 중의 하나로 삼고 있는 노무현정부로서는 더더욱 그러했다. 그런 속에서 자본의 신자유주의적 공세를 막아내기에도 급급한 위기의 노동운동이 즉자적인 생존논리에 이끌리는 것은 어떤 측면에서 당연한 현상이었다. 그러다보니 계급적 연대의 관점보다는 특수집단의 조합주의적 이익을 우선적으로 추구하고 그 결과 조직화된 노동집단과 그렇지 않은 노동집단 사이에 격차와 신분의식이 싹트게 되었다. 그리고 자본은 이런 노동의 약점을 교묘히 이용하여 노동운동의 도덕적 타락을 유도하였다. 노동시장 양극화 문제의 주범이 결코 대기업 노동운동이 아님은 노동소득분배율이 1996년을 정점으로 빠른 경향적 저하를 보이고 있는 데서도 알 수 있다. 바로 노동시장 양극화는 본질적으로는 노-노 갈등이 아니라 자본에 의한 지배전략의 파생물이고, 여기에 국가의 문제의식 부재와 무능력, 그리고 노동운동의 무기력이 결합된 결과인 것이다.

최근 노무현정부가 제출한 비정규직법안은 노동시장의 양극화를 관료주의적 발상으로 해결하려는 문제의 전형을 보여주고 있다. 비정규직 문제해결의 핵심이 정규직화가 아니라 차별의 해소에 있다는 정부의 주장은 신자유주의적 시장논리의 틀을 흔들지 않는 범위에서의 문제해결방도를 찾는 것으로서 일견 수긍할 수 없는 바도 아니다. 그런데 정부의 비정규직 법안이 지닌 가장 큰 문제점은 비정규직 남용과 차별을 전임정부로부터 지금까지 이미 실패해 온 관료적 감시의 강화를 통해 해결해 보겠다는 발상으로 일관하고 있다는 데 있다. 게다가 이러한 발상의 또 다른 문제점은 비정규직 문제의 해결을 노동시장의 질적 발전과 기능적 유연화, 대기업-중소기업의 동반성장, 수출기업-내수기업의 균형발전을 도모함으로써 국민경제의 선순환적 발전의 계기로 삼는 확장된 정책조망을 가로막는다는 것이었다.

결국 노무현정부의 관료주의적 대처 속에서 개혁지지기반은 협소해 졌고, 노무현정부는 기업개혁과 금융개혁 사안에 대해서도 제대로 된 대응을 할 수가 없었다. 노무현정부는 김대중정부로부터 물려받은 경제적 병폐를 뒤처리하는 위기관리에 급급하였다. 구조개혁의 시야를 놓쳐버린 위기관리의 관성은 재벌과 보수언론이 유포한 '경제위기론'에 속수무책일 수밖에 없었다. 카드대란의 수습에서 보여준 정부의 태도는 '카드사 살리기'대책에 다름 아니라는 비판을 받아야 했다. 단적으로 LG카드사태에서도 정부는 대주주의 책임을 묻는 대신에 LG그룹 계열사와 금융기관의 추가

지원을 통해 해결하려는 모습을 보여주었다. 삼성카드 부실해법도 그런 점에서 크게 다르지 않았다.

노무현정부는 경제침체를 수습하기 위해 전통적인 수출대기업 중심의 정책패러다임을 고수하였다. 그 대표적인 사례가 바로 고환율정책이었다. 고환율정책은 일종의 변형된 경기부양책이었다. 정부는 2004년 한 해에만 고환율정책을 유지하기 위해 외평채와 통안채에 최소 8조 원의 비용과 손실금을 지불해야 했다. 일각의 계산에 의하면 국내은행들과의 스왑에 소요된 비용이나 달러가치하락에 따른 외환보유액 가치하락분 등을 포함하면 무려 40조 원의 손실을 감수한 것이라고 한다. 이는 정부가 수출업자에게 수출 1달러당 150원 이상의 보조금을 지원한 것을 의미했다(윤원배, 2005). 이처럼 노무현정부는 과거처럼 정부개입과 지원, 수출·대기업 중심의 인위적인 성장정책을 관성처럼 되풀이해 왔다.

노무현정부의 경제담론은 일찍부터 '개혁'담론으로부터 벗어나 있었다. 노무현정부는 '2만달러시대', '동북아 경제중심', '선진한국'과 같은 담론에서 볼 수 있듯이, 구조개혁의 정상화보다는 주로 '성장주의' 산업정책에서 비전을 모색하였다. 그러나 그것은 구조개혁과 연계되지 못하고 오히려 구조개혁을 방치하는 수단으로 이용되었다. 그것은 한국경제를 왜곡시켜 온 문제의 주범인 재벌 및 외국자본에 금융적 기초를 의존하고 있다는 점에서 구조개혁의 이탈로 해석될만한 것이었다(김상조, 2004).

오늘날 노무현정부에서 재벌정책은 거의 실종된 듯 하다. 외환위기의 와중에서 내외의 심각한 압력에 직면했던 재벌들은 오늘날 눈부시게 부활하였다. 외환위기를 초래한 재벌들은 기업의 재무구조나 경영형태에서의 변화 압력을 수용하면서도 황제경영식 기업지배·소유구조를 고스란히 살려냈다. 그와 같은 재벌의 부활은 투자부진, 고용악화, 중소기업의 침체와 같은 국민경제의 막

대한 희생을 담보로 이루어진 것이었다. 그럼에도 불구하고 재벌
기업의 고속 성장은 국민들에게 주관적 대리만족을 제공해 줄 수
는 있을지 몰라도 실질적인 국민경제에 대한 기여도에 있어서 그
비중이 갈수록 떨어지고 있다.

재벌기업의 후진적 지배·소유구조는 사회적 자산을 사적 지배
의 용도로 사용하는 불합리한 운영으로 인해 그룹 전체의 동반부
실과 금융시장을 교란시킬 수 있는 잠재적 위험성을 안고 있다.
이와 같은 재벌의 기업지배·소유구조는 당장은 아닐지라도 10년
후 쯤엔 반드시 재앙의 불씨로 피어오를 것이다. 외환위기 때만
해도 존망의 갈림길에 섰다가 지금은 세계적으로 잘 나가는 기업
이 된 삼성그룹이 10년 후 국민경제를 완전히 절단 내지 말라는
법은 결코 없다.

노무현정부에서 '국가'전략은 탈권위주의, 분권을 지향한다는 점
에서 전임정부와는 사뭇 다르다. 그러나 국가가 시민사회의 역동
성을 결집하지 못하여 국가자율성이 여전히 취약하고, 개혁의제
를 정상적으로 발육시키는 책임성(accountability)의 장치가 결
여되어 있어 사회전반의 왜곡된 분배욕구의 원인이 되고 있다는
점에서는 노무현정부 역시 전임 정부들과 동일한 한계 속에 갇혀
있다고 볼 수 있다. 따라서 바로 시민사회의 역동성 위에 구축된
국가의 민주적 권위의 재건이야말로 경제개혁의 의제를 진전시킬
수 있는 핵심방향인 것이다.

〈참고문헌〉

공정거래위원회. 2001. 『공정거래백서』. 2001.

공정거래위원회. 2004. "대기업집단의 소유지분구조," 12월 27일.

금융감독위원회. 1998~2003. 각종 보도자료/강연자료.

금융감독위원회. 2002. "업무현황: 국회정무위원회 보고자료," 2월.

노사정위원회. 1998. "경제위기극복을 위한 사회협약," 2월 6일.

대한민국정부. 1993. 『신경제 5개년 계획(93-97): 참여와 창의로 새로
　　　운 도약을』.

대한민국정부. 1998. 『국민과 함께 내일을 연다: 「국민의 정부」경제 청
　　　사진』.

재정경제부. 1998a. 『경제백서』.

재정경제부. 1998b. "경제대책조정회의보고: 금융·기업구조개혁촉진방안,"
　　　4월 14일.

재정경제부. 1998c. 『IMF 1년의 정책대응 및 경제실적』. 11월.

재정경제부. 2001a. 『경제백서』.

재정경제부. 2001b. 『IMF 위기를 넘어 다시 뛰는 한국경제』. 11월.

재정경제부. 2002a. 『공적자금 운용현황 보고』. 2월.

재정경제부. 2002b. "금융정책의 새로운 패러다임: 주식시장 중심의
　　　자금순환체계 구축," 7월.

재정경제부. 2002c. 『IMF 5년의 성과와 과제』. 11월.

재정경제부·금융감독위원회. 2000. 『공적자금백서』.

294

정부조직개편심의위원회. 1998. 『정부조직개편백서』.

한국은행. 2002. 『국제수지』. 12월.

한국은행. 각 연도. 『기업경영분석』.

The government of the Republic of Korea. 1989. *DJnomics: A New Foundation for the Korean Economy*.

IMF. 1997. "Request for Stand-by Arrangement," December 3.

IMF. 1998. "IMF Concludes Article Ⅳ Consultation with Korea," 5월 29일.

KDI. 2001. 『금융산업 발전방안』.

KDI. 2002. 『비전 2011 중간보고서』.

OECD. 2000. *Pushing Ahead with Reform in Korea: Labor Market and Social Safety Net Policies*.

OECD. 재정경제부 역. 2001. 『한국경제보고서』.

각종 일간신문/ 각종 주간지들.

한국갤럽/한겨레신문 등 여론조사결과자료.

강명구·박상훈, 1997. "정치적 상징과 담론의 정치: '신한국'에서 '세계화'까지," 『한국사회학』 제31집 봄호.

강봉균. 2001. 『구조조정과 정보화시대의 한국경제 발전전략』. 서울: 박영사.

강원택. 1998. "김영삼정부 시기의 정당정치와 개혁의 한계," 『국가전략』 제4권 2호. 세종연구소.

강철규. 1997. "한국경제위기의 본질과 극복방안," 사회과학원. 『사상』. 봄호. 서울: 나남.

김동엽・최원익. 1998. "경제개혁정책의 양상과 그 방향 모색," 경희 대학교 산업관계연구소. 『산연논총』 제23집.

김동원. 1998. "경제위기의 원인: 내우외환의 전개과정," 이병천・김균 편. 『위기, 그리고 대전환: 새로운 한국경제의 패러다임을 찾아 서』. 서울: 당대.

김명수. 1999. "시장의 '신화'와 국가의 '오해'," 한국비교사회연구회 편. 『동아시아의 성공과 좌절』. 고양: 전통과 현대.

김병국・임혁백. 2000. "동아시아 '정실자본주의'의 신화와 현실," 『사 상』 여름호. 서울: 나남.

김상조. 1998. "김영삼정부의 개혁실패와 경제위기," 이병천・김균 편. 『위기, 그리고 대전환: 새로운 한국경제 패러다임을 찾아서』. 서울: 당대.

김석준. 1990. "경제민주화정책과 국가능력: 한국 국가발전전략의 재 조명," 한국행정학회. 『한국행정학보』 제24권 제3호.

김세균. 1999. "'제3의 길'과 'DJ노믹스' 그리고 한국사회," 한국정치연 구회 학술대회 발표문.

김순양. 2000. "김대중정부 전반기 노동개혁정책의 평가와 과제," 『사 회정책논총』 12권 1호.

김연철. 1993. "한국의 국가능력 변화와 경제발전: 발전모델을 중심으 로," 고려대학교 박사학위논문.

김용복. 1996. "경제자유화시기에 있어서 산업조정의 정치," 서울대학 교 박사학위논문.

김용복. 2001. "1997년 경제위기와 경제개혁: 쟁점과 평가," 김유남 엮 음. 『한국정치연구의 쟁점과 과제』. 서울: 한울.

김용석. 2005. "인간은 왜 '정치적' 동물인가," 《한겨레신문》. 7월 25 일.

296

김용철. 2001. "신자유주의적 구조조정과 조합주의적 관리,"『국가전략』제7권 2호.

김유선. 2004. "외환위기 이후 파업발생의 증가원인," www.klsi.org.

김윤태. 2003. "발전국가의 전환,"『동아시아경제변화와 국가의 역할전환』. 서울: 한울.

김인준. 2004. "자본 및 금융부분,"『한국경제의 개방정책: 평가와 방향』, 경제학공동학술대회.

김인호. 1996. "대담－재벌부작용 견제기조 변함없다,"『월간조선』6월호.

김정훈. 1999. "남북한 지배담론의 민족주의 비교연구: 역사적 전개와 동질이형성," 연세대학교 박사논문.

김준동. 2000. "외국인투자의 국민경제적 효과: 국내외 사례를 중심으로,"『KIEP 세계경제』3월.

김진방 외. 2005. 『한국의 재벌 1~5』. 서울: 나남.

김진영. 1994. "조절이론의 재검토,"『한국정치학회보』28집 2호.

김호기. 1991. "현대자본주의의 조절과 국가,"『사회비평』제6호. 서울: 나남.

김호기. 1993. "조절이론과 국가이론: 제솝의 전략관계적 접근,"『동향과 전망』봄·여름호.

남재량·최효미. 2005. "한국의 고용불안실태에 관한 연구," 제6회 한국노동패널학술대회 발표문.

드베시 카푸르. 2000. "시녀인가, 희생양인가 혹은 돌팔이인가: IMF, 한국 그리고 아시아 위기,"『사상』여름호.

박광서. 2001. "기업의 지배구조개혁과 과제,"『조선대 지역발전연구』제6집 1호.

박광주. 1987. "한국적 지도자본주의론에 대한 고찰: 한국자본주의의 성격에 대한 현실주의적 접근,"『현대사회』28호. 서울: 현대사회.

박기덕. 1998. "한국 국가의 성격과 능력," 박기덕 편.『한국 민주주의 10년: 변화와 지속』. 서울: 세종연구소.

박기덕. 2001.『동아시아 민주주의와 경제발전』. 세종연구소.

박기성. 1998. "노동정책에 있어서 자유재량과 원칙: 노사정위원회를 중심으로,"『노동경제논집』제21권 2집.

박덕제. 1998. "노사정위원회의 문제점과 개선방향,"『노동경제논집』제21권 2집.

박동운. 2002.『시장경제인가, 반시장경제인가: 김대중정부의 구조개혁 평가』. 서울: 자유기업원.

박병윤. 2002.『한국경제, 위기 뒤에 찬스 있다』. 서울: 에디터.

박재규. 1999. "한국의 발전위기와 국가-시장체제의 전환," 한국비교사회 연구회 편.『동아시아의 성공과 좌절』. 고양: 전통과 현대.

박태견. 1999. "해외자본 '한국점령' 명세서,"『신동아』6월호.

박훈탁. 1999. "신자유주의의 정치경제: 금융위기, 신자유주의, 그리고 대중적 지지,"『한국정치경제연구』. 한국정치학회 연례학술회의 발표집.

백종국. 1992. "민중연합, 민주연합과 한국의 민주화: 계급연합과 선거연합의 가능성을 중심으로,"『사회비평』7호. 서울: 나남.

백종국. 1998. "한국외환위기의 원인과 구조",『국제정치논총』제37집 3호.

삼성경제연구소. 1998.『IMF 1년과 한국경제의 변모』. 서울: 삼성경제연구소.

새시대전략연구소. 2001. 『금융감독체계 개편방안』.

서재진. 1991. 『한국의 자본가계급』. 서울: 나남.

선한승. 2000. "금융대타협의 정치경제적 성과와 정책과제," 『정경』.

선한승. 2000. "최근 노사관계의 환경과 신노사문화 발전방향," 노사정 위원회 자료실. 12월.

손호철. 1991. "국가자율성, 능력, 강도, 경도," 강민 외. 『국가와 공공 정책』. 서울: 법문사.

손호철. 1998. "국가론의 시각에서 본 'IMF 개혁' - 김대중정부의 재벌 개혁을 중심으로," 경남대학교. 『한국과 국제정치』28집.

손호철. 2000. "김대중정부와 IMF 개혁," http://jbreview.jinbo.net.

손호철. 2002. 『근대와 탈근대의 정치학』. 서울: 문화과학사.

신명순. 1995. "정당조직운영의 비교분석," 『연세대동서연구』 7호.

신인영. 2000. "기업구조조정: 평가 및 향후과제," 『경제구조조정: 평가 및 향후과제』. 한국개발연구원.

안승국. 1997. "자본축적의 정치경제: 세계경제의 구조변동과 동아시아 신흥공업국의 축적사례," 『국제정치논총』 제36집 3호.

안충영. 1998. "동아시아 경제모델의 특성과 상호학습", 『경제발전연구』 제4권 2호.

염재호. 1996. "민주화와 경제개혁의 정치학: 정부 - 기업관계의 신제도주의적 접근," 고려대학교. 『노동문제논집』 제12집.

우정은. 1999. "한국의 국가, 민주주의 그리고 기업부문개혁," 『창작과 비평』 가을호.

유경준. 1998. "노동소득 불평등도의 변화추이 및 전망," 한국개발연구원.

유범상. 2000. "한국의 노동정치와 공론장: 노사관계개혁위원회와 노사정위원회를 중심으로," 서울대학교 박사논문.

유상영. 1998. "한국의 대기업과 정치: 재벌과 공기업 비교," 문정인 편. 『민주화시대의 정부와 기업』. 서울: 오름.

유석춘. 1998. "한국의 유교자본주의와 경제위기," 『지구촌시대의 한국: 회고 50년, 전망 50년』. 정부수립 50주년 기념 심포지엄 자료.

유석춘·장상철. 2001. "재벌정책의 전개과정: 개발국가와 규제국가, 그리고 유교자본주의," 김유남 엮음. 『한국정치연구의 쟁점과 과제』. 서울: 한울.

윤상철. 1997. "한국 권위주의체제의 정치변동, 1983-1990: 지배블럭, 제도야당 및 중간계급을 중심으로," 서울대학교 박사학위논문.

윤영관. 1998. "동아시아모델과 세계자본주의: 시장, 국가, 제도의 관점에서," 한국국제정치학회 발표논문.

윤영관. 1999. 『21세기 한국정치경제모델: 좌, 우, 그리고 집중구조를 넘어서』. 서울: 신호서적.

윤원배. 2005. "선진경제로 가는 길," 열린정책연구원 심포지움 자료집.

윤진호. 1999. "노사정위원회는 좌초할 것인가: 사회적 합의주의의 복원을 위하여," 『당대비평』 6월호.

은수미. 2005. "한국 노동운동의 정치세력화 유형연구," 서울대학교 박사논문.

이강국. 2000. "위기이후 자본의 탈통제. 그리고 또 다른 위기?," www. issuetoday.com.

이강로. 1999. "한국에서 진보적 노동운동의 성장과 민주주의의 공고

화: 1990-1999,"『한국의 정치과정과 정치제도』. 한국정치학회 추계학술회의.

이동걸. 2005. "금융기관을 이용한 경제력집중: 문제점과 개선방안," 《주간 브리핑》 14권 11호. 한국금융연구원.

이명석. 1999. "합리적 선택론의 신제도주의," 정용덕 외.『합리적 선택과 신제도주의』. 서울: 대영문화사.

이병천. 1998. "한국경제 패러다임의 반성과 전망,"『위기 그리고 대전환: 한국경제의 새로운 패러다임을 찾아서』. 서울: 당대.

이병천. 2003. "개발독재의 정치경제학과 한국의 경험," 이병천 엮음.『개발독재와 박정희시대: 우리 시대의 정치경제적 기원』. 서울: 창비.

이성형. 1999.『신자유주의의 빛과 그림자: 라틴아메리카의 정치와 경제』. 서울: 한길사.

이연호. 2001. "한국에서 경제개혁과 국가성격의 변화: 금융구조개혁을 중심으로,"『21세기 한국사회: 과제와 전망』. 한국사회학회.

이연호. 2001. "DJ개혁의 신자유주의적 한계,"『사상』 여름호.

이연호·임유진·정석규. 2002. "한국에서 규제국가의 등장과 정부－기업관계,"『한국정치학회보』 36집 3호.

이영기. 1998.『글로벌 경쟁시대의 한국 기업소유지배구조』. 서울: 한국개발연구원.

이영조. 1998. "신자유주의적 경제개혁과 신생민주주의의 공고화,"『사상』 여름호. 서울: 나남.

이재형. 1996. "우리나라 재벌의 현황과 특징," 한국산업조직학회편.『한국경제의 진로와 대기업집단』. 서울: 기아경제연구소.

이재형·양정삼·유진아. 2002.『경제위기와 시장구조의 변화』. 서울:

한국개발연구원.

이정복. 1995. 『한국정치의 이해』. 서울: 서울대학교 출판부.

이정우. 2003. "개발독재와 빈부격차," 『개발독재와 박정희시대』. 서울: 창비.

이제민. 2002. "동아시아 금융위기와 NIEs형 발전모델," 정갑영 편. 『동아시아의 정치와 경제』. 서울: 나남.

이종찬. 1999. "민주주의와 경제개혁: 경제자유화 개혁을 위한 정치적 조건," 『사회과학연구』 제12집.

이준구. 1989. 『미시경제학』. 서울: 법문사.

이호철. 2001. "한국정치학에서 정치경제연구의 쟁점," 김유남 편. 『한국정치학 50년』. 서울: 한울.

임경훈. 1999. "경제개혁과 정치개혁," 『사상』 41호. 서울: 나남.

임경훈. 2000. "미래로의 퇴행: 김대중 정부에서의 경제개혁의 정치," 『사상』 45호. 서울: 나남.

임성한. 1998. "김영삼정부 주도하의 정치개혁법이 한국정치에 미친 영향," 『사회과학연구』 제37집. 강원대학교 사회과학연구소.

임원혁. 2000. "기업구조조정: 평가 및 향후과제," 『경제구조조정: 평가 및 향후과제』. 서울: 한국개발연구원.

임혁백. 2000. "그람시의 헤게모니와 대항 헤게모니," 『현대 정치경제학의 주요 이론가들』. 서울: 아카넷.

장달중. 1998. "근대화, 민주화 그리고 연립형 정치구조," 『한국사회과학』 제20권 3호. 서울대학교 사회과학연구원.

전병유. 2002. "경제위기 전후 고용안정의 변화," 한국노동연구원. 《연구보고서》.

정건용. 1997. 『우리나라 금융정책 운영현황과 개선방안: 실제 운영형태를 중심으로』. 서울: 한국개발연구원.

정건화·남기곤. 2000. "경제위기 이후 소득 및 소비구조의 변화," 윤진호·유철규 편. 『구조조정의 정치경제학과 21세기 한국경제』. 서울: 풀빛.

정규재·김성택. 1998. 『이 사람들 정말 큰 일 내겠군』. 서울: 한국경제신문사.

정운찬. 2001. "구조조정, 어디까지 왔나," 한국행정학춘계학술대회 발표논문.

정운찬. 2004. "금융정책의 평가와 정책과제," 한국경제 분석패널 창립 10주년 발표논문.

정진영. 1998. "세계금융과 민주주의: 공존이 가능한가?," 『사상』 여름호. 서울: 나남.

정진영. 1999. 『한국외환위기의 배경과 발생: 대내외 요인의 상호 작용을 중심으로』. 성남: 세종연구소.

정진영. 2000. "노스의 제도주의 정치경제학," 『현대 정치경제학의 주요 이론가들』. 서울: 아카넷.

조명래. 2003. "지구화, 경제위기, 그리고 발전국가의 성격전환," 『동아시아 경제변화와 국가의 역할전환』. 서울: 한울아카데미.

조복현. 2000. "금융건전성 감독과 자본시장 활성화, 그리고 경제의 안정과 성장," 윤진호·유철규 편. 『구조조정의 정치경제학과 21세기 한국경제』. 서울: 풀빛.

조성렬. 1996. "국제경쟁력, 구조개혁 그리고 국가전략," 『국제정치논총』 제36집 2호.

조영철. 2003. "재벌체제와 발전지배연합," 『개발독재와 박정희』. 서울: 창비.

조우현. 2001. "김대중정부 노동부문 개혁의 평가와 과제,"『2001년도 춘계학술대회 발표논문집』. 한국행정학회.

조원희. 1999. "거래비용경제학의 학설사적 의의에 관한 연구,",『국민대 경제연구』21집.

좌승희. 1998. "한국경제의 재도약을 위한 정책과제,"『경제학연구』제46집 1호.

주학중. 1982. 『한국의 소득분배와 결정요인』. 서울: 한국개발연구원.

채만수. 1998. "자본의 구조조정과 노동운동,"『경제위기와 신자유주의 그리고 노동운동』. 한국노동이론정책연구소 창립3주년 심포지엄자료집.

최양부. 2004. "21세기를 여는 변화와 개혁의 신농정: 김영삼정부 농정개혁 5년의 성찰," http://bh.knu.ac.kr/~hclee/board4/files/policy53.hwp.

최영기. 2001. "87년 이후 노동정치의 전개와 전망: 개발모델의 해체와 노동운동의 미래," 한국노동연구원.

최영기. 2002.「구조조정기 노동개혁의 평가와 과제」, 한국노동연구원.

최영기·김준·노중기·유범상. 1999. 『한국의 노사관계와 노동정치(Ⅰ)』. 서울: 한국노동연구원.

최우석. 1997. "한국경제 왜 위기인가: 경험적 진단 시론,"『사상』봄호. 서울: 나남.

최장집. 1996. 『한국 민주주의의 조건과 전망』. 서울: 나남.

최장집. 2002. 『민주화 이후의 민주주의: 한국 민주주의의 보수적 기원과 위기』. 서울: 후마니타스.

최장집. 2005. "한국사회를 말하다,"《한겨레신문》. 1월 1일.

최정표. 1997. 《한겨레신문》. 12월 22일.

304

최홍식·권재중·구본성. 2003. "한국 금융산업의 발전과제," 한국금융연구원.

피터 아우어. 2000. 『노동정책의 유럽적 대안』. 서울: 한국노동연구원.

하연섭. 1992. "산업화 전략의 변화와 재정·금융정책의 정치경제," 『한국행정학보』 제26권 4호 겨울호.

하연섭. 1998. "김영삼정부 재정개혁의 평가," 『연세행정논총』 5월.

함택영. 2000. "국력과 국가역량: 국가권력에 대한 이론적·방법론적 고찰," 『동북아연구』 5호. 경남대학교.

홍영기. 1999. "금융개혁과 은행의 소유구조," 『경제발전연구』 제5권 1호. 서울: 한국개발연구원

홍원표. 1999. "한국의 정치변동과 통치담론의 이동에 관한 사상적 고찰," 『한국정치이념의 변화 50년』. 한국정치학회 춘계학술회의.

홍익표. 2000. 『참여민주주의 제도화를 위한 정책과제』. 서울: 아태평화재단.

홍 훈. 1998. "한국의 경제위기와 IMF 프로그램," 이병천·김균 편. 『위기, 그리고 대전환: 새로운 한국경제 패러다임을 찾아서』. 서울: 당대.

Alam, M. Shahid. 1992. *Government and Markets in Economic Development Strategies.* New York: Praeger.

Alesina, Alberto & Allan Drazen. 1991. "Why are Stabilization Delayed?," *American Economic Review.* December.

Almond, G. A., S. C. Flangan, and R. J. Mundt. 1973. *Crisis, Choice, and Change: Historical Studies of Political Develo- pment.* Boston: Little, Brown and Co..

Amsden, Alice H.. 1989. *Asia's Next Giant: South Korea and Late Industrialization*, Oxford · New York · Toronto: Oxford University Press.

Ames, Barry. 1987. *Politics and Survival: Politicians and Public Policy in Latin America.* Berkeley: University of California.

Anderson, Kym and Yujiro Hayami. 1986. *The political Economy of Agriculyural Protection: East Asia in International Perspective.* Sydney: Allen and Unwin.

Balassa, Bela. 1975. "Reforming the System of Incentives in Developing Countries," *World Development.* Vol. 3, No.6, June.

Balassa, Bela. 1988. "The Lessons of East Asian Development: An Overview," *Economic Development and Cultural Change,* Vol. 36. No.3, April.

Bates, Robert H., 1981. *Markets and States in Tropical Africa: The Political Basis of Agricultural Policies.* Berkeley: University. of California Press.

Bresser Pereira, Luiz Carlos, and Jose Maria Maravall, Adam Przeworski ed. 1993. *Economic Reforms in New Democra- cies*(Cambridge University Press.

Caporso, James A. and David P. Levine. 1992. *Theories of Political Economy.* Cambridge: Cambridge University Press.

Chossudovski, M.. 1998. *The Globalization of Poverty, Third World Network*; 이대훈 역. 『빈곤의 세계화』. 서울: 당대.

306

Coase, Ronald H. 1937. "The Nature of The Firm," *Economica* 4.

Colander, David, ed. 1984. *Neoclassical Political Economy: The Analisys of Rent Seeking and DUP Activities.* Cambridge, Mass.: Ballinger.

Cole, David, and Park Yung-Chul. 1983. *Financial Development in Korea, 1945-78.* Cambridge, MA: Harvard University Press.

Dethier, Jean-Jacques, and Hafez Gahnem, Edda Zoli. 1999. "Does Democracy Facilitate the Economic Transition?: An Empirical Study of Central and Eastern Europe and the Former Soviet Union", presented at a seminar at the World Bank in June.

Diamond, Larry, and Marc F. Plattner, eds. 1995. *Economic Reform and Democracy.* Baltimore: Johns Hopkins University Press.

Eggertsson, T. 1990. *Economic Behavior and Institutions.* Cambridge: Cambridge University Press.

Fernandez, Raquel, and Dani Rodrik. 1991. "Resistance to Reform: Status Quo Bias in the Presence of Individual-Specific Uncertainty," *American Economic Review.* December.

Frankel, Jefferey. 1997. "Keynote Speech for Conference on Preventing Bank Crises: Lessons from Recent Global Bank Failures," June 11.

Gamble, Andrew. 2000. "'Economic Governance" in Jon Pierre (ed.) *Debating Governance.* Oxford: Oxford University

Press.

Gasiorowski, Mark J., and Timothy J. Power. 1998. "The Structural Determinants of Democratic Consolidation: Evidence From the Third World," *Comparative Political Studies.* Vol. 31, No.6. December.

Gibson, E. 1997. "The Populist Road to Market Reform: Policy and Electoral Coalitions in Mexico and Argentina," *World Politics.* 49(2).

Giddens, Anthony. *The Third Way: The Renewal of Social Democracy.* London.

Gourevitch, Peter. 1986. *Politics in Hard Times: Comparative Responses to International Economic Crisis.* Ithaca and London: Cornell University Press.

Gramsci, Antonio. 1978. *Selections from the Prison Notebooks,* ed. and trans. by Quintin Hoare and Geoffery Nowell Smith. London: Lawrence and Wishart.

Green, Duncan. 1996. "Latin America: Neoliberal Failure and the Search for Alternatives," *Third World Quaterly.* 17(1).

Grindle, Merilee S. and John W. Thomas. 1999. 유영학 역. 『개혁의 정치경제』. 서울: 경희대출판국.

Haggard, Stephan and Robert Kaufman. 1989. "The Politics of Stabilization and Adjustment", in Jeffrey D. Sachs. ed. *Developing Country Debt and Economic Performance.* Chicago: University of Chicago Press.

Haggard, Stephan. 2000. *The Political Economy of the Asian Financial*

Crisis. Washington, DC: Institute for International Economics.

Ha-joon, Chang and Hong-Jae, Park. 1999. "An Alternative Perspective on Post-1997 Corporate Reform in Korea," First Draft.

Helman, Joel S. 1998. "Winners Take All: The Politics of Partial Reform in Post communist Transitions," *World Politics.* Vol. 50. No.2, January.

Henderson, Gregory. 2000. *Korea: The Politics of the Vortex.* 박행웅 · 이종삼 역. 『소용돌이의 한국정치』. 서울: 한울.

IMF, 1997. "Letter of Intent and Memorandum on the Economic Program," December 3.

Jessop, Bob. 1990. *State Theory: Putting Capitalist States in their Place.* Cambridge: Polity Press.

Jessop, Bob. 2001. "Developmental State and Knowledge-Driven Economics," 양진수 역. "개발국가와 지식주도 경제," 『공간과 사회』 통권 제15호.

Jongryn, Mo and Chung-in, Moon. 1999. "Korea after the crash," *Journal of Democracy*, July.

Kaufman, Robert and Barbara Stallings. 1988. "Debt and Democracy in the 1980's: The Latin American Experiance," in Barbara Stallings and Robert Kaufman ed. *Debt Democracy in Latin America.* Boulder, Colo.

Krugman, Paul. 1998. "What happened to Asia?," January. http://web.mit.edu/krugman/www/DISINTER.htm.

Maier, Charles S. 1987. *In Search of Stability: Explorations in Historical Political Economy.* Cambridge: Cambridge

University Press.

Mares, Isabela. 2000. "Strategic Alliances and Social Policy Reform: Unemployment Insurance in Comparative Perspective," *Politics & Society.* Vol. 28 No.2. June.

Marx, Karl. 1978. "The Civil War in France," Tucker(ed.). *The Marx-Engels Reader.* N. Y.: W. W. Norton, 1978.

Moore, Mick. 1997. "Leading the Left to the Right: Populist Coalitions and Economic Reform", *World Development,* Vol. 25, No.7.

Murillo, M. Victoria. 2000. "From populism to neoliberalism: Labor unions and market reforms in Latin America," *World Politics.* Vol. 52 No. 2. January.

Nelson, Joan M. 1990. *Economic Crisis and Policy Choice: The Politics of Adjustment in The Third World.* New Jersey: Princeton University Press.

North, Douglas C. 1996. *Institutions, Institutional Change and Economic Performance,* 이병기역, 『제도·제도변화·경제적 성과』. 서울: 한국경제연구원.

O'Donnell, G. 1994. "Delegative Democracy," *Journal of Democracy.* Vol. 5. January.

Olson, Mancur, *The Logic of Collective Action: Public Goods and the Theory of Groups*(Cambridge: Harvard Univ. Press, 1965).

Olson, Mancur. 1982. *The Rise and Decline of Nations*(New Haven: Yale University Press.

Poulantzas, Nichos. 1972. "The Problem of the Capitalist State", in

310

Robin Blackburn ed., *Ideology in Social Science. Readings in Critical Social Theory.* Glasgow: William Collins Sons and Co. Ltd.

Powers, Nancy R. 1997. "Re-electing neoliberals: Competing explanations for the electoral success of Fujimori and Menem," prepared for delivery at the 1997 meeting of the Latin America Studies Association, April 17-19.

Prezeworski, Adam. 1996. *The State Autonomy under Capitalism.* 박동 · 이종선 역. 『자본주의사회의 국가와 경제』. 서울: 일신사.

Prezeworski, Adam. 1991. *Democracy and the Market.* Cambridge University Press.

Roberts, Kenneth M. and Moises Arce. 1998. "Neoliberalism and Lower-class Voting Behaviour in Peru," *Comparative Political Studies.* Vol. 31 No.2.

Roubini, N. 1998. "What Caused the Asian Currency and Financial Crisis," http://www.stern.nyu.edu/~nroubini/asia/AsiaHomepage.html.

Schamis, Hector E. 1999. "Distributional coalitions and the politics of economic reform in Latin America," *World Politics.* vol. 51, no.2.

Srinivasan, T. N. 1985. "Neoclassical Political Economy, the State, and Economic Development," *Asian Development Review.* 3, no.2.

Tat Yang Kong. 2000. "Power Alternation in South Korea," *Government and Opposition.* Vol. 35, No.3.

Tat Yang Kong 2000. *The Politics of Economic Reform in South Korea: A Fragile Miracle*. London and New York: Routledge.

Thomsen, Jens Peter Frolund. 1991. "A strategic-relational account of economic state interventions", Rene B. Bertramsen and Jens Peter and Frolund Thomsen and Jacob Torfing. *State Economy & Society*. London: Unwin Hyman.

Vogel, Steven K. 1996. *Freer Markets, More Rules*. Ithaca: Cornell University Press.

Weiss, Linda and John M. Hobson. 1995. *States and Economic Development: A Comparative Historical Analysis*. Cambridge: Polity Press.

Weyland, Kurt. 1996. "Risk Taking in Latin American Economic Restructuring: Lessons from Prospect Theory", *International Studies Quarterly*. 40.

Weyland, Kurt. 1998. "Swallowing the Bitter Pill: Sources of Popular Support for Neoliberal Reform in Latin America and Eastern Europe," *Comparative Political Studies*. Vol. 31 No.4.

Weyland, Kurt. 1999. "Neoliberal Populism in Latin America and Eastern Europe," *Comparative Politics*. July.

• 저자 •

고 원(高 源)   • 약력 •

서울대학교 국제경제학과 졸업
서울대학교 대학원 정치학 석사
서울대학교 대학원 정치학 박사
서울대학교, 인천대학교 강사
상지대학교 민주사회정책연구원 연구교수(현)

• 주요 논저 •

「1987년 이후 한국 정치변동의 성격과 동학에 관한 연구」
「한국의 연합정치와 경제개혁」
「한국경제개혁연구에서 제기되는 이론적 문제와 대안적 방법론 연구」
「386세대와 정치의식변화연구」
외 다수

한국의 경제개혁과 국가
- 우리시대 사회 양극화의 원인과 극복방안 -

• 초판 인쇄   2005년 7월 20일
• 초판 발행   2005년 7월 20일

• 지 은 이   고 원
• 펴 낸 이   채종준
• 펴 낸 곳   한국학술정보㈜
              경기도 파주시 교하읍 문발리 526-2
              파주출판문화정보산업단지
              전화 031) 908-3181(대표) · 팩스 031) 908-3189
              홈페이지 http://www.kstudy.com
              e-mail(e-Book사업부) ebook@kstudy.com
• 등   록   제일산-115호(2000. 6. 19)
• 가   격   20,000원

    ISBN   89-534-2594-8 93340 (Paper Book)
            89-534-2595-6 98340 (e-Book)